불멸의 다이아몬드

불멸의 다이아몬드
지은이/ 리처드 로어
옮긴이/ 김준우
펴낸이/ 김준우
초판 1쇄 펴낸날/ 2015년 2월 10일
초판 5쇄 펴낸날/ 2024년 3월 25일
펴낸곳/ 한국기독교연구소
등록번호/ 제8-195호(1996년 9월 3일)
경기도 고양시 일산동구 고봉로 32-9, 331호 (우 10364)
전화 031-929-5731, 5732(Fax)
E-mail: honestjesus@hanmail.net
Homepage: http://www.historicaljesus.co.kr.
표지 디자인 / 김보령
인쇄처/ 조명문화사 (전화 498-3018)
보급처/ 하늘유통 (전화 031-947-7777, Fax 031-947-9753)

The Immortal Diamond: The Search for Our True Self
by Richard Rohr
Copyright ⓒ 2013 Richard Rohr
All rights reserved. Korean Translation copyright ⓒ 2014 by Korean Institute of the Christian Studies. The Korean translation right arranged with Jossey-Bass through Eric Yang Agency. Printed in Seoul, Korea.

이 책의 한국어판 저작권은 EYC를 통해 Jossey-Bass사와의 독점계약으로 한국어 판권을 한국기독교연구소가 소유합니다. 저작권법에 따라 국내에서 보호받는 저작물이므로 무단전재와 무단복제를 금합니다.

ISBN 978-89-97339-20-4 03230
값 12,000원

불멸의 다이아몬드

우리의 진짜 자기를 찾아서

리처드 로어 지음

김준우 옮김

한국기독교연구소

Immortal Diamond

The Search for Our True Self

by
Richard Rohr
San Francisco, CA: Jossey-Bass, 2013.

Korean Translation by Kim Joon Woo

> 이 책은 한상익 장로님(청파교회)의
> 출판비 후원으로 간행되었습니다.

Korean Institute of the Christian Studies

자연, 헤라클레이토스의 불, 그리고 부활의 위로

육신은 시들고, 죽을 수밖에 없는 존재는 버려져
남아 있는 벌레의 밥이 될 뿐이며
속세의 들불은 재만 남겨놓을 뿐이네.
나팔이 울리는 순간, 나는 단번에
그리스도가 되는데,
그분은 현재의 나였기 때문이네.
이 사람 잭(Jack)은 웃음거리가 된 사람,
불쌍한 질그릇 조각, 누더기 같은 사람,
산산조각난 사람, 그러나 그 속의 불멸의 다이아몬드는
불멸의 다이아몬드라네.[1]

— 제라드 맨리 홉킨스, S.J.

---

[1] 역자주: 이 책 전체의 메시지와 깊이 연관된 이 시는 특히 〈고린토인들에게 보낸 첫째 편지〉 15:52-53과 〈요한의 첫째 편지〉 3:2와 연관된 것으로 생각된다. "마지막 나팔 소리가 울릴 때에 순식간에 눈 깜빡할 사이도 없이 죽은 이들은 불멸의 몸으로 살아나고 우리는 모두 변화할 것입니다. 이 썩을 몸은 불멸의 옷을 입어야 하고 이 죽을 몸은 불사의 옷을 입어야 하기 때문입니다." "사랑하는 여러분, 우리는 이미 하느님의 자녀들입니다. 우리가 장차 어떻게 될지는 분명하지 않지만 그리스도께서 나타나시면 우리도 그리스도와 같은 사람이 되리라는 것을 우리는 알고 있습니다."

일러두기

1. 이 책은 *Immortal Diamond: The Search for Our True Self* (2013)을 완역한 것입니다.
2. 성서 인용은 공동번역개정판을 사용했지만, 저자가 성서 본문의 의미를 더 분명하게 표현하기 위해 사역한 본문들은 그 사역에 충실하게 번역했습니다.
3. 본문에 **타이프체**로 된 부분은 저자가 강조한 부분들입니다.
4. 이 책은 리처드 로어 신부님의 책들 가운데 우리말로 번역된 『내 안에 접힌 날개』(안드레아스 에베르트와 공저, 이화숙 역, 바오로의 딸, 1993), 『고난의 신비 욥』(이명숙 역, 미션월드라이브러리, 2008) 이후 처음 소개되는 영성 서적이지만 치밀하게 논리적-학술적 글쓰기를 한 책이 아니라 저자가 평생 동안 프란치스코회 신비주의 전통에서 관상과 연구를 통해 깨달은 직관들을 서술한 책이기 때문에, 그 전통에 익숙하지 않은 독자들의 이해를 돕기 위해 신부님이 최근에 발표한 다른 책들, 특히 *Things Hidden: Scripture as Spirituality* (2008); *The Naked Now: Learning to See as the Mystics See* (2009); *Eager to Love: The Alternative Way of Francis of Assisi* (2014); *Silent Compassion: Finding God in Contemplation* (2014)에서 본문의 내용과 관련이 있는 부분들을 역자주로 많이 덧붙였습니다. 본문을 읽다가 명료하지 않다고 생각되는 부분들과 저자가 특히 강조하는 점을 좀 더 분명히 알고 싶을 때에만 역자주를 참고하기 바랍니다. 우리가 하느님과 일치하는 길에 초점을 맞추어 쓰신 지혜의 글을 마음의 눈으로 읽지 않고 우리의 머리로 이해하고 분석하는 일에 매달리면, 신부님의 직관적 통찰력을 가슴으로 받아들이고 자기를 변화시키는 데 방해가 될 수 있기 때문입니다. 단번에 이해가 되지 않는 부분들에 대해서는 책 전체를 다 읽은 후에 관상을 통해 밝은 깨우침이 올 때까지 기다리시기를 권합니다.

목차

초대하는 말씀   진짜 자기라는 불멸의 다이아몬드 __ 9

머리말 __ 19

1장   "진짜 자기"란 무엇인가? __ 29

2장   "가짜 자기"란 무엇인가? __ 55

3장   무엇이 죽고 누가 사는가? __ 85

4장   체험이라는 칼끝 __ 93

5장   당신이 그분입니다 __ 121

6장   그것이 진리라면, 어디에서나 진리이다 __ 151

7장   총부리 앞에서의 각성 __ 163

8장   만물과 친밀하게 __ 185

9장   사랑은 죽음보다 강하다 __ 201

에필로그 __ 213

부록 1 진짜 자기와 가짜 자기 __ 215

부록 2 은유들의 모자이크 __ 218

부록 3 무덤을 바라보면서: 기도하는 태도 __ 222

부록 4 머리에서 가슴 속으로: "성심" __ 224

부록 5 아담의 호흡: 진흙으로부터 기도하기 __ 227

부록 6 지금 부활을 실천하는 열두 가지 길 __ 230

참고도서 __ 232

옮긴이의 말 __ 237

초대하는 말씀

진짜 자기라는 불멸의 다이아몬드

삶과 죽음이 "둘이 아니다"라는 사실을 파악하기가 극히 어려운 이유는 그 사실이 복잡해서가 아니라 너무 단순하기 때문이다.
— 켄 윌버

우리가 삶과 죽음이 하나라는 것을 놓치는 때는 우리의 일상적인 정신이 삶과 죽음에 대해 생각하기 시작하는 바로 그 순간이다.
— 캐슬린 다울링 싱

    가장 오래된 복음서인 마르코복음서의 첫 번째 결말—나중에 다른 본문이 덧붙여져서 지금과 같은 결말이 되었다—은 우리를 매우 실망시키는 방식으로 끝나서 더욱 믿을 수 있다. 즉 "여자들은 겁에 질려 덜덜 떨면서 무덤 밖으로 나와 도망쳐 버렸다. 그리고 너무도 무서워서 아무에게도 말을 못하였다"(16:5-8)라고 끝났기 때문이다. 두려워하지 말라는 천사의 말을 들은 직후의 반응으로서는 이 얼마나 이상한 반응인가!
    이처럼 부활로부터 도망치는 것은 이들 초기의 경전에서처럼 그리스도교를 위한 예언이었으며, 또한 상당 부분 종교를 위한 예언이기도 했다. 나는 이것을 신의 현존을 부인하고 그것으로부터 도망치려는 인간의 유혹으로 해석할 뿐만 아니라, 우리 자신의 진짜 자기(True Self), 즉 우리의 영혼, 우리의 내면적 운명, 우리의 참된 정체성을 부인하고 그로부터 도망치려는 유혹으로 해석한다. 우리의 진짜 자기는 우리가 누구인지를 알며 또한 우리가 누구에게 속하는지를—주로 무의식적으로—아는 우리의 한 부분이다. 우리의 가짜 자기(False Self, "거짓 자기"는 이분법적 가치판단이 되기에, "소아(ego)"를 자신의 전부라고 믿는 "가짜 자기"로 옮긴다.)는 우리가 자신에 대해 누구라고 생각하는 자기이지만, 우리가 자신에 대해 그렇게 생각한다고 해서 우리가 꼭 그런 사람인 것은 아니다.

우리는 초월과 무한한 지평을 위해 만들어졌지만, 우리의 작은 에고(ego)는 보통 그 길을 방해하다가 우리가 그 작고 사소한 관심사들을 깨닫고 나서야 비로소 보다 깊은 진리를 추구하게 된다. 이것은 마치 다이아몬드를 캐는 것과 같다. 우리는 깊이 파고 들어가야 하지만, 그럴 마음이 별로 없으며 심지어 그 일이 두렵기도 하다. 마르코복음서에 나중에 덧붙여진 결말조차도 여전히 제자들이 부활을 믿지 않았다는 말을 세 번이나 지적하고 있다(16:11-15). 이 사실에 주목할 필요가 있다. 그래서 예수님은 그들의 "마음이 완고하여 도무지 믿으려 하지 않는 그들을 꾸짖으셨다"(16:14). 이것은 결코 새로운 종교를 시작하기 위한 칭찬도 아니며 해피엔딩도 아니다. 처음 제자들은 우리가 지금 되려고 노력하는 "참된 신자들"이 아니었다. 제자들이 이처럼 부활을 믿지 않았다는 것이 역사적으로 사실이 아니었다면, 결코 이런 식으로 기록하지는 않았을 것이다.(혹은 의심이 참된 믿음에 반드시 수반된다는 것을 인정하는 것일 수도 있다).

부활의 첫 순간에 세 여인이 물었던 질문, 즉 "누가 그 돌을 굴려낼 것인가?"(16:3) 하는 질문은 여전히 우리의 질문이다. 우리가 진짜 자기를 찾기 위한 이 채굴 작업에서 누가 우리를 도와줄 것인가? 나의 진짜 자기를 찾는 데는 무엇이 필요한가? 나의 에고라는 바윗돌, 나의 독특한 삶의 경험, 나 자신의 문화라는 바윗돌 밑에 "불멸의 다이아몬드"(immortal diamond)가 있다는 걸 도대체 어떻게 알 수 있는가? 이제까지는 예수님이 실제로 몸으로 "부활"할 수 있었다는 것을 종교적으로 믿거나 지적으로 주장하는 것이 보통이었다. 그것은 매우 쉬운 일이었지만, 그것보다 훨씬 어려운 것은 **우리가** 실제로 변화할 수 있는지, **우리가** 실제로 부활할 수 있는지를 묻는 일이다. 예수님의 부활에 대한 믿음과 주장은 우리를 낚시 바늘에서 벗어나도록 만들었다. 즉 우리가 성장하기 위해, 우리의 진짜 자기를 진지하게 찾기 위해, 우리가 반드시 낚여져야만 하는 낚시 바늘에서 우리를 벗어나도록 만들었다.

영원한 철학 전통(Perennial Tradition)[2] 안에서 많은 사람들이 지적한 것처럼, "그릇된 사람"이 올바른 수단을 사용하면 심지어 그 올바른 수단조차 그릇되게 작동한다. 반면에 "올바른 사람"이 그릇된 수단을 사용하면, 그는 중간에 수정하는 방법을 알고 바르게 만든다. 나는 언제든 2인칭으로 말하기를 좋아한다. 당신은 "자기"를 올바로 찾아야만 한다. 그렇지 않다면, 선하게 보이며

---

[2] 나는 올더스 헉슬리가 그의 책 *The Perennial Philosophy* (New York: HarperCollins, 1944)에서 정의한 "영원한 철학"을 적절한 것으로 이용할 것이다. "신적인 실재가 사물의 세계와 생명과 정신에서 본질적이라는 점을 인식하는 형이상학, 영혼 속에서 신적인 실재와 유사한 무엇을 혹은 심지어 동일한 무엇을 발견하는 심리학, 인간의 최종적인 목표가 만물의 내재적이며 초월적인 근거를 아는 데 있다고 보는 윤리학이다. 이것은 아득한 옛날부터 내려온 철학이며 보편적인 철학이다"(vi).

도덕적 행동처럼 보이는 것조차도 너무 갑갑하며 가시가 돋고 상처를 주게 된다. 반대로 올바른 "자기"는 심지어 잘못을 저지를 수 있지만, 어떤 방식으로든 항상 올바른 결말을 지을 수 있다. 우리는 이것을 우리 자신의 경험을 통해 알고 있다. 우리는 어떤 행동을 하는 나는 정말로 누구인지, 또한, 누가 그것에 대해 성찰하는지를 알아야만 한다. 그것이 "우리의" 자기인가? 하느님 자신인가? 아니면 시시때때로 변하는 카멜레온인가? 이런 질문은 항상 성숙한 영성의 기초가 된다.

여기서 우리가 주목할 것이 하나 있다. 마르코는 예수님이 "**다른 모습으로** 그들에게 나타나셨다"(16:12)라고 말한다. 부활이 뜻하는 철저한 변화가 문제였는가? 그 때문에 그처럼 많은 사람들이 예수님을 알아볼 수 없었던 것인가? 나는 그랬을 거라고 생각하며, 이것이 우리가 진짜 자기를 찾는 데서 첫 번째 중요한 단서라고 생각한다.

우리는 해마다 봄철이면 우리의 몸 안에서 치유를 경험하고 모든 사건과 생명체들 속에서 수천수만 가지의 새로운 모습을 경험하면서도 부활한 모습에 관해서는 별로 익숙하지가 않다. 사물의 죽음의 측면이 우리의 상상력을 사로잡고 우리의 혼을 빼앗아 가는데, 이것은 공포와 부정적인 측면이 항상 우리를 그렇게 참담하게 만드는 것과 마찬가지다. 우리는 무한한 것, 긍정적인 것, 선한 것을 찾는 방법을 배워야만 하는데, 이것은 훨씬 더 어렵다. 우리는 "악의 문제"를 해결하기 위해 오랜 세월 동안 철학에 몰두했지만, 내가 믿기로는 훨씬 더 혼란스럽고 놀라운 문제는 "선의 문제"이다. 이 세상에서 경험하게 되는 그 많은 호의와 순수한 선을 어떻게 설명할 것인가? 이 문제에 몰두하는 것이 훨씬 더 나은 결과를 얻을 것이다.

어떤 면에서 부활—나는 부활을 우리의 진짜 자기에 대한 계시와 같은 것으로 볼 것이다—은 실제로 우리가 건설한 세상에 대한 위협이다. 우리의 진짜 자기가 "부활"한 후에는 우리가 더 이상 많은 집단에 적합하지 않을 것이며 심지어 대다수 종교집단에도 적합하지 않을 것이다. 왜냐하면 대다수 종교집단은 흔히 가짜 자기에 사로잡혀 있으면서 그것에 탐닉하고 있는데, 그 집단이 알고 있는 게 고작 그런 가짜 자기뿐이기 때문이다.

사람들이 인정하든 아니 하든 간에, 우리는 모두 기존질서와 과거를 사랑하며 심지어 그것들에 중독되어 있다. 심지어 그런 중독이 우리를 죽이고 있을 때조차도 그렇다. 부활은 우리에게 미래—나는 감히 영원한 미래라고 말한다—를 제공하지만, 그 미래가 어떤 것인지 알 수 없어서 우리를 겁나게 만든다. 사람들은 기쁨을 중심으로 자신의 에너지를 모으기보다는 죽음, 고통, 난관을 중심으로 에너지를 모으는 일을 훨씬 쉽게 한다. 나 역시 그렇다. 어떤 슬픈 이유 때문에, **우리가 가볍게 취급하는 것은 기쁨인 반면에, 우리가 움켜쥐고 놓지 않으려는 것은 피해자 의식이다.**

진짜 자기와 그 부활은 항상 위협이다. 그리스도의 몸의 부활에서 우리는 옛것이 소생된 것을 말하는 것이 아니라 항상 완전히 새로운 것으로 보이는 것이 다시 살아남을 말한다. 부활은 한 사람이 그의 몸으로 되돌아가는 것이 아니라, **하나의 보편적인 인간이 우리를 보편적인 미래 속으로 인도하는 것이며, 이것은 모든 과거를 이용해서 그 과거를 변화시킴으로써 이루는 것**(에페소서 4:15-16)이다. 네 개의 복음서들에 나오는 모든 부활 이야기 속에서, 제자들이 달음박질하고, 몰려가고, 흥분하고, 기뻐하고, 먹고, 생선을 엄청나게 잡아 올리고, 벌거벗고 물속에 뛰어들고 하는 놀라운 이미지들을 주목할 필요가 있다. 이 모두는 미래를 위한 자유인데, 과거는 끝났고 지나갔으며 전체적으로 용서받았기 때문이다.

내가 진짜 자기라고 부르는 것을 명료하게 밝히고 재발견하는 일은 모든 종교를 위한 확고한 기초를 놓아주며 또한 종교의 일차적인 목표를 분명하게 해준다. 당신이 먼저 당신 자신 안에서 확고하며 기초가 될 무엇을 발견하지 않는다면, 당신은 그 위에 어떤 참다운 영적인 집도 세울 수 없다. "비슷한 것은 서로를 안다"는 것이 그 원리이다. 당신 안에 계신 하느님(God-in-you)께서는 다른 모든 것 안에 계신 하느님을 이미 알고 계시며 사랑하시며 섬기신다. 당신이 할 수 있는 일 전부는 완전히 그 사랑 위에 올라타는 일뿐이다. 나는 이처럼 뛰어오르는 것을 **의식**(consciousness)이라고 부르며, 또한 부활하신 그리스도는 완전한 의식의 성상(icon)이라 믿는다. 그리스도의 인간적 정신 속에서, 피조물의 모든 부분은 자신이 (1) 신적으로 잉태되었으며, (2) 하느님의 사랑을 받고 있으며, (3) 십자가에 달렸으며, (4) 마침내 다시 태어났다는 것을 알고 있다. 그분은 우리로 하여금 이 모든 과정에서 자신과 함께 동행하도록 인도하시며, 우리에게 그 과정을 두려워하지 않도록 확신시키며, 그 전체 여정의 모델이 되시고 의식의 최종적인 방향의 모델이 되신다.3) 이것이 바로 예수님이 어떻게 "우리를

---

3) 여기서 중요한 성서 본문은 〈골로사이인들에게 보내는 편지〉 서두에 나오는 찬양(1:15-20)이다. 여기서 우리는 단지 역사적 예수에 관해 말할 뿐만 아니라 우주적 그리스도, 즉 피조물의 의미를 "요약하며" 또한 예수님과 완전히 동일시된 우주적 인물에 관해 말하며, 나아가 예수님은 이 역할과 그 함축적 의미를 받아들이신다. 이것은 오늘날 대부분의 그리스도인들이 생각하는 것처럼 보이는 매우 부족적인 예수(즉 "유대인" 예수 - 옮긴이)보다 훨씬 더 보편적인 개념이다. 나는 이 우주적 인물을 우주적 그리스도라고 부

구원하시는지"에 관한 나의 중요한 논제이다.

영원한 전통인 신비주의 전통—나는 그 위에 영적인 집을 세우려 한다—은 모든 인간들 속에 신적인 실재를 향한 염원, 그 실재와 일치할 수 있는 능력과 그 실재와 비슷한 점이 있다고 말한다. **우리가 무엇을 추구하는가 하는 것이 우리가 누구인가를 결정**하는데, 바로 이 때문에 예수님은 우리가 구하는 것을 **찾을** 것이라고 말씀하신다(마태오 7:7-8). 영원한 전통은 한결같이 당신이 찾고 있는 것을 처음에는 볼 수 없는데 그 이유는 당신이 찾는 것이 보는 방식 자체이기 때문이라고 말한다.4) 하느님은 우리가 다른 사물을 발견하는 것처럼 발견하거나 소유하는 대상이 결코 아니라, **당신 자신의 가장 깊은 주체성, 혹은 당신의 자기를 함께 공유하고 계신 분**(the One who shares your own deepest subjectivity — or your "self")이다. 우리는 이것을 보통 우리의 영혼(soul)이라 불렀으며, 종교는 "신의 내주"(內住, Divine Indwelling)라고 불렀다.

나는 그리스도가 역사 속에 주어진 원형적 진짜 자기(archetypal True Self)라고 믿는데, 이 원형적 진짜 자기에서는 물질과 정신이

르겠다(〈에페소인들에게 보내는 편지〉 1:3-4도 똑같은 주장을 하고 있다).

4) 역자주: 저자는 종교가 맹목적 믿음보다 "새로운 눈"을 요구하는 것인데, 에고 중심의 사고방식이 매우 일반적인 사고방식이기 때문에, 보는 것 자체가 문제가 된다. 저자는 "내주하시는 현존을 직접 체험하는 것"이 기도(관상)라고 말한다. 이런 기도와 관상이 쉽지 않은 이유는 우리가 하느님과의 일치와 하느님을 사랑하는 것보다는 나의 치유, 성장, 행복, 영생 등 개인주의적이며 자기중심적 목적으로 기도하며, 또한 좌뇌를 중심으로 나름대로 판단하고 구별하고 비교하고 분석하고 계산하는 이분법적 사고방식 때문이다. 하느님은 정의상 "낯설고, 항상 신비하며, (우리의 생각을) 넘어서며, 보다 크신" 분이지만, 우리가 이미 알고 있는 것만 갖고 접근하며, 긍정하기보다 먼저 차이를 분별하고 판단하고 부정하는 에고 중심적 사고방식 때문에, "신비에 대해 준비된 상태가 아니라서 그 흡입구의 밸브가 닫혀 있기 때문"이라고 말한다. 참조, *Silent Compassion* (2014), 55, 59, 62.

마침내 하나로 작동하며, 신성과 인성이 한 그릇 안에 담겨지고, "유대인과 그리스인, 노예와 자유인, 남자와 여자 사이에 아무런 차별이 없다"(갈라디아 3:28). 그리스도께서는 우리에 앞서서 항상 새로운 영토인 "갈릴래아"로 가시는데, 갈릴래아는 로마제국과 유대 종교에서 잊혀진 외딴곳이었다.

사람들은 베드로에게 "틀림없이 당신도 그들과 한 패요! 당신의 말씨만 들어도 알 수 있소"라고 말한다(마태오 26:73). 대사제들은 "갈릴래아에서 예언자가 나온다는 말은 없소"라고 말한다(요한 7:52). 그러나 "그분이 당신들에게 말한 것처럼 그곳에서 당신들은 그분을 만나게 될 것입니다"(마르코 16:7). 아마도 이 진짜 자기—그리고 그리스도의 온전한 신비(제도화된 그리스도교와 똑같은 것이 아니다)—는 항상 어떤 제국이든 그 외딴곳과 어떤 종교든 그 깊은 광맥 속에서 살아 있을 것이다.

일부 독자들은 내가 교만하게 "개인적으로 신적인" 존재에 관해 말하고 있으며, 부활에 관해 이런 방식으로 말하는 것이 이단(heresy)이며 교만이며 범신론이라는 것을 열심히 불식시키려고 한다고 생각할 것이다. 그러나 복음은 그보다 훨씬 더 미묘한 것이다. 예수님의 생애와 그의 부활한 몸은 우리 자신의 신적인 DNA를 발견하는 것이 인간 존재의 유일하며 온전하며 최종적인 의미라고 말한다. 진짜 자기는 하느님도 아니며 인간도 아니다. **진짜 자기는 동시에 그 둘 모두이며, 또한 그 둘 모두는 전적인 선물이다.**

이처럼 철저하게 새로운 것은 비록 우리라고 하는 가장 오래되었고 가장 진실하며 가장 깊은 자기 안에서 그 자체를 드러내지만, 위협적인 것이다. 예수님의 부활은 희생을 인정하거나 보복을 통해 다른 희생자들을 만들어내는 것을 절대로 거부하는 것이었다. 이것은 역사를 위해 완전히 새로운 이야기 줄거리다. 라자로의 부활(요한 11:1-44)과 달리, 예수님의 부활은 인간의 역사를 위해 영원하며 결정적이다. **그분은 우리 모두를 위한 지표이다**.

내가 파악한 것을 과테말라 출신의 시인 훌리아 에스퀴벨은 "그들이 부활로 우리를 위협했다"는 시에서 아름답게 표현한다.

우리를 잠들지 못하게 만드는 것
우리를 쉬지 못하게 만드는 것
내면의 깊은 곳에서 계속 두드리는 것은
우리 안에 있는 무엇이라오.

남편을 잃은 인디언 여인들의
숨죽여 흐느끼는 울음,
기억 너머 어딘가를 뚫어지게 바라보는
아이들의 서글픈 눈망울이라오....

우리를 계속해서 잠들지 못하게 만드는 것은
그들이 이제까지 부활로 우리를 위협해왔다는 것!
이유는 1954년 이후
매일 저녁마다
끝없이 이어지는 피살자 명단이 몸서리쳐지지만,
우리는 계속해서 삶을 사랑하고
그들의 죽음을 받아들이지 않기 때문이라오.

이런 희망의 마라톤 속에는

언제나 우리를 구해주는 타인들이 있어서
죽음 너머에 있는 결승점에 닿도록
힘을 실어주기 때문이지요.

우리에게로 와서 같이 밤샘을 하셔요.
그러면 당신은 무엇을 꿈꾸어야만 하는지를 알게 되지요.
그러면 부활로 위협을 당하면서 사는 게
얼마나 놀라운 것인지를 알게 된다오.
깨어서 꿈을 꾸고
잠들어서도 지켜보고
죽어가면서도 삶을 사는 것
그리고 우리들 자신이 이미 부활했다는 것을 아는 것!5)

오직 우리의 진짜 자기만이 이런 식으로 말할 수 있다. 가짜 자기, 즉 에고가 지배하고 그 제한된 관심이 지배하는 가짜 자기에게는 이런 시가 분명 단순한 시이겠지만 싸구려 카드처럼 잊기 쉬운 것이라서 어둠 속에 부는 호각 소리로는 들리지 않을 것이다. 그러나 진짜 자기는 **존재하며**, 부활하신 분의 현존도 계셔서, "우리를 잠들지 못하게 만드는 여기 우리 내면의 무엇"이 된다. 그래서 이제 바윗돌을 굴려내고, 돌들을 치우고, 우리의 진짜 자기를 캐내기 위해 들어가자. 당신은 다이아몬드를 발견할 것이다.

---

5) Julia Esquivel, "Threatened with Resurrection," in *Threatened with Resurrection: Prayers and Poems from an Exiled Guatemalan Woman* (1982 Spanish edition).

머리말

여러분이 여러분 자신을 영원한 생명의 가치가 있다고 생각하지 않기 때문에, 우리는 이제 이방인들에게로 돌아설 수밖에 없습니다.
— 바울로와 바나바, 사도행전 13:46

나는 이 책을 속세의 구도자들과 사상가들, 신자들과 비신자들, 특히 종교 자체에 대해 환멸을 느꼈다가 점차 회복되고 있는 많은 사람들을 위해 쓰고 있다. 놀랍게도 이들은 흔히 많은 종교인들보다 훨씬 더 신비를 파악하고 존중할 준비가 되어 있다. 나는 더 이상 자신들과 끔찍하게 닮아 매우 좀비 같은 미국인 예수와 "개인적인 관계를 깊게 하는" 많은 그리스도인들을 돌볼 수도 없으며 더 이상 그들에게 거짓된 위로를 줄 수도 없다. 나는 오히려 최근에 제인 폰다처럼 "나 자신 속에서 어떤 현존을 느끼며, 어떤 경건한 노랫소리를 듣지만, 그것을 말로 설명하기는 매우 어려웠고 지금도 어렵다"는 사람들을 위해서 글을 쓰는 것을 더 좋아한다. 우리는 여기서 그 **노랫소리**를 설명해보려고 하겠다.[1]

---

1) 역자주: 인류 역사에서 신(神)은 공포의 대상이었고, 종교는 희생제물을 바쳐(신을 통제함으로써) 두려운 일은 없을 테니 안심하라고 확신시키는 역할을 했다. 예수는 이런 공포의 종교를 종식시켰다. 그러나 초심(가난한 마음)을 잃고(마태오 5:3), 독선과 자기만족에 사로잡힌 사람들에게는 "교육이 불가능하다." *Things Hidden: Scripture as Spirituality* (2008), 8-10.

너무나 많은 종교인들이 "자신들 속에서 들리는 경건한 노랫소리"를 진지하게 들으려 하지 않기 때문에, 자신들 속에 있는 무엇인가를 깊이 신뢰할 필요가 있다는 것, 또한 많은 것들을 죽게 내버려두어야 한다는 것을 인정하지 않는다. 그것들이 나쁜 것이기 때문에 죽게 내버려두어야 하는 것이 아니라, 그것들은 사람들이 가기 원하는 곳에 데려다줄 수 없는 것이기 때문에 죽게 내버려두어야만 하는 것이다. 영성은 배우는 것(learning)보다는 알고 있는 것에서 벗어나는 것(unlearning)이 훨씬 더 중요하다. 채굴과 제련과정에 사용하는 용재(鎔滓)와 불순물을 제거하면, 경외감을 불러일으키는 것이 **바로 그곳에서 우리를 기다리고 있다**.

많은 종교인들은 하느님께서 어떤 설명할 수 없는 이유 때문에 인간의 현재나 미래 대신에 과거를 (대개 자신의 집단의 최근 과거를) 사랑하신다고 생각하는 것처럼 보인다. 야로슬라브 펠리칸이 몇 년 전에 매우 지혜롭게 말한 것처럼, "**전통은 죽은 자들의 살아 있는 신앙이다. 전통주의는 살아 있는 자들의 죽은 신앙인데, 여기에 내가 덧붙여야 할 것은 전통에게 그처럼 나쁜 이름을 준 것은 전통주의라는 점이다.**"[2] 우리는 실제 하느님 체험을 단순한 전통주의로 대체하는 것보다는 훨씬 더 잘할 수 있다.

우리가 하느님을 과거와 동일시하는 것 때문에 현재와 미래는 별로 득을 보지 못했다. 과거의 실수는 여전히 실수이며, 우리는 그 실수를 반복할 필요가 없다. 이처럼 과거에 사로잡혀 있는 것은 하느님께서 다른 모든 사람들(비그리스도인들, 이단자들, 원주

---

2) Jaroslav Pelikan, *The Vindication of Tradition: The 1983 Jefferson Lecture in the Humanities* (New Haven, Conn.: Yale University Press, 1984), 65.

민들, "죄인들," 여자들, 가난한 사람들, 노예들)의 죽음을 허락하셨지만, 결코 우리 자신의 죽음은 허락하지 않으셨다는 인상을 준다. 많은 사람들이 우리의 거대한 영적 담론과 우리의 성서에 대해 전혀 흥미를 느끼지 않게 되었는데, 그 이유는 사람들이 너무나 자주 예수님을 믿는다고 말하면서도 여전히 매우 작은 신자들(자신들의 가짜 자기에 꼼짝없이 사로잡힌 신자들)에 의해 이용당했기 때문이다. 우리가 꼼짝 못하게 고착되어 있다는 것을 부인하는 것은 도움이 되지 않는다. 그렇다고 해서 우리 모두가 "세상의 슬픔"(독일인들은 *Weltschmerz*라고 부른다)이라는 십자가에 처형된 인간의 거대한 현실에 참여하지 않고 있는 것처럼 거만하게 유아독존(唯我獨尊)하는 것도 도움이 되지 않는다. 우리 그리스도인들은 니케아 신조에서 "성도들의 교제"를 고백하지만, 내 생각에는 "죄인들의 교제"에 대한 믿음도 있어야만 한다. 우리는 모두 완전히 양쪽 집단의 한 부분이기 때문이다.

나는 이 책이 무엇보다도 당신을 위해, 모든 종교에 속한 사람들이나 전혀 종교를 갖지 않은 사람들에게 참된 몇 가지를 분명하게 설명하고, 특히 당신 자신의 경험 속에서 그 몇 가지를 확인할 수 있게 해주기를 바란다. 나는 하느님이라는 단어를 사용할 것인데, 여전히 세상의 95%, 역사상 99% 사람들이 사용한 단어이며, 또한 내가 은총, 죽음, 부활에 관해 말하는 것이 누구에게나 참되며, 특별히 종교적 언어로만 설명할 필요가 있는 것은 아니라는 것에 대해 당신도 동의할 것이기 때문이다.

다음의 세 문단은 내가 2012년에 사순절을 외딴곳에서 보내는 동안에 바닷가를 걸으면서 잠깐 동안에 매우 분명하게 정리된 생각들이다. 어떤 점에서는 이것들이 이 책을 요약한 것이다.

1. 하느님의 선하심은 아무런 차별이나 편애하심이 없이 우주의 모든 틈(gaps)**을 채우신다.** 하느님은 절대로 모든 것의 선물이시다. 만물 사이의 공간은 전혀 공간이 아니라 영(Spirit)이시다. 하느님은 "선하신 접착제"(goodness glue)로서 사물의 어둠과 밝음을 함께 붙도록 만들고, 자유로운 에너지로서 모든 죽음을 거대한 분리 너머로 인도하시어 그 죽음을 생명으로 바꾸신다. 우리가 그리스도께서 "유일회적으로(once and for all) 빚을 갚으셨다"고 말할 때, 그 뜻은 하느님께서 하시는 일이 우주 안의 모든 결핍을 채우신다는 뜻이다. 그밖에 달리 하느님께서 무슨 일을 하시겠는가? 기본적으로 은총은 하느님의 이름이며 아마도 성(last name)이기도 할 것이다. 은총은 하느님께서 지으신 만물을 영원히 사랑 가운데 활기차게 살아 있도록 만드시는 작업이다. 은총은 하느님의 공식적 직무 내용(job description)이다. 은총은 하느님께서 주시는 무엇이 아니라, 하느님 자신이 은총이시다. 우리가 일차적인 증인들을 믿을 수밖에 없다면, 설명할 수 없는 선하심이 우주 안에서 작동하고 있다. (어떤 사람들은 이 현상을 하느님이라고 부르지만, 이 단어가 반드시 필요한 것은 아니다. 사실상 때로는 이 단어가 경험에 방해가 되는데, 왜냐하면 너무 많은 사람들이 은총이 아닌 다른 것을 하느님이라고 불러왔기 때문이다).

2. 죽음은 단지 물리적 죽음만이 아니라, 완전한 깊이 속으로 들어가 밑바닥에 닿는 것, 내가 통제할 수 있는 곳과 내가 지금 서 있는 곳을 완전히 넘어 멀리 가는 것도 죽음이다. 그래서 매우 겁이 나는 것은 당연하다. 초기 그리스도교 신조들과 그 밖의 자료들에서 죽음은 "지옥으로 내려가는 것," "나락," "어두운 밤,"

"스올"(Sheol), "하데스"(Hades)라고 부른다. 우리 모두는 결국 죽는다. 죽음의 문제에서 우리에게는 선택의 여지가 없다. 그러나 최종적인 물리적 죽음 이전에 죽음의 정도들(degrees)이 있다. 우리가 정직하다면, 우리는 삶의 전 과정 속에서 죽어가고 있다는 것을 인정하며, 또한 우리가 주의를 기울이면 배우게 되는 것은 **은총이 깊은 곳에서 또한 모든 것의 죽음 속에서 발견된다**는 점이다. 이런 보다 작은 죽음들 이후에 우리는 유일한 "치명적인 죄"란 우리가 하느님과 사랑을 결코 볼 수도 없고 찾지도 않으며 갈급하지도 않는 표층적인 세계에서만 살아가는 것임을 알게 된다. 여기에는 종교의 표층도 포함되는데, 표층종교는 가장 위험한 것일 수 있다. 따라서 우리는 아래로 떨어지는 것, 실패하는 것, "밑으로" 내려가는 것을 두려워해서는 안 된다.

3. 때로 당신이 밑바닥과 죽음 속으로, 심지어 당신의 깊은 죄 속으로 떨어질 때, 당신은 다른 쪽으로 나오게 된다. 이것을 부활이라 부른다. 무엇인가가 또는 누군가가 당신을 위해 멀리서만 알아볼 수 있는 다리 하나를 놓아주는데, 당신은 자발적으로나 반쯤 자발적으로 그 다리를 건넌다. 우리는 믿을 만한 훌륭한 자료들(신비가, 샤먼, 임사체험)을 통해서 이런 다리를 건넌 여행자 자신이 그로 인해 가장 놀라게 되며 기뻐하게 된다는 사실을 알게 된다. 무엇인가가 또는 누군가가 죽음과 생명 사이의 비극적 간격을 메워주는 것처럼 보이지만, 그것은 **오직 돌이킬 수 없는 지점에서만** 가능하다. 우리들 자신의 노력, 공적, 순결성, 완전성으로 그 죽음과 생명의 비극적 간격을 건너가는 사람은 없다. 우리는 거저 받은 은총(unearned grace)을 통해 그것을 건넌 경험이 있다. 교종, 대

통령, 공주, 소작농 모두 마찬가지다. 귀한 존재라는 뜻이 결코 그 다리를 건널 수 있는 통행권을 가졌다는 뜻은 아니다. 오직 깊은 갈망이 필요하며, 통행권은 갈망 속에 주어진다. 무덤은 항상 최종적 공허이다. 죽음에는 예외가 없으며, 은총에도 예외가 없다. 나는 부활에도 예외가 없다는 것을 확실한 증거를 갖고 믿는다.

이 책에서 나는 진짜 자기, 가짜 자기, 부활, 변화에 대해 탐구하면서, 신약성서의 모든 복음서 이야기들, 바울로와 요한의 편지들, 사도행전을 인용할 것이다. 그러나 당신에게 성서가 자연스러운 권위가 아니라면, 성서 인용문들을 무시해도 좋다. 나는 이런 영적인 직관들이나 생각들이 성서 본문과는 별도로 형성되기를 바라면서도, 한편 내가 성서를 폭넓게 인용하는 이유는 이런 생각들이 비단 내 개인적 생각만은 아니라는 점을 보여주기 위해서다. 나는 유대-그리스도교 전통 안에서, 그 전통의 빛줄기를 통해 이어진 학자들, 성인들, 신학자들, 시인들을 인용함으로써 모든 종교들이 공유하고 있는 영원한 진리에 이르도록 할 것이다.

나는 성서, 전통, 내적인 체험이라는 세 가지 방법론을 사용할 것이다. 이 셋이 서로를 존중할 때 서로의 균형을 잡아준다. 나에게 개인적(내적) 체험은 덜 발전된 "제3의 것"으로서,[3] 가톨릭의 "전통"과 개신교의 "오직 성서로만" 사이의 지겹고 이분법적인 싸움을 극복하기 위해 필요한 것이다. 비판적 이성은 이 세 가지 원리들을 공정하게 조화시키는 것이다.[4]

---

[3] 역자주: 저자는 전통(성서 포함)을 강조하는 가톨릭교회에서 교육받았기에, "신학의 기준들" 가운데 '내적 체험'을 "덜 발전된" 것이라고 고백한다.
[4] 나 자신의 기본적 교육 방법론에서, 나는 마침내 개인적인 체험이 효과적인

덧붙이는 말: 수행에 기초한 체험

18세기 계몽주의 이래로, 거룩하며 참된 것을 우리 스스로 깨달을 수 있는 영적인 수행과 영적인 오솔길에 관해서는 거의 강조되지 않았다. 감리교(Methodist) 전통의 창시자 존 웨슬리는 사람들이 하느님께 나아가도록 여러 "방법들"(methods)과 실천들을 사용했지만, "이상하게 뜨거워진" 웨슬리의 가슴을 많은 사람들이 체험한 것 같지는 않다. 가톨릭교회 안에는 여전히 훌륭한 "관상수도회들"이 있지만 그들조차 묵언기도의 옛 전통을 잃어버렸다.5) 가톨릭, 동방정교, 성공회는 각기 나름의 성례전과 예전을 갖고 있지만 너무 기계적으로 반복되는 예식이 되어버려서, 특히 그런 예전에 싫증난 사람들에게는 신선한 깨우침을 일으키기보다는 무의식을 조장하는 의례가 되었다. 특히 위험한 종교의 세계에서는 에고가 어떤 식으로든 장악할 방법을 추구하거나, 가장 교활한 가면을 쓰고 장악하곤 한다. 선불교 선사들이 말한 것처럼, "가

제3의 역동성이라는 것을 깨달았다. 성서 대 전통이라는 부질없는 딜레마를 극복하기 위해서는 의식적인 검토와 비판이 필요하다. 역사는 가톨릭이 전통을 오용했으며, 개신교는 성서를 남용했다는 사실을 보여주는데, 전통과 성서가 가톨릭과 개신교의 사실상의 "주관성," 편견, 성서와 전통 모두와 관련된 그들의 개인적 체험을 설명하지 못한다. 이것이 우리가 2013년 앨버커키에서 시작한 〈삶의 학교〉의 기본적 방법론으로서 우리는 이렇게 정리했다. "성서는 체험을 통해 그 타당성을 확인하게 되며, 체험은 전통을 통해 그 타당성을 확인하게 되는 것으로서, 우리의 세계관을 위한 훌륭한 척도들이다." 그리고 우리는 이 셋을 조화시키기 위해 비판적 이성을 사용해야 한다.

5) Richard Rohr, *The Naked Now* (Chestnut Ridge, N.Y.: Crossroad Publishing, 2009). 이 책 전체는 비이분법적인(non-dual) 의식에 관한 것이지만, 특히 2장에서 14장까지는 기도가 말을 하는 것보다는 삶의 자세라는 것을 이해하는 데 도움이 될 것이다. 당신이 의식적인 합일과 사랑 가운데서 하는 일은 무엇이든 기도이다.

능하면 모든 영성을 피하라. 영성이란 그대의 구석구석을 모욕할 것이다." 그분들은 참된 종교란 우리의 에고를 "모욕하는" 것이지 알량한 위로를 주는 것이 아니라는 점을 잘 알고 있었다.6)

---

6) 역자주: 저자는 인류의 생존마저 위협당하는 현실에서 많은 이들이 더 이상 교회의 가르침에 대해 진지한 관심을 보이지 않게 된 근본 원인을 주류 교회가 성육신(incarnation)을 탈육신(excarnation)으로 둔갑시킨 때문이라고 본다. 성육신은 신에 대한 인간의 공포를 없애기 위한 하느님의 해결책이었고, 성육신 신비, 즉 "인간과 하느님의 객관적 일치"를 추구하는 것이 참된 영성이지만, 그리스도교는 "예수의 영향보다 플라톤의 영향을 더 많이 받아," 성육신주의자들이 아니라 "몸과 영혼이 서로 원수지간인 플라톤주의자들이 된" 때문이다(*Eager to Love*, 52). 두 차례의 세계대전과 홀로코스트가 그리스도교 세계에서 발생했다는 사실과 그리스도인들이 타종교인들에 대해 갖는 배타적 태도와 적개심만 보더라도 그리스도교가 얼마나 폭력적 인간들을 양산했는지를 알 수 있다. 에고의 특성은 중요한 위치(통제, 성취)를 원하고 자기보호(변장, 그림자 외면), 분별지(판단), 변화에 대한 철저한 거부이다. 신비주의는 모순(빛/어둠, 영/육)과 역설(알곡/가라지)을 수용하는 사랑의 비이분법적 사고이지만, 에고 중심의 이분법적 사고는 남과 비교, 판단하고 경쟁하는 편가르기 사고방식이기 때문에 폭력적 사고방식이다. 성육신은 본래 예수가 하느님과의 신비한 일치를 통해 자신과 이웃, 심지어 원수와도 일치하는 경험을 통해 에고 중심적 사고와 하느님/인간, 영/육, 선/악이라는 이분법을 극복한 것이었는데, 그리스도교가 다시 이분법에 빠진 원인에 대해 저자는 몇 가지 요인을 지적한다. 1) 예수를 영적 여정으로 따르지 않고 예배의 대상으로 만들었다. 에고에게 요구되는 것은 감사뿐이었다. 2) 지금 천국(잔치)을 누리는 것이 아니라 예수를 믿어 사후에 천국에 가려 했다. 내세의 보상을 위해 중요한 것은 도덕과 의무였다. 3) 로마제국의 통치를 위해 역사의 예수를 판토크라토르(우주의 전능하시며 분노하시는 주님)로 경배하는 것이 십자가에서 처형된 패배자 예수보다 훨씬 더 지배자들과 사람들의 에고를 편안하게 만들어주었다. 4) 예수는 하느님과 하나가 된 비이분법적 사랑을 중심으로 하는 체험과 실천의 종교를 가르쳤지만, 이런 내적 고요를 추구하는 관상전통이 그리스도교의 주류가 되지 못하고 변두리로 밀려났다. 5) 교리와 이론 중심의 주류 그리스도교는 플라톤의 영향 때문에 육신, 물질, 여성, 자연을 경멸하는 탈육신의 종교로 둔갑했다. 6) 독생자의 보혈(희생)에 의한 대속론(사법적 이해)은 하느님에 대한 공포와 인간의 보복적 폭력을 정당화했다. 7) 하느님과 일치하는 신비 체험은 특별한 성자들에게만 가능하다고 주장함으로써 성직자와 평신도를 구별하는 2층 종교로 만들었다. 8) 에고 중심의 도덕주의는 완전(마태오 5:48)이 불가능하기에 "수치심과 죄의식에 기초한" 종교를 만들었고, "가라지"를 뽑아내려 했

이제까지 우리는 주로 외적인 권위에 휘둘려왔지("만일 당신이 이 일을 하지 않으면 죄를 짓는 것이다." 혹은 "교회는 이렇게 말한다."), 기도와 수행, 내적 체험이라는 고요하며 아름다운 내적 권위(내재하시는 성령)에 의해 이끌림을 받지 못했다. 고요하며 아름다운 내적 권위는 우리가 진짜 자기를 만나고 알 수 있는 기회를 훨씬 더 많이 제공한다. 이처럼 우리가 진짜 자기를 만나 정체성이 바뀌는 것을 두고 성숙한 종교는 **회심**(conversion)이라고 부르며, 우리의 의식과 동기가 진정으로 크게—거의 지진이 발생하듯—변화를 겪게 된다. 이것이 모든 종교적 변형(transformation, "형태의 변화")의 핵심이다.7) 이런 변형이 없다면, 종교란 주로 소속되는 체제 혹은 단순한 믿음 체계에 불과할 뿐, 우리의 의식이나 동기를 철저하게 변화시키지는 않는다.

다. 9) "원복"을 무시하고 "원죄"와 "전적 타락"을 강조해 부정적 인간론을 가르쳤다. 10) 전통과 성서라는 과거를 너무 신뢰함으로써 현재의 성육신 체험을 회피했다. 11) 교회는 교리적 우월성을 주장하기 위해 방어적-공격적 태도를 갖게 됨으로써, 내적 체험과 삶을 통한 복음의 실천보다 논리와 이론 중심, 머리와 믿음 중심의 종교가 되었다. 16세기 종교개혁조차도 스콜라신학을 극복하고 관상전통을 회복한 것이 아니라 더욱 인간 중심적이며 논쟁적이며, 더욱 공격적이며, 말과 교리 중심의 종교가 되어 결정적으로 성육신을 탈육신의 종교로 둔갑시켰다. 저자는 인류 문명과 교회사에 대한 이런 문제를 병리적 증상이 아니라 예수처럼 그 근본 원인인 에고의 변화를 목표로 삼고, 예수의 "용서의 복음"을 회복시킨다는 점에서 교회사적으로 매우 중요한 의미를 지닌다. *Silent Compassion*, 특히 2장; *Things Hidden*, 10, 19, 28, 30, 34-35, 75-76, 183, 193, 202.

7) Ken Wilber, *One Taste* (Boston: Shambhala, 2000), 25-28. 켄 윌버가 종교의 번역적(translative) 기능과 변형적(transformative) 기능 사이를 탁월하게 구분한 것이 이 책의 여러 곳에 나오지만, 이 부분에서 가장 분명하고 요약해서 나온다. 내가 40년 동안 사제로서 경험한 것은 종교의 대다수는 번역적(옛 자기에게 가치를 전달한다)이며 이따금씩만 변형적(자기를 실제로 그 중심에서 바꾸어놓는다)이다. 이런 점이 이 책 전체에서 나의 중요한 논제 가운데 하나다.

우리는 수행에 기초한 영성으로 돌아가서 우리가 **하느님을 바라보는 관점**(looking at God)**에서부터 하느님께서 바라보시는 관점**(looking out from God)**으로** 바꿔야 한다. 나는 이런 관점의 전환이 이 책과 이 책 부록에 수록한 실천방법들을 통해 보다 분명하게 되고 독자 여러분을 초대하는 기회가 되기를 바란다. 그리스도교는 사유하기(thinking)보다는 살기(living)와 행동하기(doing)를 훨씬 더 강조한다. 가톨릭의 대표적 신학자인 토마스 아퀴나스가 표현한 것처럼, "삶은 교리에 앞선다"(*Prius vita quam doctrina*).8)

내가 이 책에서 말하고자 하는 것은 단 하나의 목적을 위해서다. "더욱 풍성한 삶"(요한 10:10)과 모든 집단을 위한 삶을 위한 것이다. 생명의 엄청난 다양성은 태초부터 우리에게 분명하게 주어진 것으로서 어느 한 종교, 한 국가, 한 민족, 한 시대, 한 이데올로기의 경계선들을 뛰어넘는다. 더구나 생명은 인간만이 독특하게 소유한 것도 아니다.

나의 유일한 과업이자 여러분의 과업 역시 하느님을 본받아서 그분처럼 모든 생명을 사랑하는 일이다.9) 하느님께서 그처럼 은총과 생명을 풍성하고 폭넓게 주셨다면(사도행전 11:22), 내가 누구이기에 감히 하느님의 길에 방해꾼이 된단 말인가? 우리가 할 수 있는 최상의 일은 생명의 세상에서 이미 명백하게 일어나고 있는 일들을 뒷받침하는 일이다. 완전한 영성이란 단지 하느님을 본받아 모방하는 일이다.

---

8) Thomas Aquinas, *Summa Theologica*, "De Anima," II, 37.
9) 이런 믿음에 대한 훌륭하며 시적인 진술을 보기 원하면 지혜서 11:23-12:1을 보라. 내가 젊어서 이 본문을 처음 읽었을 때, 나의 인생에 대한 비전을 다시 조정하게 만든 본문이다.

1장

"진짜 자기" 란 무엇인가?

이 높은 곳에서는
모든 것이 이처럼 단순한 것을,
당신이 알고 있는 모든 것을 뒤로 밀쳐놓으라.

차가운 수면을 향해 한 걸음씩 다가와
서툴었던 옛 사랑의 기도를 바치고
당신의 두 팔을 벌려라.

빈손으로 다가온 이들은
눈이 휘둥그레져서 호수 속을 바라보리니
거기 흰 눈을 반사하는
차가운 빛을 보리라.

당신 자신의 진짜 얼굴 모습을.

— 데이비드 화이트, "틸리코 호수"

보수주의자들은 절대적 진리를 찾고, 자유주의자들은 "진짜"이며 진정한 무엇인가를 찾는다.[1] 배우자들은 "죽음이 서로를 갈라놓을 때까지" 지속될 결혼을 찾는다. 신자들은 자신들을 결코 실망시키지 않을 신을 찾는다. 과학자들은 보편적 이론을 찾는다. 그들은 모두 똑같은 탐구를 한다. 우리 모두는 불멸의 다이아몬드를 찾고 있다. 완전히 신뢰할 수 있고 충실하고 참되고, 우리가 언제나 의존할 수 있으며, 잊을 수 없는 빛나는 것을 찾고 있다. 요한의 둘째 편지에서는 온갖 무리들을 위한 초대를 이렇게 하고 있다. "지금 우리 안에서 살고 있으며 또 영원히 우리와 함께 있을 진리가 있습니다"(2). 그러나 우리는 이 진리에 관해 아는 것이 별로 없으므로, 성 아우구스티누스가 『고백록』에서 자인하듯이 우리도 이렇게 마치고 만다. "뒤늦게 나는 당신을 사랑하게 되었습니다. 아주 오래된 아름다움이지만 여전히 새로운 아름다움입니다. 뒤늦게 나는 당신을 사랑하게 되었습니다! 당신은 **안에** 계셨지만, 나는 **바깥에** 있었습니다."2)

우리는 결국 이 진리를 찾는 것을 포기하거나 찾으려는 노력조차 안 하며, 그 대신 자신 속으로 후퇴하여 "내 자신만이 나의 기준점이 될 것이다"라는 듯이 말한다. 이것이야말로 개인주의와 자기중심성이라는 가장 일상적 문제이다. 개인주의와 자기중심성은 공존한다. 우리는 각자 자신 속으로 후퇴하지만, 누구나 자기

---

1) 역자주: 저자는 보수주의자들이 성서를 역사적-인류학적 상황과 연관시켜 공부하지 않기 때문에 진부한 도덕주의에 빠지며, 말씀을 가슴으로만 받아들일 뿐 머리를 사용하지 않기 때문에, 교만과 편견을 은폐하는 수단이 되며, 교육받은 사람들에게 영향을 끼치지 못하고, 역사를 바꾸지 못한다고 비판한다. 진보주의자들은 성서를 역사비판적으로 해석하지만 실제 하느님 체험을 갖지 못한 채 말씀을 머리로만 받아들여, 은혜롭거나 새로운 것을 알지 못한다고 비판한다. 따라서 저자는 "건강한 머리와 행복한 가슴" 모두를 통해 말씀을 이해하는 "건강한 중도"를 택한다. *Hidden Things*, 13-14.

2) Augustine, *Confessions*, X, 38 (어떤 번역본에서는 27).

의 에고(小我, 가짜 자기) 속으로 들어간다. 우리가 아는 것이란 전부가 자기 에고이기 때문이다. 이것은 흔히 볼 수 있는 삶에 대한 의무불이행이지만, 우리는 그런 사실조차 의식하지 못한다. 그러나 에고가 우리를 장악하면, 결혼생활, 영원한 우정, 헌신과 같은 것조차 불가능하게 된다. **그러나 이처럼 개인적인 에고 속으로 물러나는 것은 당연하면서도 동시에 무척 잘못된 것이다.** 이 책에서 나는 이 두 가지 주장 모두 틀리지 않았다는 것을 보여주고 싶다.

우리가 자기의 내면으로 들어가는 것은 당연하다. 그렇지 않다면 아우구스티누스가 위에서 고백한 것처럼, 우리는 바깥에서 돌아가는 거울의 방에서 길을 잃어버리고 말게 되기 때문이다. 문제는 "어느 내면인가?" 하는 것이다. 나는 앞으로 "진짜 자기"(True Self)와 "가짜 자기"(False Self)라는 말을 사용할 것인데, 많은 사람들이 이 말들이 무척 도움이 된다고 했기 때문이다. 우리가 진짜 자기 속으로 물러나는 것은 좋으며 필요하지만, 가짜 자기 속에 너무 오래 머물게 된다면(혹은 결코 가짜 자기에서 떠나지 않는다면) 그것은 커다란 재앙이다. 진짜 자기와 가짜 자기 모두 우리의 "자기"처럼 느껴지기 때문에 큰 혼란을 겪게 된다. 진짜 자기는 진정한 "중심잡기"로 볼 수 있고, 가짜 자기는 흔히 "에고를 중심으로 삼기"로 볼 수 있는데, 여기에 문제의 핵심이 있다.[3]

그러므로 예수님을 비롯한 위대한 영적 스승들은 우리가 추구해야 하는 자아가 있고, 내려놓아야 하거나 "부인해야" 하는 자아

---

[3] 역자주: 저자가 말하는 "진짜 자기"에 대한 그리스도교의 전통적 용어는 "그리스도 안에서 사는 속사람"이며, "가짜 자기"는 "겉사람"이다. 역사적 예수 연구의 금자탑을 쌓은 월터 윙크는 "속사람"을 "참사람"을 실천하는 삶으로 재해석했다. (월터 윙크, 한성수 역, 《참사람: 예수와 사람의 아들 수수께끼》, 한국기독교연구소, 2014).

가 있다고 분명히 가르친다(마르코 8:35; 마태오 10:39, 16:25; 루가 9:24; 요한 12:25). 불교가 이 본질적 메시지에서 결코 타협이나 절충을 허용하지 않기 때문에, 많은 사람들이 불교의 철저한 정직성에 매력을 느끼고 있다.

이처럼 두 가지 자아가 있다는 것은 영원한 철학 전통에서 항상 나오는 것이다. 그러나 그 용어는 서로 조금씩 차이가 있었다. 중요한 것은 어떻게 그 두 자아의 차이점을 설명하는가 하는 것이다. 우주에 성스러운 원천("하느님")이 있다는 것을 부인하는 사람들은 어떤 무엇이 "참된" 것인지 믿을 수 없기에, 권위 있는 무엇을 찾기 위해 심리학, 철학, 문화적 규범에 의존한다. 그리고 그들이 그 권위를 찾아서 그 가르침대로 살아가는 한, 훌륭한 삶을 산다. 그러나 하느님을 믿는다고 흔히 주장하는 우리들은 "이미 그분의 자녀들입니다"(요한 1서 3:1)라는 사실을 부인하며, 또한 임의로 장애물을 만들어 결국 사서 고생을 하는데, 이런 방식으로는 자신의 문제를 정직하게 해결하기 매우 어렵다. 그래서 변화무쌍한 자신의 도덕적 자아를 척도로 삼게 됨으로써 또 다시 절대적 척도를 잃고 만다. **가짜 자기는 하느님께서 합력하여 모두에게 선을 이루도록 하시기보다는 자기만 이기겠다고 고집을 부리지만, 그렇게 되는 경우는 별로 없는 듯하다.** 이것은 내가 평생 여러 대륙의 여러 교회들에서 사목활동을 한 후에 내린 슬픈 결론이다. 이것은 대부분의 설교자들과 성서 번역자들이 무시해버리거나 심지어 정반대로 왜곡하는 다음 본문에 요약되어 있다. "나는 여러분 모두를 부르고 있지만, 여러분들은 스스로 선택되려고 하지 않습니다"(마태오 22:14).[4]

우리는 두 가지 자아에 관해 여러 방식으로 이야기할 것이다.

소크라테스의 소요학파 방법처럼 우리도 이 책 안에서 두 가지 자아를 중심으로 계속 돌아다닐 것이다. 우리 시대에는 영혼을 찾는 일이 좀 더 명료하게 되었다. 그 이유는 현대의 보다 심리학적 사고에 의미가 통하는 용어들을 발견했기 때문이다. 가짜 자기를 우리의 작은 자아(소아) 혹은 에고라 부를 수 있으며, 진짜 자기는 우리의 영혼이라고 부를 수 있을 것이다. 진짜 자기가 당신에게 보다 분명해지면, 우리의 영성은 그 첫 번째 근본적인 과제를 확고하게 시작하게 될 것이며, 가장 최선의 상담서비스를 받게 될 것이다. 나는 사람들에게 "당신은 불필요한 심리치료비 1만 달러를 벌었다"고 종종 말하곤 한다. 왜 그럴까? 우리가 진짜 자기를 발견함으로써, 우리는 **절대적 기준점, 즉 완전히 우리 자신 속에 있으며 완전히 우리 너머에 있는 절대적 기준점**을 찾을 수 있기 때문이다. 이로써 우리의 영혼은 위대하고 흔들리지 않을 진리의 토대 위에 선다. "내 가장 깊은 **나는** 바로 하느님이다!"라고 제노아의 성 캐더린(St. Catherine of Genoa)은 길거리를 달리면서 외쳤다. 이것은

---

4) 마태오복음 22:14에서 인용한 이 본문은 다른 곳에는 나오지 않는 본문이지만, 그리스도교 집단들 안에서는 예수의 가르침이 배타적이며 매우 소수만을 위한 모델이라는 것을 가르치기 위해 엄청나게 자주(끔찍하게) 인용되었다. 대부분의 성서학자들은 11절에서 14절까지가 아무나 참여하는 혼인잔치라는 포용적 비유에 분명히 덧붙여졌다고 확신하는데, 이렇게 덧붙인 사람은 후대의 서기관으로서 특히 9절과 10절의 포용적이며 비이분법적인 구절을 싫어했기 때문이다. 그는 혼인예복이라는 웃기는 신화를 만들었을 뿐만 아니라, 이 해독 불가능한 구절을 풀이하려고 노력한 세대들이 "울며 이를 갈 것이다"는 말도 창작했다. 루가 14:15-24에 나오는 판본이 의심의 여지없이 본래 포용적인 예수님의 비유에 훨씬 가깝다. 내가 만일 "뽑힌" 사람들 가운데 들지 못한다면 무슨 희망이 있겠는가? 이처럼 복음서 안에는 반복음(anti-Gospel)이 숨어 있다. 인생도 마찬가지다. 여기서는 부르심이 "모두"를 대상으로 한 것이 아니라 "많은" 사람을 대상으로 한다는 것조차도 마태오의 유대인 청중만을 뜻할 것이다. 그러나 아무나 참여하도록 하는 포용적인 예수님은 여전히 밝게 빛나신다.

이미 골로사이인들에게 보내는 편지에서 유대인들과 이방인들 모두를 향해 "신비는 여러분 안에 계신 그리스도이며, 영광을 차지하게 되리라는 여러분의 희망입니다"(1:27)라고 선언했던 것과 마찬가지이다.

진짜 자기라는 건전한 내적 권위는 이제 성서와 성숙한 전통이라는 보다 객관적이며 외적 권위와 균형을 맞출 수 있게 된다. 즉 우리의 체험은 단지 우리 자신만의 체험이 아니다. 따라서 우리가 비정상이 아니라는 뜻이다. 하느님께서 전적으로 나를 초월해서 존재하심과 동시에 또한 전적으로 내 안에 내주하신다는 사실은 대부분의 종교가 거의 도달하지 못하는 절묘한 균형이라고 나는 생각한다. 이제 율법은 돌판 위에 새겨졌을 뿐만 아니라(출애굽기 31:18), 당신의 가슴속에도 새겨졌으며(신명기 29:12-14), 거룩한 유대인들이 이미 이해하고 실천했던 것처럼 옛 언약은 새 언약 속에 형태를 바꾸어 나타났다(예레미야 31:31-34). 유대인들의 꿈꾸었던 이상적인 온전함을 이룩해낸 대표적인 분이 예수님이시다. 예수님이 "크리스천"이 아니었다는 사실을 기억해야 한다.

이러한 온전함을 추구하는 사람들은 일반적으로 균형 잡힌 삶을 살며 활기찬 삶을 사는 경향이 있다. 그들은 단순한 순응주의자들이나 반항아들(매사에 편파적이고 지혜도 구하지 않는 사람들)의 삶과는 전혀 다르게 살아간다. 갈릴레오 갈릴레이는 지구가 태양 둘레를 돈다는 것을 부인하라는 교회의 압력을 받았지만, 죽기 전에 조용히 "그래도 지구는 돈다!"고 말했다. 갈릴레오는 전체주의 체제 속에서도 지혜롭게 생존하는 방법을 알았지만, 지금은 현대과학의 아버지로서 추앙받고 있다. 현대의 교종들도 그를 사면했다. 우리는 그리스도의 몸인 동시에 그리스도의 몸의 일부분일 뿐이다. 우리는 세상의 중심이면서도 세상의 가장자리에 있다. 이것은 보나벤투라가 "중심은 이제 모든 곳에 있으며, 그 경계선은 어디에도 없다"고 말한 것과 같다.

선택받았다는 개인적 체험은 이사야와 바울로가 모두 말한 것처럼(이사야 2:1-5, 56:1-7; 로마서 11:16ff), 그 체험을 다른 사람에게 전할 수 있게 한다. **외적인 믿음**은 "오직 여기," 혹은 "오직 저기"라고 말하는 경향이 있지만, **진정한 내적 앎**은 "항상 그리고 어디에서나"라고 말하는 경향이 있다. 우리는 독불장군과 같은 엘리트주의자로 시작하지만, 마칠 때는 이처럼 평등주의자가 된다. 그리고 켄 윌버가 정확하게 덧붙인 것처럼 "항상 그렇다!" 우리는 거저 받은 것을 거저 내준다(마태오 10:8). 외적인 권위는 우리가 정말 특별하다고 말했지만(이것이 유일한 출발 방법이다), 성숙한 내적 권위는 우리로 하여금 모든 사람이 특별하고 독특하다고 볼 수 있게 해준다. 보통은 이것을 깨닫기까지 인생 후반부의 성숙이 필요하다. 젊은 열심당원들(zealots)은 여전히 특별한 것은 자신들뿐이라고 생각한다.5)

여러분이 진짜 자기를 발견하면 여러분의 어깨에서 수십 킬로그램의 무게가 떨어져나간 것처럼 가벼움을 느낄 것이라고 여러분에게 나는 약속할 수 있다. 우리는 더 이상 이상적인 자기 이미지를 구축할 필요도 없고 보호해야 할 필요가 없다. 진짜 자기로 살아가는 일은 훨씬 더 행복하게 사는 길이다. 비록 우리가 하루 24시간 동안 완전하게 진짜 자기로 살지 않는다 해도 그렇다. 우

---

5) Richard Rohr, *Falling Upward* (San Francisco: Jossey-Bass, 2011). 이 책 전체에서 나의 논제는 인생의 전반기와 후반기에는 매우 다른 중심적 과제가 있다는 것이다. 만일 당신이 인생 전반기에서 "그릇"(container)을 얻었다면, 당신은 그 그릇에 담을 "내용물"(contents)을 찾을 준비가 된 것이다.

리는 항상 되돌아갈 장소를 갖게 된 것이다. 마침내 우리는 가짜 자기를 버리고 대안을 찾은 것이다. 우리는 야곱처럼 깊은 잠에서 깨어나 모든 세대의 신비가들이 부르는 합창에 참여하게 되었다. "당신께서는 여기에 이렇게 늘 계셨는데도 내가 모르고 있었구나!"(창세기 28:16). 야곱은 이 일이 일어난 돌베개에 기름을 붓고 베델, 즉 "하느님의 집이며 천국의 문"이라고 불렀다(28:17-18).[6] 그 이후 야곱은 어디를 가든 이 하느님의 현존을 인식하며 지냈다. 처음에는 오직 한 곳에만 있었던 하느님의 임재는 곧 어디에나 있게 된다. 하늘의 문은 하나의 구체적 장소로 시작되지만, 우리가 하늘 문을 우리 안에 간직하고 살아간다면 보다 좋은 일이며, 우리가 어디에서나 하늘 문을 발견한다면 최상일 것이다. 영적인 삶이 전진하는 과정이 바로 이러하지 않겠는가.

단서들과 증거

누구나 이런 질문을 한다. "나는 누구인가?" "정말 나는 누구인가?" "도대체 나는 무엇을 하는 존재인가?" "본질적인 '나'라는 것이 있을까?" 이런 질문들은 마치 우리들 모두 자신에게 큰 비밀

---

[6] 기름을 붓는 상징은 간단한 각주 이상을 필요로 하지만, 어떻게든 설명해보겠다. 기름을 붓는 것은 그리스도의 상징("기름 부음을 받은 분")이 되어 물질과 영의 융합을 나타냈다. 유대인들이 "기름 부음을 받은 분"(메시아)을 고대한 것은 절대적으로 올바르고 또한 보편적이다. 그분이 나중에야 비로소 나자렛 예수에게 적용되었는데, 예수님은 그리스도인들에게 인간과 신이 공존하는 진짜 자기의 살아계신 구현이 되었다. 이 모든 것은 야곱과 돌, 그리고 하늘과 땅 사이의 사다리를 세운 현현에서 시작된다. 당신이 그런 "돌"을 발견하는 곳 어디에서나 당신은 영원한 그리스도 신비의 시작을 발견한 것이며, 당신의 메시아를 찾은 것이다.

이 있어서 그 비밀이 아무리 모호할지라도 그 단서들을 찾아야만 하는 것처럼 보이지만, 이런 질문은 우리가 늙어가도 계속된다(이런 질문을 계속하지 않는다면 우리는 성장을 멈춘 것이다). 자기 자신을 이해하기 위한 강연은 항상 큰 관심을 끌곤 한다. 만약 그런 강연이 없다면 삶에 지치거나 피상적인 삶을 살았을 사람들도 큰 관심을 보인다.7) 어린이들도 자기 자신에 대해서 흥미를 느낀다. 여러분이 한 아이에게 그가 언제 태어났는지, "꼬맹이" 때는 어땠는지, 혹은 그 아이가 성장한 후에는 어떤 "사람이 될 것인지"에 관해 이야기하면, 아이의 눈빛이 달라지고 조용히 경청한다. 아이들은 놀라움과 흥분 가운데 여러분을 바라보며 자신의 이야기를 좀 더 많이 듣고 싶어 할 것이다. 아이들에게 자신에 관한 메시지는 마치 다른 세계로부터 전해진 신탁처럼 느껴질 것이며 여전히 감추어져 있는 비밀의 세계로 들어가는 현관문처럼 생각될지도 모른다.

자신에 관한 이런 호기심은 청소년기와 청년기에 접어들어 여러 옷차림과 이러저러한 역할을 시도해보면서 차츰 강해져간다. 사람들은 자신의 최근의 모습에 대해 인정받고 칭찬받기를 갈망한다. 우리는 그중 어떤 이미지를 재빨리 선택하여 자신에게 그 이미지가 맞는지를 살펴보며 "이게 나에게 맞는 거 같다!"고 말한

---

7) 나는 이것을 수년 동안 젊은이들을 가르쳐본 경험과 내가 1973년에 배운 애니어그램에 대해 전 세계적인 반응, 그리고 Myers-Briggs의 유형 지표와 같은 도구들을 통해 알고 있다. 자기를 아는 문을 통해서 거대한 내적 세계의 문을 여는 작업이 없으면, 많은 사람들에게 "영성"이나 내면성에 관한 이야기가 지루하거나 별로 도움이 되지 않는다. 많은 그리스도인들이 이런 방법을 "단순한 심리학"으로 치부하는 것은 서글프며 동시에 이상한 일이다. Richard Rohr, *The Enneagram: A Christian Perspective* (Chestnut Ridge, N.Y.: Crossroad Publishing, 2001).

다. 어떤 이들은 자신의 옷을 좀체로 바꾸지 않으려 한다. 너무 급하게 일찍 선택한 자기나 지나치게 성공한 자기는 일생의 과제가 되어 간혹 긍정적일 수도 있겠으나 실은 부정적인 경우가 더 많다. 젊은 운동선수들, 음악가들, 시인들이 하나의 정체성에 사로잡혀 더 이상 성숙하지 못하는 경우들이 많다. 그들이 어쩌다 성공한다 해도, 불행해지거나 자기를 상실하거나 또는 자기를 파괴해버리는 이야기들도 많다. 우리가 어떤 "성공적인" 역할에 안주하게 되면, 우리의 진짜 자기에 대한 계속적인 호기심은 점차 사라지게 되는 것 같다. 그렇게 되면 우리는 타인들이 외부에서 우리를 정의하도록 내버려두면서도 우리 스스로는 그런 사실조차 인식하지 못하고 만다. 아니면 우리가 외부로 드러나는 옷만을 입고 결코 내면으로 돌아가지 못할 수도 있다. 내가 이 책에서 진짜 자기를 탐구하면서, 두 번째 옷을 입는 것에 관해 말할 텐데, 실제로는 입고 있던 옷을 벗는 것으로 느껴질 것이다.

    우리의 진짜 자기와 가짜 자기에 관한 이와 같은 혼란은 대부분 인생의 전반부에 갖게 되는 환상으로 인해 발생하지만, 우리들은 대부분 젊어서는 그런 환상을 문제점으로 인식하지 못한다.[8] 인생의 후반기에 들어서야 비로소 우리는 토머스 머튼이 정확하게 지적한 것을 깨닫게 되기 십상인데, 그는 이렇게 말했다. "내가 동시대인들에게 전할 메시지가 있다면, 그것은 당신이 좋아하는 사람이 되라는 것이다. 광인이든, 술고래든 어떤 모양의 잡놈이든 되어라. 그러나 무슨 대가를 치르더라도 피해야 할 것은 성공이다... 당신이 성공에 너무 사로잡혀 있다면 당신은 사는 것을 망각하기 십상이다. 당신

---

8) Rohr, *Falling Upward* (여기서 나는 이것이 인생의 전반기의 문제라는 것을 말하려고 했다).

이 성공하는 방법만을 배웠다면, 당신의 인생은 아마도 낭비되었을 것이다."9) 우리가 성공했다고 해서 진짜 자기로 살았다고 할 수는 없다. 단지 성공은 당신이 젊어서 진열한 장식품에 불과하다. 성공이 우리에게 삶의 여정을 위한 어떤 계기는 마련해줄 수 있겠지만, 삶의 진정한 목표가 되지는 않는다. 그러나 우리는 이 사실을 모르고 있다. 성공한 순간에는 자신이 훌륭하며 제대로 사는 것처럼 느껴지지만, 잠시뿐이다.

어떤 이야기가 기억난다. 한 젊은 부부가 밤에 갓난아기를 아기 방에서 재우려 했는데, 네 살 먹은 아들이 "나 혼자서 아기에게 말하고 싶다"며 할 말이 있다고 했단다. 부부는 약간 놀라기도 하고 호기심도 생겨서, 아이를 방에 들어가게 한 다음에 무슨 말을 하려는지 문밖에서 귀를 기울였다. 아이는 동생에게 "네가 어디에서 왔는지 빨리 말해봐! 누가 너를 만들었는지도 빨리 말해봐! 나는 벌써 잊기 시작했단 말이야!" 정말 그런 말을 했을까? 우리들 대부분은 이미 잊은 것인가? 우리가 "그것을 깨닫기" 위해서는 어린아이들처럼 되어야 한다고 예수님이 자주 말씀하신 것이 이런 이유 때문이었는가?

대부분의 종교는 우리가 누구인지를 완전히 잊지는 않았다 해도 이미 잊기 시작했다고 이런저런 방식으로 말해왔다. 누구에게나 있는 기억상실증이 문제인 것처럼 보인다. 종교가 담당해야 할 일은 단 하나로서, 우리가 객관적으로 누구인지를 계속 상기시켜 주는 일이다. 따라서 그리스도교 신자들은 "그리스도의 몸"을 계속 먹음으로써 **자신들이 바로 자신들이 먹고 있는 것이라는 사실**, 즉

---

9) Thomas Merton, *Love and Living* (Orlando, Fla.: Harcourt, 1979), 11-12.

영원한 그리스도이신 인간의 몸이라는 것을 알게 되는 것이다. 달리 무슨 메시지가 있겠는가? 많은 성직자들은 이처럼 객관적이며 놀라운 메시지를 회피한 채, 영성체(성만찬)를 선행에 대한 보상으로 둔갑시켰으며, 그런 공적(merit)에 대한 상을 받기 위한 경쟁을 위해 복음의 핵심을 놓쳐버렸다. 종교의 임무는 우리가 단지 "부분적으로만" 알고 있는 것(I 고린토 13:12)을 계속 "마음에 다시 새기도록"(re-minding) 하는 일이다. 바라기는 이 책이 당신이 이미 알고 있는 것과 당신의 핵심에서 당신이 누구인지를 상기시킴으로써 잊을 수 없도록 만들면 좋겠다. 그렇게 되면 당신이 무슨 말을 하든 무슨 일을 하든 간에, 그것이 선하고 깊고 풍성한 곳에서 우러나게 될 것이다. 진짜 자기는 항상 선한 것을 말하게 한다. 가짜 자기는 주로 스스로에 관해서만 부질없는 소리를 하고 있다.

우리가 자신의 진짜 자기를 어떤 단계에 이르면 알 수 있을까? 아니면 우리 모두 처음부터 그것을 알 수 있는가? 우리 속의 어떤 부분은 우리가 정말로 누구인지 확실히 알고 있는가? 그 진리는 우리 안에 숨겨져 있는가? 인생의 중심 과제는 우리가 이미 자신이 어떤 존재로 만들어졌는지에 대해, 우리가 무의식적으로 알고 있는 것을 의식적으로 깨닫고 그런 존재가 되어갈 수는 있을까? 나는 그렇다고 믿는다. 삶이란 우리가 자신의 이름을 특별하게 만드는 것이 아니라 우리가 항상 갖고 있었던 이름의 가리개를 벗겨버리는 일이다. 북미 원주민 문화는 아이가 태어날 때 타고난 상징들을 찾아내어, 그 상징이 아이의 성스러운 이름이 되게 한다. 연인들이 서로의 사랑스런 별명을 지어 부르는 것도 이와 비슷한 것이다.

우리의 진짜 자기는 분명히 예수님이 말씀하신 "밭에 묻혀 있는 보물"이다. 그것이 당신 자신의 불멸의 다이아몬드 덩어리이다. 예수님은 우리가 당연히 "기뻐하며 돌아가서 있는 것을 다 팔아 그 밭을 산다."(마태오 13:44)라고 말씀하셨다. 있는 것을 다 팔아 산 그 다이아몬드는 비로소 내 것이 된다. 도대체 자기의 소유를 다 팔아서 살만큼 가치 있는 것이 있는가? 모든 복음서들에서 예수님은 "사람이 온 세상을 얻는다 해도 제 영혼을 잃으면 무슨 소용이 있겠느냐?"(마태오 16:26)라고 말씀하시는데, 이 말씀의 맥락은 항상 예수님이 이(this) 세상에서 일어나고 있는 무엇에 대해 말씀하신다는 것을 함축한다. 당신이 **자신의 밭에** 숨겨진 보물을 발견한다면, 당신이 가진 재산을 다 팔아 그 보물을 살 필요는 없다. 우리의 귀한 보석이라는 은유를 이어가는 것은 정말로 "값비싼 진주"(마태오 13:46)이다.

초기 그리스도인 저자들은 우리의 진짜 자기를 발견하는 것이 하느님을 발견하는 것이라고 말했다. 우리는 주변에서 자기가 하느님을 안다고 주장하면서도 자신에 대해서는 전혀 모르는 사람들이 보여주는 미성숙함과 파괴적 결과들을 나는 많이 보았다. 그들은 하느님을 "소유하려고" 애쓰며 또한 자신들의 가짜로 조작된 작은 자아를 고수하려고 한다. 이렇게 해서 진짜 자기가 찾아질 리가 없다(I 요한 4:20). 자신에 대해 잘 알고 있는 듯이 보이지만 가장 큰 신적인 차원에서는 자기를 모르는 사람들을 나는 많이 만났다. 그들은 개인적으로 또한 공적으로 중요한 인물이 되기 위해 자기 혼자 발버둥치느라 분주한 사람들이었다. 그들은 여전히 따로 떨어져 있으며 깨지기 쉬운 자아 속에서 살고 있어 보였다.

적분(積分) 이론 혹은 "나선의 동역학"(Spiral Dynamics)이라는 용어를 사용하는 사람들은 그것을 "현찰"(mean green) 단계라고 부른다. 현찰 단계에 있는 사람들은 자기보다 지위가 낮은 사람들을 바보라고 무시하고, 자기보다 윗사람들은 영적으로 엉터리라고 간주할 정도로 윤똑똑이들이다.10) 약간만 깨닫는 것은 매우 위험하다. 나는 그런 것을 나 자신 속에서, 많은 성직자들 속에서, 특히 많은 학자들, 초기의 페미니스트들, 자신들만이 올바른 사상을 갖고 있다고 믿음으로써 어느 집단에도 성실하게 소속하지 못하는 고집불통들의 교만 속에서 보았다. 그들의 "총명함"은 그들을 비열하거나 거만하게 만들어서, 우리는 직관적으로 그들의 깨달음이 진실하지 않다는 것을 알아차리게 된다.

참된 하느님을 만나는 것과 진짜 자기를 만나는 것은 대체로 동시에 경험하게 되며 둘은 함께 성숙해간다. 내가 이 책에서 그 이유와 방법을 보여줄 수만 있다면, 내가 이 책을 쓰는 목적은 어느 정도 달성한 것이다.

예수님의 가르침 가운데 가장 특징적인 한마디 말씀은 "너희의 이름이 하늘에 기록된 것을 기뻐하여라."(루가 10:20)는 말씀이다.11) 이 말씀을 완전히 신뢰할 수 있다면, 우리의 인생 전체의 과제가 변할 것이다. 이 말씀의 의미를 깨닫게 되면, 보통 종교가 두려워하는 것처럼 허풍을 떨거나 오만한 개인주의자들이 양산되는 것이 아니라, 오히려 젠체하거나 가식이 없어지게 될 것이다.

---

10) "나선의 동역학"에 관한 여러 해석자들은 Don Beck, Chris Cowan, Ken Wilber(그는 자신의 보다 포괄적 이론을 "통합 이론 Integral Theory"이라 부른다)와 독일 학파를 참조하라. 독일 학파는 "나선의 동역학"을 영성에 적용하는데, 그 저서들은 Marion Küstenmacher, Tilmann Haberer, and Werner Tiki Küstenmacher의 *Gott 9.0* (Munich: Guetersloher Verlagshaus, 2010) 같은 것이 있다.

11) Richard Rohr, *Adam's Return: The Five Promises of Male Initiation* (Chestnut Ridge, N.Y.: Crossroad Publishing, 2004), 155-157.

우리가 충분히 선량하지 않다는 가슴 깊은 곳의 두려움이 사라지고, 또한 우리는 기어 올라가고, 다투고, 비판하고, 경쟁하는 모든 행동을 멈출 수 있다. 그 이후로는 작고 깨지기 쉬운 자아를 "장식하는" 행동들이 모두 시간낭비이며 에너지 낭비라는 것을 알게 된다. 그런 행동 양식들은 모두 모조품 보석으로 치장하는 것처럼, 우리에겐 불필요한 장식에 불과하다.

그리스도교 역사는 대체로 "마력(horsepower)" 앞에 **요구사항들**이라는 수레를 달아놓고, 수레에 실은 짐이나 "내 수레가 최고다"라는 생각만으로 말(horse)을 만들어낼 수 있을 거라고 믿었다.12) 그런 일은 결코 일어나지 않았다. **말이 달리는 힘은 일차적으로 하느님과 일치 (합일) 하는 우리의 체험이다**. 모든 것의 근원이신 하느님을 발견하면 자연적으로 샘물은 영원히 흘러나올 것이다(에제키엘 47:1-12; 요한 7:38). 우리가 이 사실을 일단 깨닫고 나면, 열등감, 무가치함, 낮은 자존감의 문제는 즉시 그 뿌리에서부터 해소된다. 그러면 우리는 훨씬 적극적이 되어, 바울로가 그토록 유쾌하게 부른 그 "개선 행진"에 참여하게 된다(II 고린토 2:14).

말(horse)이 모든 일을 한다. 우리가 하는 일은 다르다. 우리는 단지 수레 위에서 조용하고 행복하게 앉아서, 옛날로 되돌아가지 않는 것이다. 아빌라의 성녀 테레사는 우리가 어떻게 계속 도랑을 파든지, 아니면 진짜 샘을 발견해서 그 샘물이 우리 안에서, 우리

---

12) 역자주: 저자는 성서의 계시가 도덕적 성취에 관한 것이 아니라 하느님의 사랑에 눈뜸(awakening)에 관한 것이지만, 특히 남성들이 교회가 요구하는 가치 있는 인간이 되지 못한 채 위선자가 되기 싫어 영적 순례를 포기하는 현실에 대해 이렇게 말한다. "왜 우리는 항상 말 앞에 수레를 놓는가? 하느님이 말이시며, 우리는 항상 수레이다. 그러나 에고('가짜 자기' 혹은 '소아')는 항상 자기가 통제하기를 원한다." *Things Hidden* (2008), 30.

에게서, 우리를 향해 흘러나오게 할 수 있는지를 설명하는 대목에서 이와 비슷한 은유를 사용했다. 그녀의 신비주의 신학은 전반적으로 우리가 도랑을 파는 데 시간을 허비하지 않고 내면의 흐름(Inner Flow)을 발견하는 데 초점을 맞추고 있다.

영혼, 우리의 타고난 정체성

우리의 타고난 정체성이란 거의 모든 세계 종교들과 철학들이 본질적으로 **영혼**(soul)이라는 말로 뜻했던 것이라는 사실을 나는 연구를 통해 확신하게 되었다. 우리는 영혼에 대해 서로 다르게 정의하지만, 영혼이라는 말의 그리스어 '프쉬케'(*psyche*)는 문자적으로 나비를 뜻한다. 영혼과 진짜 자기는 항상 꼬집어 정의하기가 어렵다. 나비처럼 잘 도망가고 정의하기 어려운 말이다. 진짜 자기를 분명하게 알 수 없는 우리의 무능력은 공기를 볼 수 없는 우리의 무능력과 같다. 어디에나 있지만 어디에도 없는 것처럼 느낀다. 따라서 적극적으로 주의를 기울이는 것을 배우는 일은 거의 모든 성숙한 종교의 비결이다.13) 어떤 것이든 이데올로기적인 것이나 분노, 혹은 공포에 사로잡힌 과정은 가짜 자기를 더욱 강화

---

13) 나는 Martin Laird, OSA와 같은 선생님을 추천하는데, 그는 당신이 어떻게 끝없는 정신적 논평, 판단, 자기를 위한 이야기 만들기 등과 같은 "생각"들로 인해 우리의 주의를 빼앗기고 있는지를 보여준다. 그의 책 *Into the Silent Land* (New York: Oxford University Press, 2006), *A Sunlit Absence* (New York: Oxford University Press, 2011)는 그리스도인들을 위해 오래된 관상 수행을 회복하는 탁월한 본보기들이다. 이런 분야에서 걸작은 Robert Sardello의 *Silence: The Mystery of Wholeness* (Benson, N.C.: Goldenstone Press, 2006)인데, 나는 이 책의 부록 4에서 이 방법을 사용했다.

시킬 따름이다. 에고는 항상 기회주의적인 과제를 찾아낸다. 영혼이 유일하게 할 일은 자신을 **있는 그대로** 보는 것이며 그것이 자신을 가르치게 하는 일이다. 나비처럼 영혼은 사뿐히 내려 앉아 맛을 보고는 앞으로 날아간다.

나비와 같은 영혼의 본질을 내 방식대로 설명하자면, **우리의 영혼은 하느님 안에 있는 우리 자신이며 또한 우리 안에 계신 하느님 자신**이라는 것이다. 우리는 결코 영혼을 실제로 잃을 수가 없다. 단지 영혼에 대해 깨닫지 못할 뿐인데, 사실 이것이야말로 가장 큰 상실이다. 영혼을 가졌지만 정말 가진 게 아니기 때문이다(마태오 16: 26). 우리의 본질, 우리만의 분명한 "이것"(thisness)은 다른 육신으로는 두 번 다시 드러날 수 없다. 오스카 와일드가 표현한 것처럼, "당신 자신이 되라. 다른 것은 이미 다른 사람들이 가져가버렸다." 당신의 진짜 자기와 영혼은 조물주로부터 온 것으로서, (어느 광고 문구에 있듯이) "상자 속에 감춰져 있다."

여러분도 아마 알아차리기 시작하셨겠지만, 내가 영혼과 진짜 자기를 동일한 것으로 보는 것 같지만, 영혼과 진짜 자기는 서로 조금 다르다. 어떤 점에서 영혼과 진짜 자기는 우리의 "영원한" 한 부분, 진리를 아는 우리의 일부를 드러낸다는 점에서 서로 교환해서 사용할 수 있는 말이다. 그러나 진짜 자기가 영혼보다 좀 더 큰 것이라고 나는 덧붙이고 싶다. 왜냐하면 진짜 자기에는 **성령과 성령의 나타나심도 포함되기** 때문이다. 진짜 자기와 영혼은 모두 하느님께서 우리들 안에 심어놓으신 불멸의 다이아몬드를 드러낸다. 그리고 그 둘은 보통 하나처럼 작동한다.

우리(와 그밖에 모든 피조물)는 신적인 DNA, 즉 우리 안에 깃든 신의 뜻과 절대적 알짬으로 시작되었다. 이 신적인 DNA는 우리에 관해 진실을 알고 있으며, 우리 존재의 깊은 저장고 속에 간직된 청사진이며, 앞으로 펼쳐지고 차츰 성취되어 그 자체를 드러낼 하느님의 형상(*imago Dei*)이다. 로마서에서 말하는 것처럼, "하느님의 형상이 당신의 심장 속에 성령으로 부어졌으며, 당신에게 주어졌습니다"(5:5).

당신의 진짜 자기는 바로 당신을 진정으로 당신답게 만든다. 진짜 자기는 엠마오로 가는 어떤 길 위에서 "당신께 다가와 당신 곁에서 걷고 계시는" 부활하신 분과 같다(루가 24:15). 그리스도의 신비는 지금 우리 각자에게 나타나 우리를 사로잡고 우리의 여정을 함께 하여 마침내 우리가 그곳을 "우리의 집으로 삼아"(요한 15:4) 거기에 있는 돌에 기름을 부어(문자적으로는 "세례를 주어") 우리가 되돌아갈 곳으로 삼는다(창세기 28:18). 이것이 안식일 휴식의 가장 온전한 뜻이다.

우리의 진짜 자기는 이미 우리에게 자신을 알렸다. 그렇지 않았다면 당신은 이 책을 계속 읽지 않았을 것이며, 내 이야기가 온통 불가능한 환상으로 들렸을 것이다. "내가 이렇게 여러분에게 편지를 써 보내는 것은 여러분이 그 진리를 몰라서가 아니라 이미 그 진리를 알고 있기 때문입니다."라고 요한은 매우 아름답게 표현했다(I 요한 2:21). 당신은 자신의 진짜 자기를 이미 **알고 있다**.

내가 4년 동안 연구한 프란치스코회 철학자 존 둔스 스코투스(1265-1308)는 각자의 영혼을 독특한 "이것"(thisness, *haecceity*)이라고 불렀으며, 모든 창조 행위 속에서 우리는 그 유일무이한 독특성을 찾아야만 한다고 말했다. 그는 하느님께서 만물이 자체를 바로 잡기 위해 계속 되돌아와야만 하는(reincarnation) 어떤 보편성, 부류, 종자를 창조하신 것이 아니라, 오직 영원한 신비가 특수하며 독특하게 육화되도록(incarnation) 창조하셨다고 이해했다. 따라서 만물이 각자 그 **자체로서 존재함으로써** 선택받고, 사랑받고, 보존된다는 말이다. 이것이 바로 하느님의 영광이다! 스코투스에게 깊은 영향을 받은 시인 제라르 맨리 홉킨스는 이것을 가장 탁월하게 표현했다.

죽을 수밖에 없는 것들은 한 가지 똑같은 일을 각자 한다네.
저마다 살고 있는 집안에서 그 존재를 나누어주는 일,
모두 제 갈 길을 가며, 자신에게 이렇게 말하며 외친다네.
"내가 하고 있는 일이 바로 나야. 그걸 위해 내가 온 거야."14)

허용하시는 분

이런 점에서 하느님은 크게 허용하시는 분(the Great Allower)이다. 아무리 에고, 문화, 심지어 종교조차도 하느님께서 허용하시지 않도록 막으려 해도 소용이 없다. 하느님께서 허용하시지 않는 곳이 있다면 말해보라. 하느님께서는 여인들이 강간을 당하도록 허용하시며, 강간당한 여인들이 임신하도록 허용하시며, 폭군들이 성공하도록 허용하시며, 내가 실수를 되풀이하도록 허용하신다. 하느님께서는 자신의 명령을 강제로 집행하지 않으신다. 하느님께서 이처럼 전적으로 모든 것을 허용하신다는 것이 사실상 인간의 큰 불평이 되었다. 보수주의자들은 하느님께서 죄인들을 박살내기를 너무나 원해서 모든 자연 재해가 하느님의 심판에 대한

---

14) Gerard Manley Hopkins, "As Kingfishers Catch Fire," in *Mortal Beauty, God's Grace* (New York: Random House, 2003), 23.

증거가 되기를 바랄 뿐 아니라 실제로 자기들이 죄인들을 박살낼 방법들을 찾기도 한다. 반면에 자유주의자들이 하느님을 배척하는 이유는 하느님께서 홀로코스트와 고문을 허용하시기 때문에 자신들의 논리에 맞지 않기 때문이란다. 우리가 정말로 정직하다면, 하느님은 우리들 대부분에게 스캔들이며 최고의 실망이다. 대부분의 공식적 기도가 분명히 보여주는 것처럼, 우리는 허용하시는 하느님보다는 지배하시고 통제하시는 하느님을 더 좋아한다.

하느님과 진짜 자기는 모두 완전히 그들 자신이 될 필요가 있으며 관대하게 자신들을 보여줄 필요가 있을 따름이다.15) 그러면 중요한 일은 끝난다. 그 존재의 원천은 항상 그 샘물을 원하는 사람들로부터, 그들을 통해서, 또한 그들을 향해서 흘러나온다. 그래서 나는 하느님을 "깊이 허용하시는 분"(deep allowing), 즉 "악과 협동할" 정도로까지—자연 재해와 인간의 악행과 협동할 정도로까지—"깊이 허용하시는 분"으로 정의하기도 한다. 이처럼 위험한 측면까지 포함하는 하느님의 온전하심에 의지하고 맡기는 것은 때로 암담하고 위험한 모험이지만, 이것이 바로 우리가 "구원"이라는 말로 뜻하는 것이다. 우리는 심지어 최악의 상태가 된다 하더라도 허용하시는 분께 모든 것을 맡긴다. 우리는 점차 하느님의 자유에 함께 참여하는 방법을 배우며, 또한 하느님께서 너무나 지나치게 관대하신 것에 대해서도 우리가 용서해야만 한다는 것도 배우게 된다. 이것은 나의 "자유주의적" 생각이 아니라, 예수님도 똑같은 것을 말씀하시지만(마태오 20:15), 우리는 어떤 이유

---

15) 역자주: 저자는 하느님께서 사람들을 선택하여 부르시는 일차적인 이유가 어떤 역할과 과제를 위한 것이라기보다는 "이 세상 속에서 그 자신이 되도록" 함으로써 하느님을 보여주는 도구가 되도록 하기 위한 것이라고 말한다. *Things Hidden: Scripture as Spirituality* (2008), 42-43.

때문인지 이 말씀을 듣지 못하고 있다.

일단 우리의 영혼이 진짜 자기에 이르면, 우리의 영혼은 놀랍게 모든 것을 내려놓을 수 있으며, 또한 이기적 존재나 따로 분리된 존재가 되는 것만 빼고는 거의 모든 존재가 될 수 있다. 우리는 남들이 원하는 사람이나 우리가 될 필요가 있다고 생각하는 어떤 존재도 되지 않을 수 있다. 우리의 영혼은 자연스럽게 초연하며 어느 것에도 중독되지 않는다. 무엇을 붙잡고 늘어지거나 고착되지 않는다. 우리는 이런저런 구체적 일을 하는 데서보다 순수한 존재가 되는 데서 이미 인생의 목적을 성취한 것이다. 우리도 바울로처럼 담대하게 "나에게는 무슨 일이든지 금지된 것이 없지만, 그러나 무슨 일이든지 해서 다 유익한 것은 아닙니다. 과연 나에게는 무슨 일이든지 금지된 것이 없지만, 그러나 나는 그 무엇에게도 얽매이지는 않을 것입니다"(I 고린토 6:12)라고 말할 수 있다. 그래서 우리는 마침내 단지 인간적 행위자 대신에 인간적 존재가 된다. 이것이 우리가 고요하게 앉아서 기도드릴 때 훈련하는 것이다. 즉 우리는 손을 내려놓는 것과 분명한 실패를 훈련함으로써 우리의 내적인 하드웨어를 철저하게 재조정한다. 영혼의 사람들은 누구나 겸손하며 자신에 대해 정직할 뿐 아니라 위험을 감수하는 사람들로서, 그들은 규칙들을 알 뿐 아니라 어떻게 적절하게 그 규칙들을 깨뜨리는지도 알고 있다. 진짜 자기는 젠체하지도 않고 가식적이지도 않다. 아우구스티누스는 구원받은 영혼이 "하느님을 사랑하며 자신이 뜻하는 것을 한다."고 말했는데, 이것은 말처럼 간단한 것이 아니다. 그 뜻을 내 식으로 풀면 이렇다. 영혼과 진짜 자기는 "나의 삶이 나에 관한 것이 아니라 생명에 관한 것"이라는 것을 안다는 말이다.16) 진짜 자기는 매우 특별하면서 동시에 전혀 특별하지 않다. 성 프란체스코가 말했을 듯한 표현을 사용하자면, 진짜 자기는 일반적인 것을 모두 갖고 있기 때문에 특별히 필요한 것은 아무것도 없다.

대부분의 사람들은 가짜 자기(스스로 조작해낸 자기)에 너무 매혹당해 있기 때문에, 대체로 진짜 자기를 의심하고 거절해왔으며, 때로는 진짜 자기가 있다는 것을 전혀 알지도 못한다. 그래서 대다수 사람들은 염려와 불안 속에 산다. 우리는 가짜 자기를 만드는 데 워낙 많은 시간을 쏟기 때문에, 이 가짜 자기가 진짜 자기가 아니라거나 "나" 자신이 아니라고는 전혀 짐작하지도 못한다. 심지어 많은 신자들조차 매우 "그리스도교적인" 가짜 자기를 만들고 손질하는 데 인생의 대부분을 보내기 때문에, 자신의 핵심적 자아 혹은 진짜 자기는 전혀 건들지도 않고 드러나지도 않는다(에페소서 4:24). 그런 신앙생활은 주로 에고의 가식 행위에 불과하며 결국에는 헛된 믿음으로 끝난다. 필라델피아에서 가장 정통적인 가톨릭 신자가 되고 싶어 하거나 앨라배마에서 최고의 공화당원이 되려는 것, 동성애를 저주하고 이성애자라는 것을 증명할 필요가 있는 것은 모두 가짜 자기뿐이다. 진짜 자기는 성모 마리아와 더불어 "전능하신 분께서 저를 위해 위대한 일을 하셨습니다. 주님은 거룩하신 분입니다"(루가 1:48)라는 것만을 안다.

우리는 이처럼 깨지기 쉽고 파편화된 사회가 되었다. 비록 다른 차원에서는 매우 발전되고 문명화되었지만, 우리 각자는 남의 주목을 받고 진지하게 대접받기 위해 안달이다. 아이러니하게도 우리는 자기 자신에 대해 진지하게 대접하지 않았거나, 하느님께

---

16) Rohr, *Adam's Return*. 이것이 진정한 입문식의 핵심 메시지이다. 60-66.

서 우리를 진지하게 간주하시도록 하지 않았다. 오늘날 대부분의 정치적 유행과 문화적 취향은 바람처럼 변하며, 하루가 다르게 바뀌는 정치 뉴스들이 황금시간대를 차지하고 있다. 가짜 자기의 세상에서는 패션과 전시 이외에는 아무것도 없으며, 놀라운 것은 사람들이 그런 것을 믿으려 애쓴다는 점이며, 유행이면 무조건 사고 본다는 점이다. 우리는 정말로 광고업계의 노예들이거나 "미친 사람들"이다. 불교 신자들이 이런 것을 모두 "공"(空)이라 부르는 것도 전혀 이상할 것이 없다.

이런 가짜 자기의 세상은 슬프며 깨지기 쉽다. 그러나 우리가 찾고 있는 대답은 이미 우리들 각자 안에 있으며 대체로 해결되었다. 패션이 아니라 사실이다. 우리의 진짜 자기는 가야할 곳이나 도달할 곳이 없다는 것을 안다. 우리는 이미 집에 있으며, 자유롭고 넉넉하기 때문이다. 이것이 기쁜 소식의 본질이다. 이것 말고 천사들이 베들레헴의 목자들에게 약속한 "온 백성에게 기쁜 소식"(루가 2:10)이 달리 무엇이 있겠는가? 그러나 우리는 이런 기쁜 소식보다는 승패의 세계를 더 좋아하는 것처럼 보인다. 비록 우리들 대부분이 패배하지만 말이다. 우리는 심지어 하느님의 유일한 세계를 위해 하느님께서 모두가 합력하여 승리하는(win-win) 선을 이루시도록 기다리기보다는 우리들 자신을 기꺼이 패배자나 실패자라고 생각한다.

공간이 넓은 영혼

우리 안에는 왔다가 사라지는 것, 올라가고 내려오는 것, 칭찬받거나 비난받는 것, 전적으로 옳거나 전적으로 틀렸다는 식의 말들 때문에 전혀 영향을 받지 않는 무엇인가가 있다. 우리 안에는 정확히 하느님께서 그리 하시는 것처럼, 선함과 악함이 점차 자신을 드러낼 때까지 오래 참는 것이 있다. 우리 속에는 서둘러 판단하지 않는 무엇이 있다. 우리 속의 그런 부분은 오히려 거의 모든 순간에 초래될 수 있는 비극의 골짜기 속에서 방심하지 않으며 오래 참는다. 그런 부분이 자비심의 근거이다. 그 근거는 크며 조용하고 평온하며 풍부하여, 왔다가 사라지는 것들을 그냥 받아들이며 또한 마음 편히 내려놓는다. 그것은 **깨달음 자체**(판단 자체와 반대된다)이며, 깨달음은 "생각"이 아니다. 우리 속의 그런 부분은 인생의 대부분을 차지하는 감정싸움과 정신적인 투쟁 속에 빨려들지 않는다. 이처럼 건드릴 수 없는 고요함으로부터 자신과 세상을 보는 것이 바로 관상이다. 아빌라의 성 테레사는 말하기를 "영혼은 공간이 넓고, 윤택하여 그 넓이는 과장할 수 없다... 여기서는 태양이 모든 부분에 비추며... 그 아름다움을 줄일 수 있는 것은 아무것도 없다"[17]고 했다. 이것이 우리의 영혼이다. 이것이 우리 안에 계신 하느님이시다. 이것이 우리의 진짜 자기이다.

    당신은 알고 있는가? 당신의 영혼이 당신보다 훨씬 크다는 것을. 당신은 그냥 당신의 영혼이 나아가는 것을 타고 갈 따름이다. 당신이 영혼에 거하는 것을 배우면, 당신은 누구와도 함께 더불어 살며 모든 것과도 어울린다. 어떤 것을 배제한다거나 우월의식은 더 이상 당신에게 아무 의미가 없다. 당신의 진짜 자기 안에서는 당신이 혼자가 아니라는 것을 알며, 당신이 근본적으로 하느님께 또한 우주에게 "속해 있다"는 것을 안다(I 고린토 3:23). 당신은 더

---

[17] Teresa of Avila, *Interior Castle*, I, 2.

이상 당신이 중요한 사람이라고 느끼기 위해 일해야만 하는 것이 아니다. 당신은 본래적으로 이미 중요한 사람이며, 성모 마리아가 자신이 가치가 있다거나 아니면 가치가 없다고 주장하지 않았던 것처럼, 당신의 중요성은 이미 "당신에게 이루어졌다"(루가 1:38). 하느님께서 이처럼 은혜롭게 당신을 이 세상 속에서 지금 여기에서 살도록 하셨다면, 도대체 왜 그분께서 다음 세상이라고 마음을 바꾸시겠는가? 사랑은 영원하며 당신의 죽음에 대한 뿌리 깊은 공포를 사라지게 한다. 이것은 매우 훌륭한 일이다.

이사야가 매우 시적으로 이스라엘에게 말한 것처럼, "너희의 어미를 쫓아내며 내가 이혼장을 써준 일이 있느냐? 내가 너희를 채권자에게 판 일이 있느냐? ... 내 팔이 짧아서 너희를 구출할 수 없단 말이냐?"(50:1-2). 예수님께서 부활하신 후에 자신의 방식을 바꾸셨는가? 그의 사랑이 생전과 달리 조건적이며 배제하는 방식으로 바뀌었는가? 사실상 그의 숨결, 완전한 샬롬, 신적인 용서는 부활 이후에도 똑같았으며(요한 20:22), 그를 완전히 실망시킨 후에 문을 걸어 잠그고 숨어 있던 무리들에게 또 다시 거저 주어졌다. 성자들의 공동체는 죄인들의 공동체이다.

우리는 우리의 진짜 자기를 만들지도 않으며, 또한 어떤 도덕적 혹은 제의적 행동을 통해 그것을 얻거나 성취하지도 않는다. 진짜 자기는 우리 모두에게 완전히 거저 주어진 영원한 자비이며, 누구에게도 예외는 없다. 우리는 우리의 진짜 자기에까지 기어오르지 않는다. 우리는 그 속으로 떨어진다. 따라서 모든 추락을 피하지 말라. 거기에서 아이러니하게도 또한 행복하게도 우리는 마침내 우리의 참 모습을 발견한다. 그러면 우리는 우리의 작은 가짜 자기가 매우 실망시키는 것이었음을 알아차린다. 모든 사람들은 첫 번째 들숨과 날숨부터 자신의 진짜 자기에 다가갈 수 있다. 그 첫 번째 들숨과 날숨이라는 것이 바로 거룩한 이름 야훼라는 소리였다는 것을 우리는 이제 안다. 우리는 하느님을 "알고" 이해 하거나 심지어 그분께 말하는 것보다 훨씬 더 많이 그분을 들이쉬 고 내쉰다.18)

하느님은 우리가 지금 여기서 살도록 하시느라 시간을 낭비하신 것이 아니며, 당신이 만드신 것들을 향해서 실망하시거나 불성실하시거나 능력이 없으시거나 하지 않으실 것이다. "우리는 충실하지 못해도 그분은 언제나 충실하시니, 그분은 그분 자신의 것을 자신의 것이 아니라고 하실 수 없기 때문"(II. 디모테오 2:13)이다.

디오니시우스(Dionysius the Areopagite)라는 6세기의 신비주의 신학자는 우리가 영적인 여정을 시작하면서 천국에 붙은 사슬을 끌어당긴다고 생각하지만, 그 여정의 중간에 도달해서야 비로소 우리는 우리가 끌어당긴다고 생각했던 그 사슬이 오히려 그 유혹하는 빛을 향해 우리를 끌어당기고 있다는 것을 깨닫게 된다고 말했다.19) 우리가 각자 처음에 출발할 때는 우리 자신이 손으로 깎고 다듬어 다이아몬드를 만들려고 했다. 그러나 경험이 많은 순례자들은 그 다이아몬드가 그분에 의해 처음 만들어졌다고 말한다. 실제로 그 다이아몬드가 그 빛나는 광채 속으로 우리를 끌어당기며, 그 빛나는 광채는 이제 **우리들 각자의 독특한 것**이다.

---

18) Richard Rohr, *The Naked Now* (Chestnut Ridge, N.Y.: Crossroad Publishing, 2009), 2장. 거룩한 이름 야훼는 들숨과 날숨의 소리이다. 우리는 이제 왜 그토록 많은 이들이 단지 "호흡에 주목하라"고 했는지를 안다.

19) Psudo-Dionysius, "The Divine Names"(3:10), *The Complete Works* (New York: Paulist Press, 1987), 68.

2장

"가짜 자기" 란 무엇인가?

> 나는 내가 찾은 이 풍성한 곳에서 어떤 것도 잃을 수 없다.
> — 시에나의 성 캐더린

    나는 이 장을 매우 적극적인 인용문으로 시작함으로써, 가짜 자기에 대해 적절하게 설명하고, 또한 가짜(false)라는 말의 일반적인 부정적 의미를 피하려고 한다. 우리의 가짜 자기는 우리의 나쁜 자아가 아니며, 우리의 영리하거나 속이기 잘하는 자아, 하느님께서 좋아하시지 않는 자아, 또는 우리가 좋아해서는 안 되는 자기가 아니다. 사실상 우리의 가짜 자기는 매우 필요한 것이며 어느 정도까지는 좋은 것이다. 단지 충분히 멀리 가지 않은 것이며, 흔히 우리의 실체를 대신하는 것이다. 이것이 가짜 자기가 지닌 유일한 문제이며 그 때문에 우리는 이것을 "가짜"라고 부른다. 가짜 자기는 나쁘다기보다는 본인이 모르는 자기이다. 본인이 모르는 이유는 가짜 자기가 그 이상인 것처럼 젠체하며 꾸미기 때문이다. 우리는 인생을 시작하기 위해 다양한 가짜 자기들(일시적인 옷들)이 필요했지만, 너무 오랫동안 그대로 머물러 있으면 그 한계들이 드러난다. 우리가 계속 성장하면, 우리의 가짜 자기들은 보통 더욱 큰 빛에 노출되어 죽고 만다.

우리의 가짜 자기는 우리의 "소아"(small self)라고 부를 수 있는데, 우리의 몸매, 직업, 교육, 의복, 돈, 자동차, 성 정체성, 성공과 같은 것으로서 우리의 인생을 쏘아 올리는 발사대(launching pad)이다. 그런 것은 우리가 일상생활에서 사람들의 관심을 끌기 위해 에고가 사용하는 덫이다. 그런 것은 우리가 올라서기에 좋은 무대이지만, 주로 우리의 자기 이미지를 투사한 것이며 그 이미지에 우리가 애착을 느끼는 것들이다. 우리가 적절한 때에 적절한 방식으로 우리의 가짜 자기를 넘어설 수 있게 될 때는 **우리가 마치 아무것도 잃은 것이 없는 것처럼 느끼게 된다**. 실제로 그것은 자유와 해방처럼 느껴진다. 우리가 전체(Whole)에 연결될 때, 우리는 더 이상 애착을 느꼈던 부분을 보호하거나 방어할 필요가 없다. 우리는 이제 어떤 무진장한 것에 연결되어 있기 때문이다.

적절한 때에 적절한 방식으로 우리의 가짜 자기를 내려놓지 않는 것은 우리가 그것에 고착되어 있으며 덫에 걸려 있다는 뜻이며, 우리가 스스로에게 중독되어 있기 때문이다. (이것에 대한 전통적인 용어가 **죄였다**.)[1] 이것은 단지 연령의 문제가 아니다. 영적으로 조숙한 사람들은 대개 비교적 일찍 자신의 가짜 자기를 간파한다. 많은 사람들은 나처럼 늙어서도 여전히 가짜 자기를 옷 입고 있다(나는 이제 예순아홉 살이다). 당신의 인생이 끝날 때까지도 가짜 자기만 붙들고 있다면, 영원히 계속될 것은 별로 없을 것이다. 그것은 덧없다. 이런 옷들은 주로 우리의 정신적 에고가 만들어낸 "우연한 것들"이다. 우리의 가짜 자기는 변하고, 우리가

---

[1] 역자주: 저자는 우리가 회심에서조차 가짜 자기로 회심하려 하기 때문에 깊은 차원의 회심이 일어나지 않는다고 지적한다. *Things Hidden*, 95.

죽으면 사라지고 만다. 오직 우리의 진짜 자기만 영원하다.

정도의 차이가 있지만, 우리는 가짜 자기를 만들어내기 위해 우리의 실체로부터 **네 가지 중요한 분열**을 거친다.

1. 우리는 그림자(shadow self)로부터 분열되어 자신이 이상적인 자기인 체한다.
2. 우리가 몸과 영혼으로부터 정신을 분열시켜, 우리의 정신 속에서 산다.
3. 우리가 삶을 죽음으로부터 분열시켜, 어떤 "죽음"도 없이 우리의 인생을 살려고 애쓴다.
4. 우리가 우리 자신을 다른 자기들로부터 분열시켜, 따로 떨어져서 고립된 채 우월감을 갖고 살려고 애쓴다.

이 네 가지 환상들은 각각 이 세상 속에서 우리가 죽기 전에, 혹은 죽은 후에라도 극복되어야만 한다.(죽은 후에 극복되는 것은 가톨릭교회가 "연옥"이라는 말로 뜻하는 것이다. 가톨릭교회는 우리에게 마지막 기회를 준다!) 실체로부터의 이런 분열 때문에 하느님에 대한 어떤 체험이나 우리의 진짜 자기에 대한 체험이 불가능한 것이다. 순수하고 단순한 영성은 이런 네 가지 분열을 극복하는 것이며, 그것이 이 책 나머지의 메시지이다.

가짜 자기를 발견하는 일: 심리치료 대 영적 지도

오늘날 우리에게 가짜 자기에 관해 말해줄 사람은 누구인가? 누가 과연 가짜 자기에 관해 말해줄 능력을 갖추고 있는가? 많은 목회자들이 혼자서는 이런 능력을 찾지 못했는데, 목회라는 것이 하느님과의 만남 혹은 자신들과의 만남의 결과라기보다는 경력을 쌓기 위한 결정이거나 "종교"에 대한 매력 탓일 수 있기 때문이다. 공식적인 종교적 지위는 가짜 자기를 매우 효과적으로 유지시킬 수 있다. 특히 사람들의 존경과 직책, 봉급, "훌륭한" 자기 이미지, 멋진 복장처럼 사회적인 이득이 많은 경우에는 더욱 그렇다. 경건한 "바리새인들"이 나쁜 사람들의 상징으로 등장하는 것은 우연이 아니다. 대부분의 심리치료사들 역시 진짜 자기에 관해 알지 못하며, 오직 가짜 자기의 많은 가면들에 관해서만 안다. 심리학이 실제로 다루는 것이란 가짜 자기뿐이기 때문이다. 심지어 훌륭한 심리치료사조차도 흔히 당신의 특정한 가짜 자기의 심리과정(mechanism)에 대처하는 방법만을 제시할 따름이다. 즉 당신이 칵테일파티에서 좀 더 사교적이 되어야 친구들을 사귈 수 있다고 말하는 식이다. 미숙한 심리치료는 아내들에게 자녀들을 위해 정신적으로 건강하지 못한 남편에게 적응하며 상호의존적이 되도록 격려할 수도 있다. 결국 당신에게 생존방법을 가르쳐서 현실에 맞추도록 지시하는 것 이외에는 달리 방법이 없는 것이다. 제랄드 메이 박사는 자신의 심리치료 분야가 사람들로 하여금 "대처하도록" 만들거나 "참견하도록" 만드는 데 도움을 줄 따름이라고 말하곤 했다. 실제로 어떤 심리상담은 당신으로 하여금 흔히 병들고 미성숙한 세계나 교회에 적응하도록 도우면서 그것을 "건강"이라고 말한다. **개인의 에고와 사회의 에고 중심적 문화 사이에는 사람들을 편안하게 만드는 계약이 맺어져 있다.** 우리는 서로에 관해 말하지 않으며 서로가 진실에 목매지 않도록 내버려두는 것이 유쾌하다는 것을 안다. 대부분의 조직에서는 서로 적당히 아부하는 것이 일반적이다(I 요한 2:15-17). 우리는 실제로 자기의 성숙을 추구하기보다는 적당히 "누이 좋고 매부 좋고"식의 방법을 선호한다.

좋은 심리치료는 흔히 당신에게 가짜 자기들 주변에 머물면서 버티고 생존하는 전략을 가르쳐주는데, 상거래, 정치, 연예오락, 큰 운동경기와 같은 대중적 세계 대부분이 그런 전략을 가르쳐준다. 내가 이런 말을 하는 데서 내가 부정적이거나 고약한 것은 아니다. 심리치료는 현실 세계 안에서 이루어져야 하기 때문에, 달리 무엇을 할 수 있겠는가? 심리치료는 영원한 것, 성스러운 것, 온전한 것, 정말로 실재하는 것을 알지 못할 뿐이다. 심리치료는 심지어 알코올 중독자 재활모임(AA)에서 하는 것과 같은 "더 높은 능력"을 말할 수도 없다. 심리학 자체는 가짜 자기와 그 환상과 본래적인 취약성 너머를 말할 수 없기 때문에(초인격적 심리학이나 원형 심리학의 어떤 형태들은 예외이다), 단지 현실을 당장 꾸려나가려고 노력할 뿐이다. 붓다와 같은 대가들은 가짜 자기를 용기 있게 직시하고 단도직입적으로 그것을 "공"(emptiness)이라 부르고, 진짜 자기를 "각"(enlightenment)이라 부른다. 우리의 진짜 자기를 알면, 점차로 우리의 삶은 더욱 큰 틀 속에 자리매김하게 된다. 그러면 작은 문제들은 더 이상 우리에게 상처를 줄 수 없으며, 장기간 동안 우리를 정의하는 것이 될 수도 없다.

심리치료는 그런 작은 문제들, 예컨대 보다 많은 급료, 많은 휴가, 사람들에게 주목을 받지 못하는 것, 화를 내는 것 같은 문제들에 대해 근본적 질문을 제기할 도구가 없다. 그런 근본적 질문을 제기하는 것은 궁극적인 문제를 다루는 종교의 과제이다. 그래서 영적 지도(spiritual direction)는 심리치료를 위한 상담과는 다른 분야이다. 물론 나처럼 두 분야 모두를 할 수도 있다. 훌륭한 영적 지도는 심리치료를 매우 단순화하고 명료화하며, 훌륭한 심리치료는 영적 지도를 정직하고 필수적인 그림자와의 대결 속에 근거하도록 만든다. 훌륭한 심리치료는 우리가 더욱 침착하고 효과적으로 대처하도록 만드는데, 우리가 개인적으로 만족하도록 우리의 인간적 과업을 수행하는 방법을 배우기 때문이다. 참된 영적 지도는 그 인간적 과업을 조금도 무시하지 않은 채 우리의 신적인 과업과 우리의 인간적 과업을 연결시켜준다.

많은 이들의 죽음에 동행했던 호스피스 활동가들은 이것에 관해서 나보다 훨씬 더 잘 설명할 수 있을 것이다. 그들은 흔히 사실상 심리치료사로 출발하지만, 많은 사람들이 죽음의 과정 속에서 가짜 자기로부터 진짜 자기로 변형되는 과정을 지켜보면서 영적 지도자로 변할 수밖에 없다. 캐슬린 다울링 싱은 심지어 **"한 인간의 삶과 죽음은 정확하게 정조준하도록 눈금을 조금씩 조정하여 마지막에는 자동적으로 영**(Spirit)**과 하나가 되게 만든다."**[2]고 말했다.

심리치료사들이 주로 심리적 자아를 다루는 것은 그 직업이 존재론적, 형이상학적, 신학적 자아를 다룰 수는 없기 때문이다. 이것은 매우 다른 존재의 차원이다. 훌륭한 상담자가 우리의 상대적 정체성, 즉 아들이나 딸, 부모, 배우자, 동성애자, 피고용인 등의 상대적 정체성 문제를 다루는 데 도움을 주는 이유는 전문적 심리치료 집단에서 우리의 절대적 정체성을 다룰 방법에 관해 합의된 것이 없기 때문이다. 그들이 "하느님과 관련된 말"을 감히 사용할 용기를 내지 못하는 것은 수세기 동안 그 말이 전혀 도움이 되지 않아 싸구려가 되었기 때문이다. 많은 종교인들은 너무

---

[2] Kathleen Dowling Singh, *The Grace in Dying* (New York: Harper-Collins, 2000), 15. 그녀의 결론은 오랜 호스피스 활동을 통한 총명하고 용기 있으며 삶을 변화시키는 경험이 만든 것이다. 이 책은 우리가 이 책과 함께 읽으면 좋을 책이다.

헤프게, 너무 재빨리 또 너무 순진하게 하느님이라는 말을 꺼내며, 교단에 따라 나름의 용어, 지뢰, 상투어들을 갖고 있다. 따라서 심리학 전문분야는 당연히 종교를 불신하고, 초월이나 "초인격적 자아," 심지어 더 높은 능력에 관해 언급하는 것 자체를 피한다. 아직도 많은 상담 분야에서는 하느님에 관한 무슨 말이든 위험하고 당혹스러운 것으로 간주하는데, 그들이 하느님에 관해 말하기를 두려워하는 것은 당연하다. 그러나 그럴 필요가 없다. 나는 흔히 심리치료와 영적 지도를 한데 결합시키려 한다는 점에서 세상에서 가장 훌륭한 직업을 갖고 있다고 자부하곤 한다.

어떤 점에서 심리치료는 상당 부분 에고와 존재의 의미에 관한 본질적 문제를 임종 때까지 단지 연기시킬 뿐이다. 스티븐 리바인이 그의 고전적인 연구서 『누가 죽는가?』에서 말한 것처럼, "당신이 소유하고 있는 모든 것, 당신이 당신 자신이라고 생각하는 모든 것, 당신이 좋아하는 모든 것의 목록을 작성한다면, 그 목록은 당신과 살아 있는 진리 사이의 거리를 보여주는 것이다."[3] 나에게 "살아 있는 진리"는 진짜 자기이다. 바로 이 때문에 제임스 힐만이라는 탁월한 융 심리학자는 "우리가 심리치료를 시작한 지 백 년이 넘었지만, 세상은 더욱 나빠지고 있다"고 그의 책제목을 통해 말했다.[4] 이것이 슬프지만 사실이라면, 이것은 어떤 체제이

---

3) Stephen Levine, *Who Dies? An Investigation of Conscious Living and Conscious Dying* (New York: Doubleday, 1982), 182. 약간 불교의 사고방식으로 말해서, 리바인의 책은 그리스도인들이 "그리스도께서 죽으셨으며, 그리스도께서 부활하셨으며, 그리스도께서 다시 오실 것입니다"라고 말할 때 그들이 전례상으로 무엇을 선포하는지에 대한 진실한 설명이다. 그는 그것을 보다 중립적인 방식으로 말하는 방법을 알고 있다.

4) James Hillman, *We've Had a Hundred Years of Psychotherapy - and the World's Getting Worse* (New York: HarperCollins, 1992).

든지 그 본래적인 한계에 관한 정직한 진술이다.

건강한 종교는 당연히 가장 포용적인(inclusive) 체제여야 하며, 큰 진리(Big Truth)에 나아가기 위해 모든 수련, 방법을 활용해야만 한다. 돈을 지불하고 상담을 받는 개인적인 심리치료는 훌륭한 것이기는 하지만 여전히 상호의존성을 키우기도 하며, 그 자체의 내적인 문제들에 대해서만 그 자체의 내적인 대답들을 제시하면서, 목회자와 약국처럼 "다음 주에 또 오세요!"라고 말할 따름이다. 이런 직업들은 영적인 지도자들이나 대체의학(代替醫學)처럼 자유롭지 못해서, "그것은 처음부터 잘못된 문제들입니다!"라거나, "인생에 대한 당신의 틀 자체가 올바르지가 않네요!" 또는 "일단 당신이 그것을 알게 되면 당신은 더 이상 나를 필요로 하지 않게 됩니다!"라고 말하지 못한다.

예수님은 사람들의 단지 의학적인 병 혹은 육체적인 병을 **치료한**(cure) 것이 아니라, 그들을 실제로 **치유하여**(heal) 그들 자신의 길을 가도록 하거나 사회로 복귀시켰다. 다시 말해서, 예수님은 단지 새로운 소프트웨어(software)를 주신 것만이 아니라 새로운 주기판(motherboard)을 주셨다. 예수님을 비롯해서 모든 진정한 영적 스승들은 사람들에게 도움이 되는 삶의 변화를 단지 제시한 것이 아니라, 실제로 **그들을 변화시켰다**. 예수님이 중풍병자에게 "일어나 네 침상을 들고 집으로 가라!"(마태오 9:6) 하고 말씀하신 것처럼, 진정한 치유는 당신도 또한 용서받았으며 용서는 당신이 정말로 원하는 것이며 필요로 하는 것이라는 점을 실제로 보여주는 것이다. 진리를 믿고 행동하라. 이것만이 그 진리가 **당신 자신의** 진리가 되는 길이다. 그 중풍병자를 실제로 치유한 것은 **마치 일어나 침상을 들고 걸어갈 수 있는 것처럼** 행동하는 용기였다. 그 용기를 실행하자 그의 마음과 몸도 한 걸음씩 뒤따랐던 것이다.

이처럼 자기를 완전히 재조정하는 것이 복음서들 안에서는 흔히 새로운 자기 확신, 새로운 관계를 맺는 능력, 새로운 기쁨, 옛 자아의 용서로 표현되는데, 이 모든 것이 육체적 치료를 통해 확인된다. (나는 육체적 치유를 부정하지 않는다. 사실상 나는 육체적 치유가 나 자신의 경험을 비롯해서 여러 차례 일어나는 것을 목격했다). 성서는 우리가 오늘날 사용하는 모든 추상적인 심리, 문화, 관계의 용어를 사용하지 않는다. 성서 저자들은 중풍병자처럼 사람들이 자신들의 삶에서 자기를 완전히 재조정하지 못하다가 나중에 재조정하는 것을 목격했다. 그들은 자신의 몸에서만 그런 변화가 일어난 것이 아니라 실제로 다른 이들의 마음과 영혼에도 그런 변화가 일어난 것을 알았다. 그들은 마음과 몸이 서로 영향을 주고받는(psychosomatic) 질병들을 정확히 알고 있었다. 몸, 마음, 영혼은 하나로 작동하는 것이다.

계속되는 여정

우리의 가짜 자기는 우리가 생각하는 자기이다. 우리가 스스로를 그렇게 생각한다고 해서 그것이 진실한 것은 아니다. 우리의 가짜 자기는 전적으로 우리의 인생 여정을 출발하게 만든 사회적 구성물이다. 그것은 우리의 아동기와 우리의 부모, 가족, 이웃들, 단짝 친구, 배우자, 우리의 종교 사이에 서로 동의하는 것들이다. 그것은 우리의 따로 떨어져 분리된 자아를 담기 위한 "그릇"(container)이다.5) 예수님은 가짜 자기를 새 포도주를 담을 수 없는 "가죽 부대"라고 부르셨을 것이다(마르코 2:21-22). 우리의 에고라

는 그릇은 그냥 "폐쇄된"(contained) 채 머물러 있기를 좋아해서 어떤 변화도 싫어한다.6)

우리의 가짜 자기는 우리가 사랑, 관계, 하느님과의 일치 바깥에서 우리 스스로를 어떻게 정의하는가 하는 것이다. 이처럼 따로

---

5) Richard Rohr, *Falling Upward* (San Francisco: Jossey-Bass, 2011), 25.
6) 역자주: 저자는 건강한 종교는 '나의' 이야기가 '우리의' 이야기와 '실재의' 이야기라는 '전체 우주적 알'(whole cosmic egg)을 포함한다고 말한다. 이것은 우리가 따로 떨어져 분리된 존재라고 믿는 소아(에고)로부터 대아(the Great Self)로 옮겨가는 영적 여정("정체성의 이식")과 진짜 자기의 책임의 지평을 보여주는 것으로서, 우리가 훨씬 큰 신비의 한 부분이기에, 우리의 영적 추구가 개인주의에 함몰되지 않도록 한다. 특히 우리가 상실과 고난을 겪을 때, 보편적인 그리스도의 몸의 고난과 연결된 "성스러운 상처"임을 인식하게 도와줌으로써, 개인적 상처들을 남들이나 다음 세대에게 부정적으로 전하지 않게 해준다. *Things Hidden: Scripture as Spirituality*, 20-22, 25.

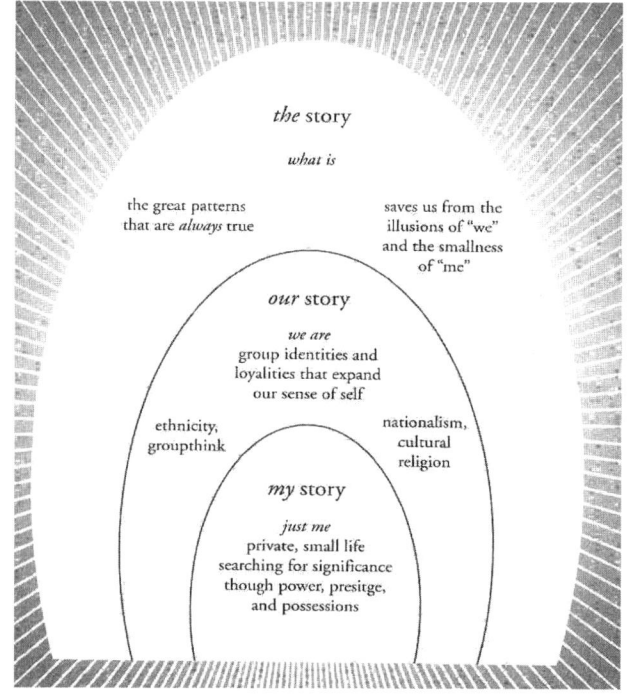

떨어진 자기, 그 모든 딱지(labels)와 관심들을 정립하기 위해 오랫동안 땀을 흘린 후에는 우리가 그것에 매우 애착심을 갖게 된다. 왜 그렇지 않겠는가? 그것이 우리가 알고 있는 우리의 전부이기 때문이다. 가짜 자기를 넘어가는 것은 항상 우리가 스스로를 상실하거나 죽는 것처럼 느껴지게 마련이다. 우리는 아마도 예수님, 붓다, 성 프란체스코, 모든 "테레사들"(아빌라, 리지외, 캘커타), 하피즈, 카비르, 루미와 같은 영적 대가들이 도대체 왜 그렇게 자주 죽음에 관해 말해서 우리를 불편하게 만드는지를 의아하게 생각했을 것이다. 그들은 모두 만일에 우리가 죽는 기술과 내려놓는 기술을 일찍 배우지 못한다면, 우리는 가짜 자기에 너무나 오래 사로잡혀 있어서 결국에는 그 가짜 자기가 우리를 어떤 식으로든 죽일 것이라는 점을 잘 알고 있었던 것이다.

최근에 텔레비전에서 2006년에 아미쉬(Armish) 공동체의 한 사람이 자기 자녀들을 살해한 사람을 진심으로 용서한 것에 대한 이야기가 방송되자, 많은 사람들은 이것을 믿지 못했다. 그러자 그 논평자는 아미쉬 공동체는 자아를 내려놓고 자아에 대해 죽는 것을 철저하게 실천하고 있다고 말했다. 그들은 자신들보다 훨씬 더 큰 신적인 실재에 연결되어 있으며 그 한 부분이라는 점을 알고 있는데, 이런 생각은 우리들 대부분에게는 너무 천진난만하게 보인다. 그러나 그들은 우리들 대부분보다 훨씬 더 목숨, 상처, 원한을 내려놓을 수 있다. 이들 "단순한 사람들"은 다른 문제에서는 제한된 세계관을 갖고 있을지 모르지만, 무엇이 실재하며 무엇이 덧없는 것인지에 관한 근본적인 문제에서는 전문가들이며 우리보다 훨씬 앞서 나간다. 아마도 이 때문에 그들은 우리들이 생각할 수 없을 정도로 평화롭고 행복하며 만족한 삶을 누릴 것이다.

2장. "가짜 자기"란 무엇인가?

마더 테레사의 수녀들도 마찬가지일 것이다. 나는 마더 테레사가 사망한 직후에 캘커타의 수녀원 본부에서 몇 주 동안 그 수녀들과 함께 지냈다. 아미쉬 공동체와 마더 테레사의 자비의 선교사들 모두 하느님 안에서 진짜 자기에 그토록 집중하기 때문에 그들은 가짜 자기를 거의 멸시한다. 그들은 주로 가짜 자기가 판을 치는 세상에서 철저하게 진짜 자기로 살아가는 빛나는 증인들이다. 이것이 바로 어떤 문화 속에서든 수도자와 수녀들이 상징해야 하는 것이다. 당신도 고요한 가운데 앉아서, 무엇을 만들거나 일을 하지 않고 있을 때마다 똑같은 것을 한다. 우리는 이것을 "좌정"(坐定)이라 부르는데, 적어도 하루에 한 번씩 우리의 가짜 자기가 스스로 덧없는 것임을 드러내고 우리가 진리 안에서 재조정될 때까지 좌정한다.

가짜 자기(False Self)라는 용어를 처음 사용한 것은 토머스 머튼이었다. 그가 이 용어를 사용한 것은 예수님이 자주 반복하신 중심 메시지, 즉 우리가 자신에 대해 죽어야만 하며, "우리 자신들을 발견하기 위해 우리 자신을 잃어야 한다"(마르코 8:35)는 가르침의 의미를 많은 그리스도인들에게 분명히 밝히기 위해서였다. 이 말씀이 그리스도교 역사에서 큰 혼란과 물의를 빚은 이유는 이 말씀이 부정적이며 금욕적으로 들리며, 보통은 육신을 처벌하라는 것으로 해석되었기 때문이다. 그러나 이 말씀을 하신 의도는 자기 처벌이 아니라 개인의 해방을 위해서다. 그리스도인들은 오랫동안 자신의 육신에 대해 죽으면 어떤 이유로든 기적적으로 자신들의 영이 살아날 것이라고 잘못 생각해왔다.

대부분의 종교에서 일반적으로 몸을 부정하는 플라톤적 이원론과는 별도로, 바울로는 **육신**(flesh)을 **영**(Spirit)의 원수로 간주하는 매우 불행한 단어 선택을 했다(예를 들어 갈라디아 5:16-24). 이제 우리는 그가 실제로 말하려 했던 영의 원수와 훨씬 더 가까운 것은 육신이 아니라 '에고' 혹은 '소아'(small self)였다고 보아야 할 것이다. 그리스도교는 "말씀이 육신이 된 것"(요한 1:13)을 믿는 종교이며, 예수님조차도 다시 살아난 후에 '육신'으로 되돌아가셨다는 것을 기억해야 한다. 따라서 육신은 우리에게 결코 나쁜 것일 수 없다. 만일 어떤 식으로든 육체에 반대하는 것이라면, 그것은 결코 진정한 그리스도교일 수 없다. 토머스 머튼은 '죽어야' 하는 것이 육신이 아니라 우리가 필요로 하지 않는 '가짜 자기'라는 것을 분명히 깨달았다. 가짜 자기는 너무나 쉽게 우리의 가장 깊은 진실(진짜 자기)을 대체하는 것이 되었기 때문이다.

관심을 딴 데로 돌리는 전략

그리스도교는 상당 부분 가짜 자기의 죽음을 오해하고 또한 가짜 자기의 죽음을 회피하기 위해 도덕주의적 종교가 되었으며, 많은 사소한 것들을 "희생하는 것이" 경건이라고 오해하는 종교가 되었다. 우리는 이렇게 희생하는 것이 예수님을 기쁘게 해드린다고 생각했지만, 예수님은 실제로 그 위선을 꿰뚫어보시고, 희생이나 거짓 관대함을 이상적인 것으로 간주하거나 희생이나 거짓 관대함을 통해 보상을 기대하는 것이 잘못된 것이라고 거부하셨다. 나는 다른 책에서 그것을 "희생이라는 신화"라고 불렀다.[7] 희생은 보통 은밀하게 자격이 있다고 주장하도록 만들며, 공적을 쌓

---

7) Richard Rohr, *Breathing Under Water* (Cincinnati, Ohio: Franciscan Media, 2011), 25.

기 위한 악순환을 영속화시키는데, 이것은 우리가 무엇인가를 내주었거나 실천했기 때문에 다른 사람들보다 더 자격이 있다고 주장하게 만드는 사고방식이다. 옛 사람들이 지적한 것처럼, 모든 기대와 자기희생은 섭섭함과 분노를 초래하기 십상이다. 예수님은 모든 잘못된 희생 개념에 종지부를 찍으셨으며, 그분은 한 번에 그렇게 다 이루셨다(히브리인들에게 보낸 편지 7:27; 10:10-15).

그러나 에고와 에고중심적인 문화는 우리를 곧바로 다시 잘못된 희생 개념으로 되돌아가도록 만들었다. 가짜 자기는 스스로에 대해 당연히 가치가 없는 것으로 느끼기 때문에 영웅주의나 힘든 수고를 통해서 자기가 가치 있는 존재라는 것을 획득해야만 했을 것이기 때문이다. 심지어 많은 재산을 물려받은 부자 백인들도 자신들이 그 재산을 얻기 위해 얼마나 많은 것을 "희생했는지"를 말하곤 한다. 당신이 희생하면 당신은 항상 "자격이 있다."고 말한다. 희생은 우리가 인정하는 것보다 훨씬 더 많은 권리, "당신은 나에게 빚졌다"는 태도, 깊이 감춘 우월감을 만들어낸다.

예수님은 분명히 "'내가 원하는 것은 희생이 아니라 자비이다'라는 말의 의미를 배워라" 하고 말씀하셨다. 이 말씀은 예수님이 호세아서에서 가장 좋아하셨던 말씀인 것처럼 보인다(마태오 9:13; 12:7). 비록 이런 입장은 성전의 십일조와 동물과 곡식의 제물에 입각한 종교에서는 매우 위험한 생각이었지만 말이다. 예수님은 희생이라는 생각이 주로 우리의 가짜 자기에 호소하는 것으로서, 진짜 자기가 필요로 하는 것이 아니지만, 거의 언제나 사람들과 대부분의 제도들과 호전적인 국가들이 남용하고 조작하는 것이 바로 희생이라는 점을 간파하셨다.[8] 알코올 중독 회복 프로그램에 참여하는 이들에게 "희생"이 그들 자신과 가족을 어디로 몰아

넣었는지를 물어보라. 희생이라는 생각은 알코올 중독자들을 파괴적인 행동으로 몰아넣는다. 희생은 전혀 도움이 되지 않는다.

나는 예수님이 희생의 종교 자체를 끝장내기 위해 오셨다고 말한 프랑스 인류학자이며 철학자 르네 지라르에 동의한다. 붓다 자신이 마침내 깨달은 것처럼, 희생과 금욕주의는 보통 가짜 자기의 종교가 스스로를 드러내는 지표들이다. 예수님은 세례자 요한처럼 금욕적이지 않다고 비판받았는데(마르코 2:18), 우리가 이 사실을 잊고 있다는 것이 놀랍다. 금욕적인 행동들은 사회적으로 또한 개인적으로 상당한 보상을 받기 때문에, 예수님은 사람들 앞에서 경건하거나 관대한 행동을 하지 말도록 가르치셨다(마태오 6:1-4, 16-18). "심지어 네 오른손이 하는 것을 왼손이 모르게 하라"고 말씀하셨다. 외부로 드러내는 종교는 위험한 종교이기도 하다.

예수님은 붓다처럼 단순히 개인적인 영웅적 행동이나 대중들 앞에서의 행동으로 인기를 끌기보다는 우리가 통과해야 하는 훨씬 더 근본적인 죽음을 가르치셨다. 그분들은 가짜 자기를 "부정하는" 것이 본질적이라고 지적하셨는데, 이것은 항상 본질적인 죽음이다. 이것이 영적인 여정의 핵심에 있는 것이다. 켄 윌버는 종종 이것을 극적으로 아무런 해명 없이 묘사한다.9) 우리들 가운데 많은 사람들은 이처럼 가짜 자기를 부정하는 것이 우리 자신이 실체를 다루는 부정적이며 중독적이며 강박감에 사로잡힌 방식들에 대해 죽는 것에서 출발한다는 것을 관상을 통해서 배웠다. 이것은 가장 어렵고 큰 죽음이며, 이것에 대해서는 사회적 보상도

---

8) 역자주: 악을 뿌리 뽑기 위해 남을 희생시키는 논리("구원하는 폭력"이라는 신화)는 공산주의와 파시즘의 논리와 똑같다. *Things Hidden*, 193.

9) Ken Wilber, *One Taste* (Boston: Shambhala, 2000), 25-28.

없고 즉각적인 만족도 없다. 빌 윌슨이 말한 것처럼 우리가 실제로 "정서적인 절제"(emotional sobriety)에 도달하기 전까지는 중독으로부터 완전히 회복된 것이 아니다.10) **관상은 궁극적인 회복이다. 왜냐하면 관상은 우리 자신이 일반적으로 선호하는 사고방식에 중독된 것으로부터 회복되는 것이기 때문이다.** 이것은 어떤 하나의 도덕적인 문제에 대한 도덕적 싸움보다 훨씬 더 어려운 싸움이다.

구별해야 할 것은 몸과 영혼, 혹은 몸과 정신 사이의 구별이 아니라, 가짜와 진짜 사이의 구별이어야만 한다. 몸은 훨씬 더 진실한 반면에, 영혼, 정신, 마음은 교만, 야망, 속임수, 허영, 증오, 편견을 포함해서 훨씬 더 위험한 거짓들을 품을 수 있다. 단 하나의 중요한 질문은 항상 "그것이 진실하냐?"이지, "그것이 몸에 있느냐 아니면 영에 있느냐?"가 아니다. 교회는 고위 성직자들이 명백히 "영적인" 죄들을 짓고 있지만 보상을 하고 있으며, 육신이 저지를 수 있는 실수들을 했다고 해서 사람들을 성만찬 식탁에서 처벌한다. 예수님은 이와 거의 정반대였다. 그 이유는 육신의 죄들은 보통 악의가 있는 죄들이 아니라 연약함의 죄들인 반면에, 영적인 죄들은 무자비한 마음, 우월하며 따로 분리된 가짜 자기로부터 생겨나는 죄들로서 영혼을 부정하는 죄라는 사실을 간파하셨기 때문이다. 그리스도인들이 세례를 명령한 것처럼 남자들에게 육체적 할례를 명령한 유대교에서 "너희가 받을 할례는 너희의 육신이 아니라 너희의 마음의 껍질을 벗기는 일이다"라고 가르친 것은 깊은 통찰력을 지닌 정직한 가르침이다(신명기 10:16; 예레미야 9:26). 내가 수련 수사였을 때 나의 스승은 너무나 많은 사제들과

---

10) Richard Rohr, *Emotional Sobriety* (Albuquerque, N.M., 2011), CD. http://cacradicalgrace.org.

수도자들이 "천사들처럼 순수하지만 악마들처럼 교만한" 것에 대해 경고하셨던 것을 나는 아직도 기억하고 있다.

가짜 자기의 중요한 관심사들

대부분의 기관들과 국가들이 "영적인" 죄들을 칭송하며 보상하며, 또한 여러 형태의 교만과 탐욕이 흔히 승진과 칭송을 받게 된다는 것은 슬프지만 사실이다. 그러나 교만과 야망과 허영은 여전히 교만과 야망과 허영이다. 그런 죄들은 교종이나 대통령이라 해서 중죄가 아닌 것이 아니다. 미국에서는 "탐욕은 좋은 것"이며 터무니없이 많은 보너스는 부러움을 사며, 경력을 쌓아 높은 자리에 오르는 것이 성직자들 사이에서도 만연해 있다. (이것은 나의 판단이 아니라 몇 년 전에 바티칸이 주교들에 대해 선언한 것이었다). 그러나 육신의 죄는 수치와 죄의식을 동반하며, 교회, 문화, 국가 안에서 누구든 깎아내리는 데 항상 사용될 수 있다.

이것이 바로 신약성서에서 "세상"이라는 말이 뜻하는 것이다(1요한 2:15-17). 신약성서에서 보통 사용되는 **세상**이라는 말은 집단적인 가짜 자기를 말하는 한 방식이다. "세상"은 피조물, 행성, 자연을 말하는 것이 아니라 "체제"(the system)를 뜻하는 말이다. 이처럼 세상이라는 말에 혼란이 생겼기 때문에 많은 그리스도인들은 도로시 데이가 말한 "더럽고 썩은 체제"에 전적으로 매혹당해 있는 반면에, 지구의 문제, 동물들, 지구 온난화 문제에 대해서는 전혀 아무런 관심도 보이지 않는다. 이것은 세상이라는 말의 본래 의도와는 완전히 벗어난, 얼마나 기이하고 슬픈 반전인가!

성서에서 "세상"은 서로 아첨하고 가짜 자기를 항상 보상하는 체제이다. 예수님은 "너희가 세상[체제] 안에서 고난을 당하겠지만 용기를 내어라. 내가 이미 세상을 이겼다"라고 말씀하셨다(요한 16:33). 그분은 영원한 "하느님의 통치[나라]"라는 완전히 다른 틀 안에서 살아가심으로써 체제의 유혹과 환상을 극복하셨다. 일단 당신이 진짜 자기를 보고 나면, 더 이상 가짜 자기가 위협이 되거나 매력적인 것이 되지 않는다. 이것이 바로 그리스도인들이 부활절에 "예수께서 죽음을 무찌르셨다!"고 노래할 때 전하는 핵심 메시지이다. 아마도 우리가 "예수님이 거짓을 폭로하셨다"라고 말하면 사람들이 그 메시지를 훨씬 더 잘 이해할 것인데, 그 이유는 여전히 죽지 않고 돌아다니는 수많은 가짜 자기들의 "거짓"(죽은 목숨들)이 있기 때문이다. 그러나 일단 그 환상의 베일이 벗겨지면, 거짓이 드러나는 것은 시간문제이다. 하느님의 시간은 오래 참는 시간이다.

우리의 가짜 자기는 쉽게 사라지지 않는다. 그렇다고 해서 가짜 자기를 공격하거나 제거해야 한다는 뜻은 아니다. 시간이 지나면 가짜 자기는 스스로가 가짜 마술사라는 것을 드러낸다. 당신이 가짜 자기를 없애려고 직접 추격하면, 자기를 더욱 교묘하게 변장할 뿐이라서 한동안 당신은 매우 덕이 많은 사람처럼 느끼게 된다. 마치 사순절 동안에 사탕을 포기하는 것처럼 말이다. 이것은 당신의 의지력, 자기 이미지, 허리 굵기에 영향을 끼칠 수는 있을지 몰라도, 당신의 영혼은 거의 건들지 않는다. 너무나 많은 독실한 신자들이 악마를 매우 악마적인 방식으로 공격했다. 그러나 세상은 증오감이 넘치는 종교에 넌더리를 내는데, 이것은 당연하다.

에고(가짜 자기)가 가장 싫어하며 두려워하는 것이 **변화**이다.11) 가짜 자기는 (자기 변화 이외에) 다른 수많은 것들에 관해서는 관심을 기울이기도 하고 도덕적일 수 있지만, "내가 생각하는 나"와 "내가 멋있게 보이기 위해 필요한 나"를 포기하지는 않는다. 우리들 모두가 배운 대로 어떤 종류든 보다 높은 도덕적 위치에 오르려고 노력하는 것은 흔히 가짜 자기의 죽음을 회피하는 방법이다. 바로 이런 점 때문에 도덕적 성취를 이루기 위한 싸움에 대해 예수님이 그처럼 자주 신뢰하지 않으셨던 것이다. 가짜 자기가 사소한 도덕적 승리에 집착하는 것—교회 출석이나 교리적인 세부 내용들에 매우 엄격한 사람들처럼—은 정말로 중요하며 필수적인 도덕적 의무를 회피하기 위한 것—종업원들에게 봉급을 적게 주거나 자기 아내들을 학대하는 사람들처럼—이기 십상이다. 예수님이 말씀하신 것처럼, "너희들은 하루살이는 걸러내면서 낙타는 그대로 삼키는 자들"(마태오 23:24)이다.

에고와 집단적 에고는 성서에서 흔히 악마나 사탄으로 인격화

---

11) 역자주: 저자는 *The Naked Now: Learning to See as the Mystics See* (2009)에서, 히브리 예언자들이나 예수님을 비롯해서 모든 세계 종교의 창시자들이 인간의 변화를 온몸으로 가르쳤지만, 종교집단들이 흔히 변화에 반대하고 기존체제를 사수하는 현상유지의 보루가 되는 이유를 에고가 변화를 매우 싫어하며 어떤 변화에 대해서든지 강력하게 저항하는 데서 찾는다. 에고가 중독자들처럼 어떤 변화도 싫어하고 자기방어적인 이유는 학대와 억압의 경험만이 아니라 자기중심적인 인간의 본성과 관계가 있을 것이다. 저자는 에고를 "관찰되지 않은 자아"(the unobserved self)라고 정의한다. 일단 관찰하면 에고의 사소함과 덧없음을 간파하게 되기 때문이다. 따라서 에고가 자신을 효과적으로 보호하기 위해서는 눈에 드러나지 않고 가면을 써야 한다. 악도 항상 부인과 변장에 의존하여 "사탄도 빛의 천사의 탈을 쓴다"(II 고린토 11:14). 에고 자체는 악이 아니지만, 악행으로 이끌면서도 깨닫지 못하게 만들 수 있다. 에고는 자신의 환상에 대해 맹목적이게 만들며 자신이 완전하게 보고 있다고 확신시킨다. 저자는 이것이 바로 회심의 가장 어려운 문제이며, 영적인 변화의 본질이라고 지적한다. 이처럼 강력하게 방어하는 에고를 깨뜨리고 이분법적 사고방식을 부수고 신비에 대해 눈을 뜨게 만들 수 있는 것은 오직 사랑과 고통뿐이라고, 사랑과 고통을 통해서 더 이상 에고가 통제할 수 없게 될 때뿐이라고 강조한다(pp. 90-91, 122-23).

되어 표현된다. 그처럼 심각한 악에 대해 달리 어떻게 "실체"를 부여하겠는가? 그것은 인격화시키는 방법이다. 악마의 비결은 창세기에 나오는 뱀처럼 항상 변장하는 것인데, 창세기에서 뱀은 "하느님께서 만드신 들짐승 가운데 제일 간교한 것"(3:1)이다. 사탄은 탐욕, 정욕, 야욕과 같은 중죄("hot sins")를 유혹하지 않는다. 그런 죄들은 명백히 악이며 결국에는 실체를 드러내기 마련이다. 따라서 사탄은 적절하고, 변호할 수 있으며, 종종 칭찬받는 일을 하도록 부추기지만, 냉혹하고(cold) 악의가 배어 있으며 자기중심적인 이유들 때문에 그런 일을 하도록 유혹한다. 우리가 사탄의 이런 계략을 간파할 수 없는 것은 **우리가 악의 매력을 실제로 경탄하는 반면에**(I 요한 2:15-17), **흔히 거룩함과 덕행이 아무런 힘이 없어 보이는 것을 경멸하기**(II 고린토 12:9-10) 때문이다. 빈민가에서 수고하는 수녀들은 대접을 받지 못하지만, 리무진을 타고 다니는 재벌들에 대해서는 우리가 매우 부러워한다. 실제로 그렇다.

 C. S. 루이스가 말한 것처럼, 악마는 삼지창과 머리에 뿔이 달린 모습으로 나타나는 것이 아니라 깔끔한 신사복을 입고 나타나게 마련이다. 우리가 음주습관을 바꾸고 포르노 중독에서 벗어나면 우리가 더욱 도덕적이며 강해진 것처럼 느껴진다. 당연하다. 그러나 우리가 힘들게 경력을 쌓아 올라온 직위를 내려놓는 일, "작은 자들"과 함께 아파하는 일, 우리의 가격을 낮추는 일은 어리석고 순진한 것처럼 느껴진다. 그래서는 안 된다. 당신이 당신 자신의 가짜 자기로 살아가는 한, 선과 악은 모두 변장에 능숙하다. 이것이 문제의 핵심이며, 바로 이것 때문에 예수님은 얼굴 화장을 바꾸는 것과 같은 "도덕적 변화"보다는 자기에 대한 근본적 변화를 역설하신 것이다. 근본적 변화를 추구하는 것은 신비주의

영성이며, 도덕적인 변화를 추구하는 것은 도덕주의적 종교인데, 우리가 알고 있는 대부분이 이런 도덕주의적 종교이다. 하느님께서는 대다수 사람들이 악의가 있다기보다는 실수를 저지르며, 속이기보다는 속임을 당하며, 악행을 의도하기보다는 자신의 진짜 자기에 대해 전혀 무지하다는 것을 분명히 알고 계신다.

우리는 이제 도대체 왜 신앙의 길이 "좁아서 그리로 찾아드는 사람이 적다"(마태오 7:14)고 말하는지를 알 수 있다. 진짜 자기는 결코 자신이 옳거나 "선하다"는 것에 대해 절대적인 확신을 갖지 못하지만, 실제로 그럴 필요조차 느끼지 않는데, 이것이 바로 우리가 "신앙"이라고 말하는 것이다. 진짜 자기는 실상의 밑바닥과 높은 천장 모두에 부딪쳤던 적이 있으며 또한 단순히 말로 하는 확실성이나 항상 딱 들어맞는 대답을 점점 덜 필요로 하게 된다. 진짜 자기는 다른 곳에서 확실성을 찾았으며 이제는 큰 긍정(Yes) 속에서 살기 때문에 대부분의 작은 부정들(noes)을 흡수할 수 있다. 가짜 자기가 모순들처럼 보이는 것들을 두려워하며 부정하는 이유는 아마도 가짜 자기 스스로가 모순 덩어리라는 것과 그래서 외부의 질서나 통제를 찾고 있다는 것을 무의식적으로 알기 때문일 것이다. 당신이 바깥세상을 용서할 수 있는 것은 오직 당신이 먼저 자신의 내적 세계를 용서했을 때뿐이다.

진짜 자기는 이미 삶의 모순들과 역설들을 극복했는데, 이것을 상징하는 것이 부활하신 그리스도로서, 그분은 죽음과 삶, 땅과 영혼, 인간과 신 사이의 완전한 긴장을 유지하면서도, 또한 **정확히 그 긴장을 극복하신 분**이다. 이것이 부활하신 분이 전체 역사를 위해 주시는 확고한 메시지이다. 그분은 **인류의 궁극적이며 중요한 긴장들을 유지하시며 극복하신다.**

그분은 영광스러운 몸 안에서 우리의 가장 높은 열망을 우리의 가장 깊은 육신과 연합시키시며, 이것이 모든 것을 치유한다. 호흡과 진흙이 다시 하나 되어 아담이 재창조되었다. 그리스도교 미술은 항상 부활하신 그리스도가 큰 배너(banner)를 지니신 모습으로 그리지만, 그 배너 위에 아무것도 쓰여 있지 않는 경우들이 대부분인 것에 대해 당신은 의아하게 생각했던 적이 있었는가? 우리는 그 메시지를 아직 모를 수도 있다. 그러나 **"사랑은 죽음보다 강하다"**는 것이 바로 부활절의 메시지이다.

따로 떨어져 분리된 존재라는 신화

모든 성숙한 종교는 따로 떨어진 분리된 존재, 즉 가짜 자기의 죽음에 관해 말해야 하며, 또한 보다 큰 사랑 안에서 느끼는 깊은 안전만이 가짜 자기의 죽음에 관해 말할 용기를 준다고 말한다. 진짜 자기가 많은 것을 내려놓을 수 있는 이유는 진짜 자기가 그 핵심에서 철저하게 안전하기 때문이다. 진짜 자기는 아기가 그 어머니(하느님)로부터 벗어나 기어가는 것과 같다. 아기는 만일에 무슨 위험이든 생기면 어머니가 곧바로 자신을 다시 품에 안을 것을 안다. 진짜 자기가 주는 확신과 안전은 이처럼 분명하다. 따로 떨어진 분리된 존재[12]는 가짜 자기이며, 따라서 가짜 자기는

---

[12] 역자주: 다른 창조 신화들과 달리 "인간이 **하느님과 객관적인 조화를 이루고 있다**"(humanity's objective unity with God)는 것이 성서의 일관된 가르침이라고 저자는 강조한다. 또한 저자는 성서가 인간 의식의 발달과정을 보여주는데 (1) 부족적 사고(단순한 의식), (2) 신의 선택, 실수, 은총을 통한 개인적 사고(복잡한 의식), (3) 앞의 단계들을 거친 소수자들(모세, 예언자들, 욥, 마리아, 예수, 바울 등)을 통한 일치적unitive 사고(비이분법적non-dual 의식)로 발전한 것이다. 이런 의식의 발전과정을 통해 인간이 점차 모든 것

스스로를 독특하며 특별하고 우월하며 적절하다고 과장해서 정의할 필요가 있다. 이것이 덫이다. 그래서 예수님은 "밀알 하나가 땅에 떨어져 죽지 않으면 한 알 그대로 남아 있다"(요한 12:24)고 말씀하실 수밖에 없으셨다. "죽으면 많은 열매를 맺는다."

우리가 누군가를 혹은 무엇인가를 사랑할 때마다 우리는 이미 어떤 차원에서는 죽었으며, 또한 우리의 따로 분리된 자아를 내려놓았다. 스티픈 리바인이 자주 말한 것처럼, 죽음에 대한 우리의 공포는 주로 "상상이 만들어낸 개체성의 상실을 상상함으로써"13) 비롯된다. 이처럼 상실로 보이는 것들은 전혀 상실이 아니라 실제로는 확장이다. 이것을 생각하고 기도하기 바란다. 이것이 죽음에 대한 우리의 공포를 극복하게 할 것이다. 우리의 가짜 자기는 정확히 "나는 정말로 멋지지 않는가!" 또는 "나는 너무나 끔찍하지 않는가!"라고 생각하는 우리의 개체성이다. 그 두 가지 생각은 모두 에고 자체의 모습이며 소아(little self)를 너무나 심각하게 다룬 것이다. 진정한 성자는 자신의 작음이나 위대함에 대해 더 이상 놀라지 않는다. 대저택 안에 살고 있는 생쥐는 겸손을 배울 필요가 없다. 우리의 선함과 불량함 모두 항상 일반적 현실이다. 사적이며 개인적인 천국이라는 개념은 그 정의상 우리가 "갈 수 있는" 천국이 아니다. 사실상 그것은 정확히 지옥이다. 우리가 수고해서 왕관이나 흰색 옷을 얻게 되기를 희망한다면, 그런 희망을 갖는 것은 우리의 가짜 자기이다.

이 때문에 예수님은 천국에서 누가 누구와 결혼하는가에 대해

을 전체 안에서 보게 됨으로써 더욱 하느님/실재를 만날 준비를 갖추게 되었다는 지적이다. *Things Hidden: Scripture as Spirituality*, 29, 54-55.
13) Levine, *Who Dies?*, 29.

어리석은 종교적 논쟁을 벌이는 것을 조롱하신다. 그는 결과적으로 우리가 전체 요점을 놓쳤다고 말씀하신다(루가 20:27-40). 우리는 모두 "부활의 자녀들"(20:36)이 될 것인데, 부활의 자녀들은 혼자서 살아가는 것이 아니라 정확히 **교제**를 통해 새로운 "생기"를 느끼며(20:38) 살아간다. 오직 진짜 자기만이 이것을 이해하고 누리는 반면에, 가짜 자기는 자신이 더욱 작아진 것으로 느낀다.

"첫째"가 되려는 것은 단지 깨지기 쉬운 가짜 자기를 위해서만 필요한 것이다. "꼴찌"는 진짜 자기나 영혼에게는 아무런 실질적 의미가 없다. 우리가 전체 몸에 속해 있는데 어떻게 꼴찌가 될 수 있겠는가? "만일에 귀가 '나는 눈이 아니니까 몸에 딸리지 않았다.' 하고 말한다 해서 귀가 몸의 한 부분이 아니겠습니까? 몸 가운데서 다른 것들보다 약하다고 여겨지는 부분이 오히려 더 요긴합니다."(I 고린토 12:15-22). 진짜 자기는 모든 것을 전체 안에서 보며, 세상이 사물을 보는 방식과 대조되기 때문에, 세상이 사물을 보는 방식은 진짜 자기에게 완전히 전도된 것으로 보인다. 가짜 자기는 모든 것을 부분과 위계질서 안에서 보며, 자기를 중심으로 보기 때문에 사물을 전혀 제대로 보는 것이 아니다.

변화되기 이전에는 온갖 도덕적 실수가 죄이지만, 변화된 이후에는 **우리가 누구이며, 누구에게 속해 있는지에 관한 실수가 죄이다**. 이런 점에서 오직 가짜 자기만이 죄를 지을 수 있으며 실제로 죄를 짓는다. 가짜 자기가 거짓말을 하는 이유는 그 자체가 어떤 식으로든 거짓이기 때문이다. 가짜 자기가 몰래 도둑질을 하는 이유는 그 자신이 도둑맞도록 허용했기 때문이다. 예수님이 자신을 십자가에 죽이는 자들에게 말씀하신 것처럼, 가짜 자기는 "심지어 자신이 무슨 짓을 하는지조차 모른다"(루가 23:34). 진짜 자기는 의식하지만, 가짜 자기는 대체로 의식을 하지 못한다. 우리가 악을 행하는 것은 우리가 의식하지 못할 때뿐이다.

간단히 말해, 가짜 자기는 모래 위에 세운 집이다(마태오 7:26). 다행히 하느님은 기꺼이 모래와 작업하시며, 또한 모래도 창조하셨다. 인생의 모래는 우리가 불멸의 다이아몬드를 얻기 위해 여전히 파들어 가야만 하는 터널이다. 우리의 홈베이스가 진짜 자기일 때도 우리가 실수할 수 있지만, 이제 우리는 그 실수를 그 자체로 인정하며, 또한 사과하고 바꿀 수 있다.

우리가 유념해야 할 중요한 것은 **진짜 자기가 도덕적 완전함이 아니며 심리적 온전함도 아니라는 점**이다. 학대받는 것을 즐기는 (masochistic) 많은 성자들, 괴짜 예언자들, 신경과민의 신비가들은 그저 약간 이상한 것이 아니라 거의 대부분 심각한 맹점들을 갖고 있지만, **그들은 자신이 하느님 안에서 누구인지를 알고 있었으며, 또한 어떻게 하느님께 돌아갈 수 있는지를 알고 있었다**. 이것이 그들의 비결이다. 진짜 자기는 스스로에게 진실을 말하며, 자신이 무엇을 하고 있는지 즉각적으로는 모른다 해도 결국에는 알아차린다. 따라서 진짜 자기는 반석 위에 세운 집(마태오 7:25)인데, 이런 집 역시 계속해서 청소하고 수리할 필요가 있다. 진짜 자기는 완전한 자기가 아니다. 진짜 자기는 단지 살아계신 분 안에 참여한다. **거룩함이 항상 온전함은 아니다. 사실상 거룩함이 온전함인 경우는 없다.** 하느님 홀로 온전하시며 "선하시다." 이것은 어떤 부자 청년이 예수님을 "선하신 분"이라고 불렀을 때 하신 말씀이다(마르코 10:18). 이 말씀을 통해 당신이 다른 이들에 대해 덜 심판하며, 당신 자신에 대해서도 좀 더 오래 참을 수 있도록 자유롭게 되기를 바란다.

한 비유

우리가 자신의 정체성을 바로 인식할 때, 도덕은 자연스럽게 뒤따른다. 우리가 자신을 잘못 인식하여, 특히 삶의 목표에 대해 잘못 생각하면, 우리의 선행들조차 다른 사람들에게 짐이 되게 마련이다. 이것은 예수님이 바리새인들과 율법교사들, 즉 정통이라는 미명 아래 항상 그에게 덫을 놓으려 하고 말꼬리를 잡았던 사람들에 대해 매우 참지 못하신 것에서 볼 수 있다.14)

이런 것은 항상 문학가들이 가장 잘 표현한다. 플래너리 오코너의 걸작 "계시"에 나오는 단편 이야기에서도 이것이 매우 잘 나타나 있다. 이야기의 주인공 루비 터핀은 훌륭하고 의로운 그리스도인인데, 그녀는 돼지우리 안에 들어갔을 때 어떤 비전을 본다. 루비는 그리스도교적 가짜 자기의 고전적 인물로서, 마침내 자신이 만든 거룩함(그녀의 "돼지우리")을 넘어 처음으로 자신의 진짜 자기를 엿본다. 그녀는 자신이 본 것을 "많은 영혼들이 큰 떼를 지어" 천국을 향해 우르르 몰려가는 것으로 묘사하는데, 가난한 백인들, 흰옷을 입은 흑인들, "괴짜들과 미치광이들이 소리치며 박수치며 마치 개구리처럼 팔짝거렸다." 뒤에는 "그녀와 같은 무리가 뒤따랐는데," 그들은 "항상 모든 것을 조금씩 가진" 사람들로서 "의젓하게 질서와 상식과 존경받는 행동들로 남들의 뒤에서" 걸어가고 있었다. 그러나 "그녀는 그들이 충격을 받아 안색이 변한 모습에서 그들의 선행들조차 불에 타서 사라지는 것을 볼

---

14) 역자주: 종교는 선/악, 정결/불결로 나누며, 자신은 선과 정결에 속해 있다고 믿기 때문에, 자신의 눈 속의 대들보는 보지 못한 채, 타인의 눈 속 티끌을 비난하는 데 열심인 바리새인들로 만들기 십상이다. 자기의 우월성을 주장하는 에고의 특성 탓이다. *Naked Now*, 110.

수 있었다."15) 여기에 묘사된 것은 오직 대가만이 가르칠 수 있는 것이다. 오코너는 가짜 자기가 마지막으로 깨지는 순간을 묘사한다. 우리가 유일하게 바랄 수 있는 것은 루비가 항복하고 그 무리들처럼 "음정이 맞지 않는" 노래를 부르기 시작하는 일이다. 루비는 우리 모두가 그럴 수 있는 것처럼, 평생 동안 온통 잘못된 정체성들 때문에 고통을 겪었지만, 그 잘못된 정체성들은 강력한 "그리스도교적인" 가짜 자기에 의해 강화되었다. 종교는 우리의 진짜 자기가 출현하는 것을 상당히 지연시킬 수 있다. 이것은 내가 42년 동안 사제로 살아온 경험을 통해 확실히 말할 수 있는 점이다.

진짜 자기는 실제로 "천국에 가기"보다는 이미 그곳에서 살고 있다. 진짜 자기는 확실히 "천국을 향해 큰 떼를 지어 몰려가는 무리들"의 한 부분이다. 진짜 자기는 이제 큰 몸 안에서 살며, 사적인 선행을 신뢰하지 않으며, 그 개인적 약점에 대해 지나치게 놀라지도 않는다. 루비는 처음으로 천국의 문을 연다. 그러나 그토록 많은 "다른 사람들"이 천국에 있다는 사실 때문에 약간 충격을 받았고 확실히 실망했다.

진짜 자기는 누구든 가담하기를 원하는 사람이면 모두 포함시킨다. 이것은 매우 분명하며 직설적으로 "천국을 향해 큰 떼를 지어 몰려가는 무리들"로 표현되어 있다. 어떤 이들은 이것을 "성도들의 교제"(the communion of saints)라고 부른다. 어떤 이들은 이것이 교회라고 말한다. 이미 4세기에 성 아우구스티누스는 매우 충격적이지만 분명한 진실을 이렇게 말했다. "교회는 정확히 온 세상의 교제 상태이다"(*Ecclesiam in totius orbis communione consistere*).

---

15) Flannery O'Connor, "Revelation," in *The Complete Stories* (New York: Farrar, Strauss and Giroux, 1971), 488-509.

가톨릭 신자들에게 권위 있는 토마스 아퀴나스는 오늘날 성직자나 신자들이 거의 동의하지 않을 말을 했다. 즉 그는 교회가 "아벨 이후부터 존재했으며"(히브리서 11:4), 또한 "교회의 몸은 세상의 시작부터 지금까지 존재했던 사람들로 이루어져 있다"고 했다.16) 믿음, 소망, 사랑이 있는 곳이면 어디에나 교회가 있고 하느님이 계시며, 이것이 내가 믿는 일차적인 교회이다.

일상생활에서는 진짜 자기가 보편적인 사랑이라는 접착제로 한데 붙어 있다. "하느님은 사랑이십니다. 사랑 안에서 살아가는 사람은 하느님 안에서 살아가는 것이며 하느님께서는 그 사람 안에 살아계십니다"(I 요한 4:16). 우리가 그런 풍성함 속에서 살아갈 때, 우리는 가짜 자기와 싸울 필요도 없고 그것을 패배시킬 필요도 없다. 절대적인 풍성함과 절대적인 허용 안에서 가짜 자기는 자연스럽게 뒤로 사라진다.

예수님이 십자가 위에서 하나밖에 없는 목숨과 아름다운 몸을 기꺼이 내려놓으신 이유는 그것들이 가치가 없거나 나쁜 것이라서 그런 것이 아니라, 마지막 과업을 위해서 그것들이 **더 이상 필요하거나 도움이 되지 않았기** 때문이다. 채광작업에서 한때 중요하게 보였던 슬래그와 쓰레기를 체로 걸러내는 힘든 과정이 결국 끝난 것이다. 그것이 한때는 중요했으나 더 이상은 아니다. 전도서에 지혜롭게 표현되어 있듯이 "무슨 일이나 다 때가 있다"(3:1ff).

우리는 실제로 진짜 자기라는 불멸의 다이아몬드를 발견하지 않는다. 그 다이아몬드는 우리가 성장과정을 거칠 때 점차 나타난다. 부활하신 분이 임의대로 길 위에서 친구로 나타나시고, 무덤

---

16) Thomas Aquinas, *Summa Theologica*, III, q.8.3.

의 정원지기와 혼돈하게 되고, 문을 걸어 잠근 방에 나타나시고, 바닷가에서 아침을 차려주시는 것과 같다. 토머스 머튼은 이렇게 말했다. "우리 존재의 중심에서 문이 열리고, 우리는 그 엄청난 깊이 속으로 빠져 들어가는 것처럼 보이는데, 그 깊이는 무한하지만 여전히 우리가 도달할 수 있다. 이 한 번의 평온하고 숨 막히는 접촉에서 모든 영원함이 우리의 것이 된 것 같다."17)

이 문이 당신의 일생동안 단 한 번 열릴 필요가 있다. 그러면 당신은 홈베이스가 어디인지를 영원히 알 것이다. 그 이후에는 당신이 그 홈베이스보다 부족한 것에는 만족하지 못할 것이다. 당신은 1루, 2루, 3루를 거쳐 홈베이스에 도달했지만, 다시 되돌아가려고 달릴 생각은 하지 않을 것이다.

진짜 자기의 노래

우리들 안에는 내면의 타고난 존엄성이 있다오.
(노인들을 보시오!)
타고난 가치는 이미 알고 있고 즐긴다오.
(어린 아이들을 보시오!)
그것은 캐어내길 기다리는 불멸의 다이아몬드이지만,
열망이 없으면 결코 발견되지 않는 것,
그것은 당신 안에서 콧노래로 터져 나오는 흠모하는 마음,
그 마음은 반드시 경축해야만 할 것이라오.
그 이름은 영혼, 무의식, 심층의식, 내주(內住)하시는 성령,

---

17) Thomas Merton, *New Seeds of Contemplation* (New York: New Directions, 1962), 227.

무(nothing).
자신을 드러낼 올바른 이름이나 종교를 필요로 하지 않는 것,
심지어 이해되는 것조차 필요하지 않는 것,
보통은 입 밖에 내지 않는 것, 그냥 있는 것이지요.
우리가 고요할 때나 사랑할 때,
또는 고요히 사랑할 때 가장 잘 드러나는 것이라오.
나는 여기서 그것을 진짜 자기라고 부르니,
만물 속에 계시지만
어느 하나가 독차지하지 않는 하느님이시라오.
각각의 부분이 다른 부분들과 연합해 있을 때만 향유되는 것,
그 때 비로소 그 완전한 진리가 드러나는 것이라오.
이따금 한번씩 이 진짜 자기가 아름다운 장소나 사람에게서
찬란히 빛나게 되고 눈으로 볼 수 있게 되나니,
그것이 가장 아름답게 모두가 볼 수 있게 드러난 것은
부활한 그리스도의 몸이라오.
"몸"이라 말한 것을 주목하오.
그것은 지금 여기 이 세상에서
우리의 몸을 입은 상태에서 시작되는 것,
따라서 그리스도의 신비는 시간의 길을 여행하는 것,
일단 진짜 자기를 만나면
가짜 자기는 스스로 비늘처럼 벗겨지기 시작하고
떨어져나가게 되는 것이라오.
그러나 여기까지 오는 것은 예수님이 그러셨던 것처럼,
당신의 일생 대부분을 바치게 될 것이라오.

3장

무엇이 죽고 누가 사는가?

> 가슴에서는 자신이 죽어가고 있다고 느끼지 않는다. 단지 옆에 있는 사람에게만 미안하다고 느낀다.
>
> — 어네스트 베커, 죽음의 부정

> 예수님은 "부활을 믿지 않는 사람들에게" 말씀하시기를 "나의 하느님은 죽은 자들의 하느님이 아니라 살아 있는 자들의 하느님이시다. 그분에게는 모든 사람들이 사실상 살아 있다!"고 하셨다.
>
> — 루가 20:38, 27

거의 모든 종교는 우리가 실제로 죽기 전에 죽어야만, 죽음이 무엇을 뜻하며 또한 죽음이 무엇을 뜻하지 않는지를 알 것이라고 말한다. 우리가 보통 사물을 바라보는 지평은 실재하는 것을 보기에는 완전히 부적절하다. 그 지평이 우리의 존재의 근거, 우리의 진짜 자기, 우리의 가장 깊은 영혼과 적어도 한 번 실제로 접촉하기 전까지는 그런 것에 대해 말하는 것이 무의미하다.[1] 이런 사실

---

1) 역자주: "하느님, 또는 당신에게 중요한 최소한 한 사람의 사랑하는 시선 앞에 벌거벗은 채로 서 있던 적이 없었다면, 당신은 아직 '태어나지 않았다.'

은 정신적 에고가 바라보는 낡은 지평과 가짜 자기에 대해 죽을 것을 요구한다. 달리 돌아서 갈 길은 없다. 우리가 진짜 자기와 마주치면, 우리는 말할 수 있고 의지할 수 있으며 깊이 신뢰할 수 있는 무엇이 있다는 것을 영원히 알게 된다. 우리는 단순한 믿음의 종교로부터 새로운 종류의 앎으로서의 종교로 넘어가게 된다.

그 이후로 우리는 영혼을 지녔다는 것을 알게 되어, 우리의 영혼은 우리가 가장 귀를 기울이는 채널이 된다. 대부분의 영혼이 처음에 "구원받지 못한" 상태인 것은 그들이 감히 하느님/실재/우주와 하나가 될 수 있다는 것을 상상할 수 없다는 점에서 그렇다. 이렇게 하나가 될 수 없다는 것은 가짜 자기의 거짓말로서, 이 거짓말은 우리가 많은 의문을 제기하고 시험한 후에만 서서히 죽게 된다. 우리가 하느님과 실제로 하나가 될 수 있다는 나의 생각에 대해 가장 많이 반박한 것은 성직자들이었다. 그들은 마치 자신의 생산품을 믿지 않는 것과 같다. 그들의 불완전한 메시지에 동의하는 사람이 별로 없는 것은 전혀 이상한 일이 아니다.

오직 우리의 영혼만이 다른 것들의 영혼을 알 수 있다. 오직 부분만이 그 자신이 생겨난 전체를 인식할 수 있다. 그러나 먼저 우리 안에 있는 우리의 진짜 자기부터 일깨워져야만 한다. 자신의 영혼과 접촉한 적이 없는 사람들은 우리가 영적인 것을 말할 때 어리석고 횡설수설한다고 생각하는데(1 고린토 2:10-16), 이것은 그들이 자신들의 제한된 경험에 정직한 것일 따름이다. 반대로 많은 종교인들은 우리가 "이단자"나 틀렸다고 말함으로써 자신들이 아무런 하느님 체험이 없다는 것을 방어한다. 그 이유는 우리가 그

영적으로 또 심리적으로... 사실상 죽은 존재이다. 철학적으로 말해서 비존재(nonbeing)이다." *Things Hidden: Scripture as Spirituality*, 66-67.

들의 제한된 체험 너머의 것을 말하기 때문이다. 그들 역시 진지하지만, 흔히 겸손하지도 않고 친절하지도 않다. (나에게 가장 잔인한 편지들을 보내는 사람들은 종교인들이다.) 바로 이것 때문에 예수님은 "나 때문에 모두가 너희를 미워할 것이다"(루가 21:17)라고 말씀하셨으며, 심지어 "사람들이 너희를 미워하면 너희는 행복하다"(루가 6:22)라고까지 말씀하셨다. 예수님은 우리가 이처럼 흔히 경악스러운 사태들에 대해 준비하고 있기를 원하셨다.

실제로 이단과 같은 것이 있으며, 나는 정통(이 단어는 성서에 나오지 않는다)을 믿도록 훈련받았지만, 예수님의 생애 전체는 가장 큰 이단자들이 매우 자주 사태를 좌우한다는 것을 분명히 보여주셨다. 예수님에 대한 적대감, 박해, 수난, 살해를 달리 설명할 길이 있는가? 종교적인 가짜 자기는 모든 것 가운데 가장 강하게 방어하는 자아이다. 하느님께서 우리들 개인과 집단의 종이 되셨을 때(즉 우리가 에고를 위해 하느님을 마음대로 부릴 수 있는 종으로 둔갑시켰을 때 – 옮긴이), 우리는 다른 사람들을 미워하고 박해하고 고문하고 죽이면서도 아무런 벌을 받지 않을 수 있다고 믿는다. 종교적인 가짜 자기는 심지어 인종차별, 노예제도, 전쟁, 완전한 부인 혹은 속임수를 정당화할 수 있으며 전혀 아무런 죄의식도 느끼지 않을 수 있다. 그 이유는 "그들이 하느님을 위한 거룩한 의무를 수행한다고 생각하기" 때문이다(요한 16:2). 에고가 매우 거룩한 핑계를 찾은 것이다. 바로 이 때문에 우리는 종교인이 되는 것에 매우 조심할 필요가 있다. 우리의 종교가 우리의 의식을 변화시켜 함께 아파하는 마음을 지니게 하지 않는다면, 우리의 종교는 문제 자체이지 결코 해결책이 아니다.

우리가 죽기 전에 반드시 죽어야만 하는 이유는 평생을 호스피스 활동에 보낸 캐슬린 다울링 싱이 잘 표현했다. "**보통의 정신[가짜 자기]과 그 망상은 '임사체험'에서 죽는다. 죽음이 가까이 올수록 더 이상 우리 자신이 우리의 에고인 것처럼 가장할 수 없게 된다. 죽어가는 과정에서 에고가 변형되는 것이다.**"2) 어떤 죽음—심리적, 영적, 관계적, 육체적 죽음—은 우리가 작고 따로 분리된 가짜 자기에 연결된 우리의 매듭을 느슨하게 풀어줄 유일한 길이다. 그때서야 비로소 우리가 새로운 모습으로 되돌아가는데, 이 새로운 모습을 나는 다시 사신 그리스도, 영혼, 또는 진짜 자기라고 부른다.

에고는 죽음 이전의 자아이다. 영혼이 실재하는 것은 오직 우리가 사라져가는 가짜 자기에 대해 죽고 난 후, 그 반대편에서 더욱 크고 밝은 자아로 태어나는 경험을 거친 후에만 가능하다. 14세기 페르시아의 신비주의 시인이었던 하피즈는 "하느님은 그대에게 무엇인가를 팔려고 하시지만, 그대는 사고 싶은 마음이 없다. 이것이 그대의 고통이다. 그대는 그 가격에 대해 터무니없이 흥정을 하면서 미친 듯이 소리를 지르고 있다!"3)고 말했다.

가짜 자기의 죽음에까지 인도하지 못하는 종교는 쓸모없는 종교이다. 가짜 자기가 죽어야 진짜 자기가 산다. 예수님이 말씀하신 것처럼 "내가 가지 않으면 성령이 올 수 없다"(요한 16:7). 이것은 분명하지만 통렬한 소식이기도 하다. 신학적으로 말하자면, 그리스도(보편적인 현존)가 살아나시기 위해서는 예수님(훌륭한 사람)이 죽으셔야만 했기 때문이다. 이것이 변형의 패턴이지만, 본

---

2) Kathleen Dowling Singh, *The Grace in Dying* (New York: Harper-Collins. 2000), 219.

3) Daniel Ladinsky, *I Heard God Laughing: Renderings of Hafiz* (Walnut Creek, Calif.: Sufism Reoriented, 1996), 13.

래의 "훌륭한 사람"을 내려놓는 것이 항상 엄청난 신앙의 도약인 이유는 그가 너무 "훌륭한" 존재이기 때문이다. 성서에서는 이것이 죄 없는 유월절 어린양을 죽이는 것에서 예시되었다(출애굽기 12:5-6). 집에 데려온 그 어린양에 대해 아이들은 가족처럼 이름도 지었을 것이다. 죽어야만 하는 것은 보통 나쁜 것이 아니다. 사실상 그것은 사람들이 흔히 좋고 필요한 것이라고 느끼는 것이다.

우리의 진짜 자기는 영원히 살며 모든 것을 진실하게 볼 우리의 참된 부분이다. 그것은 우리를 통해 숨 쉬는 하느님의 호흡이다. 우리의 가짜 자기는 항상 변하고 마침내는 죽어 사라질 우리의 부분이다. 그것은 덧없이 지나가는 **형태들**의 세상 속에 있으며 또한 자신을 중심으로 세상을 바라보는데, 그 관심의 초점은 결코 참된 것이 아니다. 가짜 자기는 지나가며 일시적이며 힌두교인들과 불교인들이 말하는 "공"(empty)이다. 성숙한 종교는 우리로 하여금 이런 가짜 자기에 대해 죽는 과정을 촉진시킨다. 아니면 적어도 가짜 자기가 분명히 소멸되는 것과 싸우지 않도록 돕는다. 이 때문에 성자들은 그런 대항문화적(countercultural) 방식으로 살아간다. 성자들은 이런 삶의 방식이 그냥 거침없이 추락하는 것으로서, 다시 도약하여 진리와 함께 살기 위한 것이라고 말하는 것처럼 보인다. 우리가 임종에 도달해서, 또는 비극을 겪고 나서 비로소 어쩔 수 없이 가짜 자기가 부질없는 것임을 깨닫기보다는 일찍 깨닫는 것이 훨씬 낫다. 성 프란체스코는 생전에 "어서 와요, 죽음이라는 자매님!"이라고 말하곤 했다.

우리의 가짜 자기는 나쁘거나 틀린 것이 아니라 단지 죽을 수밖에 없는(mortal) 것이다. 가짜 자기는 상대적인 것이지 절대적인 것이 아니다. 그것은 덧없이 지나가며 실체가 없으며, 주로 우리의 정신과 문화가 만든 것이다. 그것은 우리가 죽을 때 함께 죽는다. 우리가 영원히 사는 것을 사랑하기보다는 죽어가는 것을 사랑하는 것이 훨씬 쉽다. 아마도 우리가 가짜 자기를 사랑하는 이유는 깨지기 쉽고 애처로운 것에 대한 일종의 연민 때문이며, 덧없이 지나가는 것들이 결국 사라질 것이라는 점을 최소한 무의식적으로는 알기 때문에, 그것들이 사라지기 전에 집착하는 것일지도 모른다. 이것은 나쁜 것이 아니며 사실상 우리의 삶을 익숙하도록 만드는 것이다. 우리들 가운데 어느 누구도 인정하고 싶어 하지 않을지라도, **우리는 답답한 공간과 상황 속에서 크게 성장한다**.4) 우리가 이 세상에서 영원히 산다면 우리는 결코 성장하지 않을 거라는 말이 있는데, 나는 이것이 사실이라고 생각한다.

우리의 가짜 자기는 우리에게 필요한 준비운동으로서, 우리의 인생의 특히 전반부에서 우리의 독자적인 정체성을 확립시켜주는 에고이다. 기본적으로 가짜 자기는 우리가 자신의 전부로 내세우려는 우리의 불완전한 자아이다. 우리는 이 불완전한 자아를 너무 사랑하기 때문에 전체(the Whole)를 부정한다. 하느님은 확실히 이것을 이해하시며 우리가 적어도 무엇인가를 사랑하는 것에 대해 틀림없이 기뻐하실 것이다. 그런 사랑은 우리의 독자적인 삶을 시작하도록 만들어 마침내 "사랑은 영원하다"(I 고린토 13:13)는 것을 깨닫게 하며, 우리 인생에서 유일하게 신뢰할 수 있는 것, 영원한 것은 사랑뿐이라는 것을 깨닫게 한다.

그러나 **당신이 사랑을 선택할 때마다 당신은 또한 죽기로 작정했**

---

4) 역자주: 저자는 가짜 자기(에고)의 죽음이 삶의 긍정적 요소를 통한 성취가 아니라 오히려 상실과 고통, 실수와 같은 부정적 요소를 통해 영원한 자비를 인식함으로써 우리의 존재가 개별적인 것이 아니라 전체의 일부로 참여하는 것임을 깨닫게 될 때라는 것을 강조한다. 참조, *Things Hidden*, 50-51.

다는 것을 알고 있는가? 당신이 진정으로 사랑할 때마다, 당신은 자율적인 개별 단위로서의 당신 자신을 내려놓고, 또한 당신 자신의 일부를 다른 무엇, 혹은 다른 누군가에게 준다. 이것은 당신이 사랑을 멈추기로 작정하지 않는 한 쉽게 되찾아올 수 없는 것이다. (많은 사람들은 사랑을 멈추기로 작정한다.) 이처럼 당신이 스스로에 갇혀 있다가 처음으로 벗어나게 되는 환희의 순간은 정말로 멋지며 에로틱하며 엄청난 생명을 주는 순간이다. 그러나 마침내 그렇게 확장된 자아가 다시 그 자신 속으로 물러나기를 원할 때는 자신이 이제 훨씬 더 큰 진리 속에 걸려들었다는 것을 깨닫는다. 선택해야만 한다. 이전의 소아(small self)에 대해 죽고 계속 확장할 것인가, 아니면 자신 속으로 다시 움츠려들 것인가? 후자는 더욱 나쁜 죽음이다. 그러나 어느 경우이든 당신은 죽는다. T. S. 엘리엇은 이것을 다음과 같이 극적으로 표현했다.

> 화장용(火葬用) 장작을 이것저것 고르는 데
> 유일한 희망이 있거나 아니면 절망이 깔려 있다.
> 불로부터 불로 구원받기 위해.5)

우리가 평생 동안 사랑하면서 분투노력하는 과정을 거쳐 우리의 자아가 둘(가짜 자기와 진짜 자기)에서부터 하나로 재조정되는 것이 바로 변형의 춤(dance of transformation)이다. 이 춤은 신뢰의 길이며, 사랑과 하느님(우리는 마침내 사랑과 하느님이 같은 것임을 알게 된다)을 신뢰할 수 있는지를 끊임없이 시험하는 과정인데,

---

5) T. S. Eliot, "Little Gidding, IV," in *Four Quartets* (San Diego, Calif.: Harcourt Brace, 1971).

이 과정을 통해 우리는 마음 놓고 우리의 진짜 자기 속으로 빠져들 수 있게 된다. 그러면 우리는 다시 하나가 된다.

하느님께서 직접 우리를 시험하시는 것보다 우리가 훨씬 더 자주 하느님을 시험한다는 것을 기억하라. 우리의 보통 에고, 즉 이분법적이며, 양자택일의 정신상태, 자기를 보존하려는 에고는 가능한 한 모든 수단방법을 동원해서라도 이처럼 "땅이 흔들리는 것과 같은 관점의 변화"를 거부하고 회피하려들기 마련이다.6) 그래서 이것을 명확하게 요약하자면 다음과 같다.

무엇이 죽는가? 당신의 가짜 자기가 죽는다. 정말로 그럴 수 있는가가 아니라 단지 시간문제일 따름이다.

누가 사는가? 태초부터 살아계셨던 하느님 자기(God Self)가 이제 당신도 포함하게 된 것이다.

죽는 것은 **무엇**이지만, 사는 것은 **누가**라는 점을 주목하라.

---

6) 역자주: 저자는 관상기도를 통해서 이분법적 사고방식을 극복하지 않고는 사제들과 평신도들 모두에게 비극적 재앙이 올 수 있다는 사실을 지적한다. 즉 관상기도를 통해 어느 정도까지 하느님과의 친밀함, 기쁨, 교제를 체험하지 않은 채 단지 선한 의지만 갖고 사제의 길에 들어설 경우 독신생활을 견디지 못하고 아동들에 대한 변태 성욕 스캔들을 초래할 수 있는데, 이것은 자신들이 더욱 깊은 차원에서 하느님을 섬기는 삶을 살 수 있다고 생각하지만, 그 "방법을 알기 위한 내적인 수단들을 갖지 못하기 때문"이라고 말한다. 또 삼위일체 교리나 그리스도의 두 본성 교리는 이분법적 사고로는 이해할 수 없는 것이기 때문에, 그런 교리들을 믿으라고 요구할 경우 단지 지적으로 동의할 수 있을 뿐이지, 우리의 영혼 속에서 우리의 마음을 열게 하거나 기초적인 평화를 주는 역동적인 가능성을 주지 못한다고 지적한다. 결국 이런 교리들에 대한 지적인 동의는 "실제로 당신의 마음과 정신을 닫아버리는데, 그 이유는 당신이 일종의 비현실성(unreality) 속에서 살고 있기 때문이다."라고 지적한다. 주입식 교리교육의 위험성과 그리스도교의 일반적인 몰상식이 어디에서 비롯되는지를 보여준다. *Silent Compassion* (2014), 16.

4장

체험이라는 칼끝

세상의 아름다움은 물질을 통해서 우리에게 보여주시는 그리스도의 다정한 미소입니다.

— 시몬 베유

우리는 인생의 상당 기간 동안, 진선미를 찾기 위해 실재하는 것의 여러 점(點)을 서로 연결시키려 하고 실재의 중심을 꿰뚫어 보려고 한다. 우리는 영원하며 초월적인 무엇을 원한다.[1] 그러나 우리는 흔히 얕은 물속을 들여다보고 있다. 17-18세기 계몽주의

---

1) 선(善), 진(眞), 단일성은 (스콜라철학에서) "초월적인 것"으로 불렸으며 존재 자체의 본래적 특질로 간주되었다. 프란치스칸 신학에서는 우리가 하느님으로부터 인간을 거쳐 동물들, 나무들, 물에 이르기까지 모든 것을 한 목소리를 지닌 것으로 말할 수 있다. 그 모두는 서로 정도가 다르지만 절대 존재에 참여한다. 존 둔스 스코투스는 선의 반대가 악이 아니라 비존재(nonbeing) 자체라고 가르쳤다. 진의 반대도 거짓이 아니라 비존재 자체이다. 단일성의 반대는 다수가 아니라 비존재 자체이다. 모든 반대되는 것들, 심지어 유한과 무한, 물질과 영, 남자와 여자 등 모든 것이 순수한 존재 안에 담겨 있다. 그리고 이것들 사이의 조화가 미(美)인데, 어떤 이들은 미를 네 번째 초월적인 것으로 본다. 이런 세계관은 원죄(原罪)가 아니라 원복(原福)에 입각한 매우 긍정적인 신학과 인간론을 만들어낸다. 이것은 또한 비이분법적 사고와 악의 본질을 위한 철학적 기초도 만들어낸다. 악은 비존재와 무의식이다. 미는 존재의 가득함과 완전한 의식이다.

이래로 우리는 사실들, 명백한 증거, 객관적 과학에 만족해왔으며, 과학이라 부르는 탁월한 학문방법을 통해 입증할 수 있는 것들이 전부라고 생각해왔다. 과학이 우리에게 객관적 진리를 가르쳐주리라는 것이 우리의 희망이다. 그러나 종교는 우리에게 개인적 의미나 진리만 가르쳐준다. 과학과 종교는 서로 모순되는 것이 아니다.2)

그러나 우리가 탐구하는 방법이 우리가 무엇을 발견하는지, 또는 무엇을 발견하기를 원하는지를 결정하게 마련이다. 우리는 일차적으로 상징, 은유, 성스러운 이야기들처럼 보편적이며 지혜로운 전통 속에서 깊고 영원한 의미 혹은 개인적 진리를 찾아야 한다. 이것이 바로 영원한 철학 전통이라는 말의 의미이며, 조지 버나드 쇼가 "오직 하나의 종교만 있으며, 그것의 수천 가지 형태들이 있다"고 말한 이유이다. 부활처럼 가장 훌륭한 종교적 은유들은 단지 그리스도교의 진리(I 고린토)만이 아니라 보편적인 진리를 주장한다. (그리스도인들은 놀라지 마시기를! 내가 예수님의 몸의 부활을 "은유"라고 부른다고 해서 그 몸의 부활을 부인하는 것이 아니다. 실제로는 그 반대이다. 계속 읽어나가시기를!)

은유만이 신비3)에 관해 정직하기 때문에, **은유는 종교가 이용할 수 있는 유일한 언어이다**. 서로 다른 종교들과 교파들이 전하는 기

---

2) 역자주: 종교를 일차적으로 신과의 합일 추구라는 신비주의적인 관점에서 대안적인 의식으로 보는 저자는 과학과 종교가 모두 신비를 추구한다는 점에서 서로 모순되는 것은 아니라고 보지만, 계몽주의의 한계를 지적한다. 특히 분열의 근본 원인과 그리스도인들의 모든 비극과 오류가 이분법적 사고방식에서 비롯되며, 과학은 이분법적 사고방식을 강화시키는 경향이 있기 때문이다. *The Naked Now*, 110.
3) 역자주: 저자는 신비를 "이해할 수 없는 것"이 아니라, 그 의미가 무진장해서 "끝없이 이해할 수 있는 것"이라고 정의한다. *Things Hidden*, 62.

본 메시지는 흔히 거의 서로 동의하는 것이지만, 그들은 신과 일치한 자신들의 체험을 전달하기 위해 서로 다른 이미지들을 사용한다. 이런 점은 신자들에게 충격을 주거나 실망시킬 일이 아니지만, 아이들처럼 "이건 내 장난감이니까 너희는 절대 만지지 마!"라고 외친다면, 문제는 달라진다. 예수님도 항상 은유를 사용하셨다. 예를 들어 "나에게는 이 우리 안에 들어 있지 않은 다른 양들도 있다. 나는 그 양들도 데려와야 한다. 그러면 그들도 내 음성에 귀를 기울일 것이다."(요한 10:16a)라고 말씀하신다. 예수님은 사람들을 양이라고 부름으로써 분명히 은유적으로 말씀하신다. 또한 "우리" 바깥에 있는 양들도 안에 있는 양들처럼 듣는다고 말씀하시며, 나아가 "다른 양들"에 대해서도 돌보며 존중한다고 말씀하시는데 이것은 우리도 그래야 한다는 뜻이다. 이런 말씀은 매우 중요한 요점들이며, 은유라는 금광을 캐기를 거부하면 그 요점들을 놓치게 된다.

여기서 예수님의 의도는 "오직 한 떼"(요한 10:16b)만 있다는 것이다. 나중에 "이 사람들이 모두 하나가 되게 하여 주십시오"(요한 17:21-23)라고 기도하신 것은 모든 **타자성**(otherness)을 극복함으로써만 이루어질 수 있다. 그래서 예수님은 "다른 양들"을 말씀하신다. 그 목적은 모든 차이점들을 극복하는 것이 결코 아니다. 왜냐하면 하느님께서 이미 우리를 수백수천 가지로 서로 다르게 지으셨기 때문이다. 차이점은 타자성과 똑같은 것이 아니며, 적어도 차이점이 타자성일 필요는 없다. 양과 양떼, 일치성과 다양성처럼 탁월한 은유를 통해서 예수님은 "하나와 많음"(the one and the many)이라는 복잡한 철학적 문제를 해결하신다. 예수님은 명료하지 않은 영적 진리를 가르치기 위해 탁월한 은유들을 사용하신다. 그분 자신은 이런 것들을 비유라고 부르시는데, 마르코는 "그들에게는 이렇게 비유로만 말씀하셨다"(4:34)고 말한다. 이것은 예수님이 비유를 사용하심으로써 **사람에 따라 훨씬 깊은 의미를 깨닫기를 바라는 마음에서 기꺼이 오해를 감수하셨다는 뜻이다**(4:33).

우리가 여기서 은유의 가치를 높게 평가하지 않는다면 우리는 그분의 강력하고 중요한 메시지를 파악할 수 없다. 근본주의자들이 두려워하는 것과는 정반대로, 우리가 은유의 가치를 높게 평가하지 않아서 그분의 핵심적 메시지의 많은 부분을 놓쳤을 것이다. 은유는 언제나 **더욱 많은** 의미를 담는 것이지 적은 의미를 담는 것이 아니다. **문자주의는 의미의 가장 낮고 최소한의 단계이다.**

우리는 은유가 진리를 말할 수 있는 유일한 방법이라고 생각해서는 안 되지만, 더욱 깊은 의미의 차원으로 들어가기 위해서는 훌륭한 은유들을 필요로 한다. 이것이 본래적인 긴장과 갈등이다. 즉 오직 올바른 상징만이 진선미 속으로 깊이 내려갈 수 있으며 그것들을 바다 속 깊은 곳에서 진주들처럼 찾아낼 수 있다. 이처럼 맞는 때에 올바른 상징을 사용하면 우리가 복잡함과 환상을 넘어설 수 있다. 흔히 단순한 상징처럼 보이는 것이 실제로는 우리가 정말로 알 필요가 있는 모든 것에 이르는 현관이다—만일에 우리가 겸손하고 공경하는 자세로 다가가면 말이다. **그렇지 않고서야 어떻게 항상 하느님께 다가갈 수 있겠는가?** 하느님께 다가가기 위해서는 대학교육을 받아야만 하는 것이 아니라, 상징의 세계를 읽어낼 능력만 있으면 되는데, 이런 능력은 우리들보다 옛 사람들이 훨씬 잘 갖추고 있었던 것처럼 보인다.[4]

---

4) Hubert Dreyfus and Sean Kelly, *All Things Shining* (New York: Free Press, 2011). 포스트모던 시대에 의미를 추구하는 이 탁월한 책에서, 필자

그러나 "겸손하고 공경하는 자세"를 가볍고 달콤하며 단기간만 지속하는 자세와 혼동해서는 안 된다. 지혜의 스승들은 그 정반대가 진실이라고 말하곤 한다. 그런 자세로 보는 것은 모든 내면의 공간, 즉 정신, 마음, 몸을 동시에 열어놓는 어려운 과업이다.5) 이런 자세가 모든 진정한 영성의 중심에 있으며, 무엇에 대해 공경하는 마음이 없이는, 또한 에고 중심적인 태도가 아닌 방식으로 주의를 기울이는 것—기도—이 없이는 이런 자세를 갖지 못한다. 이런 기도는 우리의 희망과는 달리, 흔하지 않다.

이런 자세가 바로 토머스 머튼이 그의 생애 마지막에 스리랑카에서 비스듬히 누워 웃고 계시는 부처를 보았을 때, "나는 이제 표면을 뚫고 보았으며 또한 그림자와 겉모양 너머에 도달했다"6)고 말한 것임에 틀림없다. 우리는 모든 은유, 상징, 말로 표현된 것의 그림자와 겉모양을 넘어, 단순한 말 아래에 있는 진실하고

들은 우리들보다 일부 옛 사람들이 더욱 큰 경이감, 감사함, 타고난 소속감을 지니고 살았던 것처럼 보인다고 주장한다. 우리의 개인주의와 자율성은 더 이상 우리**로부터** 나오는 것보다는 우리를 **통해서** 흐르는 영웅주의를 믿지도 못하고 누리지도 못하게 만든다. 자기주장은 아마도 경청, 신뢰, 소속감만큼 중요하지 않을 것이다. 오늘날 우리는 객관적 "진리"를 찾기 위해 과학을 배우며, 영속하는 의미를 찾기 위해 종교를 배운다. 그러나 과학과 종교는 서로 경쟁하는 것이어서는 안 된다.

5) 역자주: 저자는 우리의 에고가 자신이 주도권을 행사하기를 원하기 때문에 하느님을 원하지도 않고, 은총을 원하지도 않는 이유를 이렇게 설명한다. "하느님께서는 여전히 자신을 내어주려고 하신다. 그러나 아무도 하느님을 원하지 않는다. 우리가 원하는 것은 스스로 가치 있는 사람이 되는 방식이다. 우리는 우월감 경쟁을 좋아한다. 나는 내가 노력해서 얻었다고 말할 수 있는 것을 원한다. 완전히 거저 주어진 선물은 나에 대해 아무런 말도 하지 않는다. 그래서 하느님께서는 (흔히 성서에서 부름을 받은 이들이 즉시 반응했던 것처럼 자기는 자격이 없다고 말하지 않고) '완전히 하느님을 받아들인' 나자렛의 마리아를 구원의 원형으로 선택하셨다." *Things Hidden*, 177.

6) Thomas Merton, *The Journals of Thomas Merton* (New York: HarperCollis, 1999), 7:323.

놀라운 실상을 파악하기 위해 노력한다. 이런 노력은 머튼의 경우처럼 우리 인생의 상당 기간을 필요로 하며, 무엇에 대한 즉각적 반사작용으로 도달하는 것이 아니다. 이것은 나의 깊은 염원이다. 나는 해체주의자가 아니라 재건주의자다. 나는 사람들에게 **관상의 반대는 행동이 아니라 반사작용이라**고 말하곤 한다. 재빠른 반사작용은 거의 언제나 에고 중심적이며, 자기를 기준으로 삼는다.

무신론자들과 근본주의자들은 여전히 그림자와 겉모양에 머물러 있는 것처럼 보인다. 그들은 항상 실상의 문자적이며 협소한 표현에 매여 있어서, 은유를 거의 이해하지 못한다. 그들은 상징이 내용을 담고 있지 않다고 생각하기 때문에, 종교적 상징을 잘못된 것이며 피상적이며 비과학적이며 사실이 아니며 "단지 상징"에 불과한 것으로 치부한다. 그들의 문자주의는 실상을 얇은 널빤지로 벗겨내고 그 위에서 안전하게 걷게 되기를 바라지만, 그것은 더 이상 빛나는 무도회장 마루가 아니며, 누구나 그 무도회에 참여할 정도로 넉넉한 여유가 있는 마루는 더더욱 아니다.

우리는 전적으로 상징의 세계 속에서 살며 움직인다. 상징은 사실상 실체를 체험할 수 있는 유일한 길이다. (상징을 뜻하는 그리스어 심볼론*sym-bolon*은 "함께 던진다"는 뜻이다.) 참된 상징은 그 사물 자체이다. 우리의 정신은 의미를 함께 던지면서도 우리가 그런 일을 하고 있다는 점을 거의 인식하지 않는다. 시인들, 예술가들, 이야기꾼들은 항상 이 점을 알고 있었으며, 오늘날에는 과학자들조차도 정직해서 실상(예를 들어, 블랙홀, 끈 이론, 빅뱅)을 가리키기 위해서는 은유가 필요하다고 인정한다. 새로운 상징들(때로는 새로운 언어적 표현들)이 없다면, 무의식적인 의미가 결코 의식 속으로 돌파해 들어오지 않고, 눈에 보이지 않는 것을 눈으로 볼 수 있는 방법이 없다. 우리는 따분한 상태로 머물며 따분하게 만드는 사람으로 머물게 된다. **우리는 우리의 체험들을 체험하지 못한다**.7) 여기에는 분명히 칼끝, 즉 우리를 베어 열게 만들고 우리의 상처들을 찢거나 우리의 행복을 정련시키는 우리의 체험들에 대한 예리한 칼끝이 없다.

상징은 우리로 하여금 우리의 삶의 핵심적 의미를 다시 새로운 틀 속에 넣고 재구성하고 재조정하게 만든다. 많은 사람들은 우리의 포스트모던 세계를 "의미의 위기"에 처한 세계, 즉 사물들이 아무런 의미가 없는 세계라고 말했다. 이런 우주 속에서는 매우 외롭다. 사람들은 의미 없이는, 더욱 깊은 의미를 찾지 못하고는 행복하게 살 수 없다. 상징은 의미를 주는 힘이 있어서, 우리로 하여금 매일 아침 일어나게 만드는 의미를 준다. 종교는 이처럼 **의미를 캐내는 일**에 대가여야만 한다.

그렇지 않고서는 우리가 도대체 왜 소설을 읽고, 대화에 열을 올리며 영화를 보거나 섹스를 하는가? 그것은 모두 "나의 인생은 무슨 의미가 있는가?"라는 가장 인간적인 질문에 대한 답을 찾기 위한 것이 아닌가? 이 질문에 대한 우리의 대답은 실제로 우리가 무엇을 위해서 살고 죽는지를 결정한다(가족, 배우자, 조국, 하느님, 우정, 사랑, 돈). 의미가 없다면 우리는 분명히 인간 이하이며 깊이 불만족한 상태이다. 대부분의 의미는 주로 개념 이전 단계에 속하며, 말에 예속되는 것이 아니며, 이런 점에서 비합리적이지

---

7) 역자주: 종교적인 인식과 주장에서 극히 겸손할 것, 신비에 대한 부정의(apophatic) 전통과 긍정의(kapaphatic) 전통 사이의 균형을 특히 강조하는 저자는 종교에 어울리는 유일한 언어는 시(詩)라고 말한다. "시는 경험을 정의하려 하지 않고 훌륭한 전례(liturgy)처럼 경험 자체를 준다. 시는 당신 자신이 깨어나 보고, 듣고, 알게 하려고 노력한다." *Things Hidden*, 115-117.

만, 의미는 정확한 순간에 정확한 상징으로 드러나고 간파되기를 기다리고 있다. 우리가 석양을 바라볼 때, 석양은 이미 우리들 속에 들어 있으며 감격하기를 기다리는 무엇인가를 반영한다. 우리가 피카소의 "게르니카"를 바라볼 때, 우리는 전쟁의 부조리와 끔찍함을 느낀다.

그런 순간에 우리는 심지어 슬픔을 느낀다 해도, 우리 자신이 더욱 살아 있으며, 연결되어 있고 진실하다고 느낀다. 내면의 자기를 표현하고, 내적인 숨을 내쉬고, 또한 내적인 세계와 외적인 세계가 만난다. 이에 대한 일반적인 반응은 위안과 만족이다. 그리스인들은 이것을 **카타르시스**(*katharsis*), 혹은 정서적 정화라고 부른다. 가톨릭 신자들은 이것을 **성사**(sacrament)라고 부른다. 세상이 다시 의미가 있게 된다. 잠시 동안일지라도 말이다. 우리가 보는 일에 도가 트일수록, 모든 것이 상징적인 것이 되며, 또한 우리는 우리가 보는 것을 시로 쓰거나 그림을 그리기를 원하게 되는데, 이런 작품은 항상 단지 외적인 모습보다 깊은 의미를 담고 있다. 예수님이 의심 많은 토마에게 하신 말씀, 즉 "자신이 볼 수 있는 것보다 더 많이 아는 사람은 얼마나 행복한가?"(요한 20: 29, 나의 사역)라는 말씀은 완전히 새로운 의미를 갖게 된다.

나무, 물, 동물과 같은 자연적 상징들 혹은 인간의 나체상은 보편적인 은유들로서, 서로 다른 방식일지라도 모든 사람들에게 작용한다. 그런 은유들은 "우리를 저 너머로 인도한다"(이것이 은유라는 말의 그리스어 메타포레 *meta-phore*의 뜻이다). 훌륭한 종교는 은유의 대가로서 우리를 저 너머로 인도하는 것이어야만 한다. 예를 들어, 우리는 하느님이 우리가 인간을 이해하는 방식대로의 "인격"(a person)이 아니라는 것을 알고 있지만, 인격이라는 단어를 사용함으로써 하느님과의 "인격적" 주고받음을 가능하게 만든다. 나는 하느님이 인간적인 감정들을 갖고 계시지는 않다고 생각하지만, 하느님이 피조물 안에서 "기뻐하신다"고 말하는 것이 하느님을 삼라만상과 적극적으로 관계하시는 분으로 말할 수 있는 유일한 방법이다. "인격"과 "기쁨"은 우리가 하느님이라고 부르는 실재를 열기 위해 필요한 은유들이다. 상징들은 어떤 것들을 감추어진 무의식으로부터 의식 속으로 출현하도록 만든다. 상징들은 진실한 것이 아니며 은유들은 "진짜"가 아니라고 말하는 것은 어리석은 생각일 뿐이다. 우리는 우리의 상징들을 위해서 살고 죽는다. 왜냐하면 **정신적 실재 역시 실재이기 때문**이다!

지난 몇 백 년 전까지, 특별히 17-18세기의 잘못 이름 붙여진 계몽주의 이전까지는, 역사의 거의 대부분을 통해 종교가 은유와 상징의 진리를 알았다. 그때 이후 우리는 합리적이며 증명할 수 있는 것을 실재하는 것과 혼동하기 시작했다. 우리는 계몽주의를 거치면서 실제로는 퇴보했다.[8] 합리주의와 과학주의에 직면하여, 종교는 그 근거를 방어하려고 스스로 "합리적"이 되려고 했으며, 우리가 관상이라고 부르는 대안적인 의식을 상실했다.[9] 이것은

---

[8] 역자주: 눈에 보이는 "증거가 없다는 것"(absence-of-evidence)을 영적인 실재가 "없다는 증거"(evidence-of-absence)로 간주하기 때문이다. Huston Smith, *The Soul of Christianity* (2005), p. xvi.

[9] 역자주: 그리스도교는 본래 하느님과 인간이 예수 안에서 하나가 된 불이(不二, non-dual) 방식의 신비와 사랑, 지혜와 체험 중심의 관상전통이었지만, 계몽주의 이후 합리주의, 과학주의, 세속주의라는 "새로운 적들"과 맞서 교리를 방어하느라, 교실신학(독일)과 근본주의(미국)처럼, 인간중심, 교리중심, 머리중심, 믿음중심의 이분법적이며 폭력적이며 반생태적인 종교가 되었다는 지적이다. 이런 이분법을 극복하기 위해 그는 교리와 믿음 중심의 종교에서 신비와 사랑과 수행 중심의 종교로 변화할 것을 촉구한다. *The Naked Now: Learning to See as the Mystics See* (2009), 110.

마치 우리가 신비를 완전히 잘못된 "소프트웨어"로 다루려고 애썼던 것과 같다. 우리는 의식의 보다 높은 단계, 즉 초합리적이며 초인격적이며 그 자체가 초월적인 단계에 접근하는 길을 잃어버렸다. 가장 비극적인 것은 **우리가 우리 자신의 외적인 믿음 체계에 대한 대부분의 내적인 체험을 상실했다는** 점이다. 이것이 바로 오늘날 종교가 안고 있는 문제의 핵심이며, 또한 앞으로 올 세대들에게 참으로 깊고 심각한 문제이다. 우리 세대는 상징들을 너무 문자적으로 취급했으며, 앞으로의 세대는 상징들을 전부 소용없는 것으로 내팽개치고 있다. 우리 모두는 길을 잃고 헤매고 있다.

종교적인 근본주의와 무신론은 자기폐쇄적인 합리적 체제라는 점에서 매우 비슷하다. 그런 체제는 우리가 그 체제가 선택한 논리와 영역 속에 머물러 있을 때만 작동한다. 근본주의 그리스도인들은 "텍사스"를 떠날 수 없으며, 근본주의 무슬림은 "이라크"을 떠날 수 없고, 근본주의 유태인들은 "시온"을 떠날 수 없으며, 무신론자들은 자신들의 연구소와 대학을 떠날 수 없다. 내가 속한 가톨릭 전통은 **로마와 가톨릭**(보편적)이라는 말이 실제로는 모순어법이라는 점을 인식하지 못하는 것처럼 보인다. 각각의 체제가 그 자체의 경계선 안에만 머무는 한, 그 체제는 잘 돌아간다. 그러나 예수님이 "하느님 나라[혹은 통치]"라고 부른 보다 큰 상자, 혹은 오늘날 우리가 살고 있는 지구적 세계라는 보다 큰 상자 속에서는 보통 그런 자기폐쇄적인 체제가 작동하지 않는다.

어떤 에고(개인적 에고 혹은 집단적 에고)도 자기 집을 떠나는 것을 원하지 않는다. 누구나 보편적으로 속해 있다는 개념은 나의 특별함, 우월감, 개별적인 나의 특성을 **빼앗아버리는데**, 그런 특성들은 정신적 에고의 대표적인 등록상표들이다. 그런 특성은 언제나 타자와 연결시키는 것 대신에 계산하는 것을 더 좋아한다. 이제 우리는 도대체 왜 사람들이 예수님에 대해 반대했으며 심지어 죽였는지를 이해할 수 있으며, 또한 사람들이 자신의 진짜 자기를 찾는 일 대신에 논쟁하기를 더 좋아하는지를 알 수 있다.

부활

내가 이 책에서 제시하는 매우 효과적인 상징은 인간의 마음이 추구하며 갈망하는 가장 위대하며 가장 아름다운 것이다. 그것은 부활이다. 부활은 죽음에서 해방되는 보편적인 패턴이다. 세 개의 아브라함의 종교들은 어떤 방식으로든 하느님을 "죽은 자를 살리시고 없는 것을 있게 만드시는 분"(로마서 4:17)으로 보았다. 그리스도인들에게 이처럼 "그리스도의 신비" 속에 계시된 성육신, 죽음, 부활의 패턴은 나자렛 예수가 태어나기 오래전부터, 별들이 태어나고 죽는 때부터, 이 행성 위를 생명체들이 덮기 시작한 때부터 참된 것이었다.[10] 우리가 지금 알고 있는 유일한 예수는 부활한 그리스도, 영원한 그리스도, 우주적 그리스도이다. 그리

---

10) 역자주: 저자는 성서의 일차적 관심은 도덕적인 것이 아니라 신비적-체험적인 것이며, 우리가 인생에서 깨달아야 할 가장 중요한 것(루가 10:42)은 우리가 "의식적으로 하느님과 연합하는 잔치"에 참여하는 것이라는 점을 강조한다. 저자는 하느님의 풍성하심을 설명하면서 최근에 허블 망원경이 보여준 '솜브레로 갤럭시'(Sombrero Galaxy)를 예로 드는데, 이 갤럭시는 우리가 알고 있는 수십억 개의 갤럭시 가운데 하나이지만, 이 갤럭시 안에는 8000억 개의 태양이 있다는 점을 지적한다. 또한 하느님의 풍성하심은 "죄인들과 함께" 식사하는 예수님(마르코 2:16)과 마지막 만찬에서 두 사람의 배신자(유다와 베드로)도 참석했다는 사실에서처럼, "불결하게 만드는" 사람들을 포용함으로써 그들의 삶을 변화시키는 풍성함도 포함된다는 설명이다. *Things Hidden: Scripture as Spirituality* (2008), 175-177.

스도라는 말은 "하느님의 몸"을 가리키는 말이다.11) 당신이 그리스도라는 말을 좋아하지 않는다면, 다른 말을 사용할 수도 있지만, 그리스도라는 말은 **물질화된 하느님**(God-as-materialized)의 이름으로서 훌륭한 이름인데, 이 사건은 146억 년 전에 발생했다.

영원한(혹은 우주적) 그리스도는 삼라만상을 통해 계시된 하느님으로서, 성서에 분명히 나타나 있다(요한 1:1-8; I 고린토 8:6; 골로사이 1:15-20; 에페소 1:3-14; I 요한 1:1-3; 히브리 1:1-3). 그러나 이것은 오늘날까지도 대다수 그리스도인들의 세계관이 아니며, 심지어 성서를 사랑한다고 주장하는 사람들의 세계관도 아니다. 대부분의 신자들은 역사의 예수를 믿지만, 우주적 그리스도를 전체 우주 이야기의 인격화(묵시록 21:6; 22:13)로 믿는 사람은 별로 없다.12) 아이러니하게도, 이처럼 예수를 믿는 참 신자들은 예수와 그의 의미를 훨씬 더 작게 만들었다. 그들은 그분을 "세상의 구주"(요한 4:42)나 역사의 "알파와 오메가"(묵시록 21:6) 대신에 자신들의 작은 "부족신"(tribal god)으로 만들었다.

내가 여기서 이런 개념을 소개하는 것은 부활한 그리스도의 몸에 대한 온전한 모습을 설명하기 위해서만이 아니라 우리가 우리의 인간적 경험을 진지하게 다루지 않음으로써 우리가 놓쳐버린 것을 보여주기 위해서다. 사막의 성 안토니우스(251-356)는 이

---

11) Sallie McFague, *The Body of God: An Ecological Theology* (Minn.: Fortress, 1993). 지난 20년 동안에 이와 비슷한 많은 책들이 출판되었지만, 이 책과 Ilia Delio, *The Emergent Christ* (Maryknoll, N.Y.: Orbis Books, 2011), *Christ in Evolution* (Maryknoll, N.Y.: Orbis Books, 2008)이 최고다. 이런 사고방식은 흔히 여성신학자들의 산물로서 분명히 그리스도교를 성숙하게 만드는 것이다.

12) Richard Rohr, *Christ, Cosmology, and Consciousness* (Albuquerque, N.M., 2010), CD, cacradicalgrace.org.

것을 매우 분명하고 예언자적으로 파악하여 이렇게 말했다. "하느님은 **우리 자신의 가슴들이 땅으로부터 부활하도록** 만드실 수 있으실 때까지 우리를 천지사방에서 불러 모으시며, 우리가 모두 하나의 실체이며 서로 지체가 된다는 것을 가르치신다. 자신의 이웃을 사랑하는 이는 하느님을 사랑하며, 하느님을 사랑하는 이는 자신의 영혼을 사랑하기 때문이다."13) 그로부터 1600년이 지났지만, 그리스도교의 전체 메시지를 이보다 더 성숙하게 설명하기는 힘들 것이다. 때로는 마치 우리가 퇴보한 것처럼 느껴지는 것은 이런 까닭이다.

많은 그리스도인들은 예수님이 몸으로 다시 살아나셨다는 것을 열렬하게 믿지만, 로즈마리 호튼이 처음 말한 것처럼 "체험이라는 칼끝"에는 결코 도달하지 못하며, 또한 "자신의 가슴의 부활," 혹은 역사 자체의 부활이 일어나도록 만들지는 않는다.14) 십자가에서 처형당하시고 부활하신 그리스도는 우리의 삶—과 역사 자체—을 찔러서 열어 제침으로써 우리가 명확하고 피할 수 없는 길을 가도록 만드는 칼끝이다.

나는 완전한 그리스도의 신비가 진짜 자기의 전체 여정을 위한 지도(map), 즉 신적인 잉태, 사랑받는 자로서의 지위, 십자가 처형을 거쳐 부활에 이르는 전체 여정을 위한 지도라고 믿는다. 카를 융은 그리스도교를 자주 비판했지만, 그럼에도 불구하고 이렇게 말했다. "그리스도의 생애에서 일어난 일은 항상 어디에서나

---

13) Anthony of the Desert, *The Letters of St. Anthony the Great,* "Letter 6," trans. Derwas Chitty, June 1978.
14) Rosemary Haughton, *The Knife Edge of Experience* (London: Darton, Longman & Todd, 1972).

일어난다." 그는 그리스도를 "자기의 원형"(the Archetype of the Self)이라고 불렀다.15) 나는 이것이 진실이라고 깊이 확신한다. 그러나 오늘날 그리스도인이 된다는 것은 당신이 이 지도를 따라 걷는 것을 요구하지도 않고, 이처럼 심원한 패턴을 그리스도인의 참된 영적 삶으로 인정할 것도 요구하지 않는다. 오늘날 그리스도인이 된다는 것은 그저 하나의 클럽에 가입하는 것에 불과한 경우가 비일비재하다. 그러나 비그리스도인들 가운데 많은 사람들은 참된 신자라고 주장하는 사람들보다 훨씬 더 이것을 정확하게 파악하고 존중하며 살아낸다. 우리가 러시아에 대한 정확한 지도를 갖고 있다고 해서 반드시 러시아를 방문했던 것은 아니며, 또한 우리는 지도가 없이도 러시아를 충분히 체험할 수 있다. 그러나 그리스도 신비는 여전히 훌륭한 지도이다.

내가 **부활**이라는 단어를 사용할 때, 나의 기질적인 낙관주의에 관해 말하는 것이 아니며, 예수님의 큰 기적을 말하는 것도 아니며, 그리스도교가 참된 종교라는 증거라고 말하는 것도 아니며, 어둠 속에서 경적을 울리라고 부추기는 것도 아니며, 심지어 죽음 이후에도 삶이 있다는 것을 확증하는 것도 아니다. 나는 이런 것들보다 훨씬 더 변하지 않으며 보편적인 무엇에 관해 말하는 것이다. 우리가 정신과 마음과 몸속에서 길을 볼 수 있다면, 부활은 거의 모든 것, 심지어 우리가 매우 증오하는 것들조차도 새롭게 부활한다는 것을 알게 될 것이다.

인생의 가장 어두운 구름 속에서 마침내 그 어둠을 뚫고 비치는 은빛 햇살을 볼 수 없었던 사람이 누구인가? 나의 인생에서도

---

15) C. G. Jung, *AION: Researches into the Phenomenology of the Self* (Princeton, N.J.: Princeton University Press, 1979).

너무 많은 은빛 햇살을 경험했다. 당신은 이제 나에겐 죽음/생명의 패턴이 매우 분명할 거라고 짐작할 것이다. 그러나 나는 나 자신의 사이비 부활 체험 같은 것과 여전히 싸우고 있으며, 내 마음속에서는 그 체험을 억누르고 있다. 나는 무슨 일 때문이든 힘들고 어두운 감정을 갖게 되면, 보통 3초 이내에 환장하게 된다. 내가 이처럼 속된 표현을 의도적으로 사용하지만, 우리는 은빛 햇살보다는 짙은 구름 속에 있을 때 더욱 많은 에너지를 주고받는다. 진정한 환희를 느끼고 간직하는 일은 분노와 공포를 느끼는 일보다 훨씬 어렵다. 가짜 자기가 힘을 얻게 되는 것은 거의 매순간마다 닥치는 문제들과 스스로 만든 목표들 때문이다. 진짜 자기(영혼)는 다른 연료들, 즉 **합일(일치)**과 자신에 대해 만족하는 것, 특히 어떤 종류든 **깊이 공명하는 것**(의미)을 필요로 한다.

일단 우리가 삶과 죽음이 둘이 아니라 전체의 부분이라는 것을 깨닫게 되면, 우리는 실상을 통전적으로, 분열되지 않은 방식으로 보기 시작하며, 이런 변화는 모든 것을 변화시킨다. 이것이 바로 비이분법적인 의식(nondual consciousness)의 출발이다. 이것을 우리에게 가르칠 수 있는 사람은 아무도 없다. 심지어 예수님조차도 자신의 길을 걸어가야 했으며, 이것이 하느님께서 그의 죽음을 "요구하셨다"는 말의 유일한 의미이다. 예수님은 이 목표를 "참사람"(Human One)의 "운명"이라 부르며(마르코 8:31), 자신이 우리 모두를 위한 대표라는 것을 매우 분명히 알고 계셨던 것처럼 보이는데(마르코 10:39), 이것은 언감생심 "내가 하느님이다!"라고 말하면서 돌아다닐 꿈을 꾼 것보다 훨씬 더 분명하다. 예수님이 유일하게 "사탄"이라고 부른 인물은 베드로인데, 죽음과 부활에 대한 이 핵심 메시지를 그가 반대하려 했기 때문이다(마태오 16:23).

호흡(입김)과 진흙의 춤

삶, 죽음, 그리고 다시 살아남의 전체 과정은 야훼 하느님이 "진흙 속에 입김을 불어넣으시니" 아담("땅에서 생겨난")이라는 "생명"이 된 것에서 시작된다(창세기 2:7). 그 요점은 호흡과 단순한 진흙(humus = human = *adamah*)처럼 보이는 것 사이에서 하나의 드라마가 영원히 시작되었다는 점이다. 물질과 정신이 영원히 한데 묶여졌으며, 신적인 것과 죽을 수밖에 없는 것이 영원히 서로 침투하고 서로를 드러낸다. 무형의 일자(the Formless One)가 영원히 "아담"(예수님 안에서는 "새로운 아담")의 형태를 취하고, 그 다음에 **각각의 형태가 잠시 동안 취했던 작은 자아를 고통스럽지만 내려놓음으로써** 다시 무형의 일자에게로 되돌아가게 만든다. 예수님은 "내가 가서 너희가 있을 곳을 마련하면 다시 와서 너희를 데려다가 내가 있는 곳에 같이 있게 하겠다."(요한 14:3)라고 말씀하신다. 이런 형태의 변화를 부활이라고 부르며, 되돌아가는 것은 우리가 보기에 죽음처럼 보이지만, 승천이라고 부른다.

불교도들은 똑같은 신비를 다른 각도에서 보면서 "색즉시공(色卽是空) 공즉시색(空卽是色)"이라고 말하며, 모든 형태들이 마침내 다시 무형(영 혹은 "공")으로 되돌아간다고 말한다. 이것은 누구나 알 수 있는 것으로, 불교나 그리스도교와 같은 특정 종교에만 국한된 것이 아니다. 그리스도인들은 이것을 성육신 -> 죽음 -> 부활 -> 승천이라 부르지만, 이것은 우리 모두에 관한 것이며 또한 모든 피조물에 관한 것으로서, 개체로 태어나지만 다시 하느님에게, 모든 존재의 근거 속으로 되돌아간다는 진리이다. 이런 순환적인 전체는 우리로 하여금 모든 죽음에 대해 두려워하지 않도록 만들며, 생명을 진심으로 감사할 수 있게 만든다. 예수님의 표현처럼 "하느님 앞에 있는 사람들은 모두 살아 있는 것이다"(루가 20:38). 우리는 단지 그 살아 있음의 서로 다른 단계에 있는 것이며, 그 단계 가운데 하나는 죽음처럼 보이고 느껴지는 것이다.

진짜 자기가 가짜 자기 속에 감추어져 있었던 것처럼, 다시 사신 그리스도 역시 대부분의 역사 속에 감추어져 있었다. 우리가 찾아야 한다고 배우지 않은 것들, 혹은 사람들이 우리가 찾을 것으로 기대하지 않는 것을 우리가 볼 수 없다는 것은 전혀 놀랄 일이 아니다. 우리가 찾도록 배운 것이 혹시라도 있다면, 그것은 우리들 자신 바깥에 있는 어떤 신적인 대상이었지, 우리들 속에도 있는 신적인 목표를 실현하는 것이 아니었다. 이것이 바로 복음이 성취하고자 했던 놀라운 관점의 변화이며, 내가 이 책을 통해 성취하고 싶은 것이다. 이런 신적인 목표를 실현하는 것이 바로 모든 종교적 변형(*transformare* = 형태의 변화)의 핵심이다.

부활한 그리스도는 모든 진짜 자기의 최종적 관점을 대표한다. 즉 인간적이며 동시에 신적인 한 존재로서 그 자체로부터 하느님을 바라보는 존재이지만, 당신 안에 계신 하느님(God-in-you)이 당신 너머에도 계신 하느님(God-who-is-also-beyond-you)을 보고 계신다는 것을 알며, 또한 **당신 자신과 하느님이 모두 선하며 일치(합일)해 있다는 것을 큰 기쁨으로 누리는 존재**가 바로 모든 진짜 자기의 최종적인 모습이다. 내가 이 책에서 말하려는 것 가운데 이것보다 중요한 것은 없다. 이것은 당신의 인생을 변화시켜야만 하며 또한 변화시킬 수 있다.16)

---

16) 역자주: 저자는 마리아의 이야기가 "두 번째 창조 이야기"라는 데 동의한다. 마리아는 자신이 "자격이 없다"는 말을 하지 않고 자신을 철저히 비워

4장. 체험이라는 칼끝　*109*

우리의 종착지

부활은 성육신의 논리적 결론이자 완전한 결말이다. 부활은 이 세상, 이 육신, 이 물질성이 영원한 진리의 한 부분이며 영원히 하느님에게 중요한 문제가 된다는 사실을 잘 보여준다. 초대교회는 이 사실을 우리들보다 훨씬 더 잘 파악했던 것처럼 보인다. 예를 들어, 성 이레나이우스와 성 아타나시우스가 2세기와 4세기에 쓴 고전적 문서들을 읽어보라.17) **부활**은 물질과 정신이 우주 빅뱅의 첫 순간부터 함께 작용하기 시작했다는 사실을 말해준다. 부활은 입증해야 할 기적이 아니라, 우리 모두가 이 세상에서 체험해야 하는 온전함, 즉 "끝없이 지속되는 연대기적인 순간들"로서의 시간이 아니라 "**획기적이며 전체를 계시하는 시간**"으로서 우리가 체험해야 하는 온전함이다.18) 사랑하는 순간, 출산, 일치, 선종(善終)의 순간, 아름다움처럼 "때가 찼을 때"(마르코 1:15), 우리는 영생의 순간을 체험한다. 부활은 한 순간이 모든 순간들의 의미를 계시하는 때이다. 그런 순간이 없었다면, 우리는 부활을 상상하기 어렵거나, 아니면 이 세상 어느 누구보다도 그런 순간을 더욱 염원할 것인데, 이것이 소망을 갖는다는 뜻이다.

하느님의 뜻을 받아들였기 때문이다(루가 1:38). *Things Hidden*, 178.

17) St. Irenaeus (125-203), *The Scandal of the Incarnation*; St. Athanasius (297-373), *On the Incarnation*은 초기에 저술된 두 권의 고전으로서 훌륭한 신학의 표본이 되었는데, 그 이후 우리는 이에 견줄만한 것을 내놓지 못했다. 성육신의 신비는 그리스도교가 세계 종교들의 판에 꺼내놓은 독특한 트럼프 카드이다.

18) John A. T. Robinson, *In the End, God* (New York: HarperCollins, 1968). 내가 1970년에 서품을 받기 직전에 이 책을 처음 읽었을 때, 이 고전적인 책이 처음으로 영생과 부활이 실제 무엇을 뜻하는지를 이해하도록 도와주었다.

부활하신 그리스도는 인간의 최종적이며 완전한 운명에 대한 영원한 이콘(icon)이다. 그분은 우리가 짊어진 모든 십자가에 대해 하느님께서 어떻게 하실 것인지에 대한 서약이며 보증이다. 마침내 우리는 소망을 갖고, 뜻 깊은 삶을 살 수 있다. 세상은 더 이상 부조리하거나 비극적이지 않다. **우리가 받은 상처들은 이제 우리의 가장 큰 소망을 간직한 집이 되었다.** 이처럼 세상 속에 심겨진 소망이 없다면, 우리가 인생의 후반기를 살아갈 때 냉소적이며 신랄하며 지친 상태가 되기 십상이다.

루가복음의 부활 이야기에서 예수님이 "나는 유령이 아니다! 너희가 보다시피 나에게는 뼈와 살이 있다"(24:39-41)라고 말씀하신 것은 결코 우연이 아니다. 의심 많은 토마에게 예수님은 "네 손가락을 내 상처들 속에 넣어보아라!"(요한 20:27) 하고 말씀하셨다. 다시 말해서, "나는 사람이다!"라고 말씀하신 것인데, 이것은 자신이 상처를 입고 또한 다시 살아났다는 뜻이다. 그는 자신의 육신의 몸으로 되돌아가지만, 이제는 시공간의 제약을 받지 않으며, 어떤 유감이나 억울함도 없지만 여전히 그의 상처들을 지니고 계신다.(상처들이 사라지지 않는다는 점은 많은 것을 말해준다). 이 전체 메시지를 그처럼 세련되게 표현한 것은 대단한 재주였다. 이것이 바로 상징의 힘이다. 노르비치의 줄리안은 "우리의 상처들은 우리의 영광"이라고 말했는데, 이것은 부활하신 예수님에 대한 완전히 반(反)직관적인 메시지이다.

여기서 중요한 점은 예수님이 인간의 영역을 떠나시지 않았다는 점이다. 그는 인간의 목표, 온전함, 목적을 계시하시는데, 이것은 심지어 이처럼 상처를 많이 받고 상처를 주는 세상 속에서일망정 "우리가 하느님의 본성에 참여할 수 있다는 것"이다(II 베드로

1:4). 그렇다. 부활은 예수님에 관한 것을 말하지만, 동시에 우리에 관해서도 많은 것을 말해준다—그러나 이것을 믿기는 더욱 어렵다. 부활은 우리 역시 목숨보다 큰 존재 자체(Being Itself)로서, 선하고 아름답고 일치되는 무엇을 위해 창조되었다는 것을 말해준다. 이것을 가리키는 우리의 암호가 **천국**(heaven)이다.

우리가 부활이라는 상징과 그 내용을 매우 진지하게 받아들이면, 무신론자들과 근본주의자들 모두가 허우적거리는 협소한 문자적 의미를 훨씬 뛰어 넘어 부활을 이해할 수 있다. 부활은 "우리의 현재 몸 형태로 영원히 지속되는 삶"을 뜻해야만 하는 것은 아니다. 부활은 "영원한 의미를 갖는 현재의 삶"을 뜻할 수 있다. 그러나 분명한 것은 부활이 선한 삶과 사랑의 삶을 뜻하며, 선함과 사랑은 모두 영원하다는 점이다. 우리 그리스도인들에게는 이것이 바울로가 효과적으로 사용한 은유들처럼, 아들과 딸로 "입양된" 삶, 그로 인해 우리가 예수님의 신적인 유산에 참여하거나 예수님과 "똑같은 약속의 상속자"가 된다. 그리스도교 역사의 상당 기간 동안에 이 똑같은 은유들을 읽은 신자들이 예수님의 이런 부활 체험이 실제로 자신들에게도 진실한 것임을 내적으로 체험한 사례들이 별로 없는 것처럼 보인다는 사실에 대해 나는 매우 슬프게 생각한다.

우리가 부활을 어떻게 정의하든 상관없이, 우리 모두는 어떤 형태로든 부활을 원한다. "예수를 다시 일으킨" 것(이것이 정확한 신학적 표현인 이유는 이것이 예수님과 하느님 사이의 관계상의 의미였지, 스스로 만들어낸 "나는 이것을 할 수 있다"는 뜻이 아니었기 때문이다)은 **여전히 하느님께서 우주와 인간에 대해 여전히 행하고 계시며 영원히 행하실 것**에 관한 확고한 진술이라고 나는 믿는다. 오늘날의 과학은 그 어느 때보다도 더욱 이 진술을 뒷받침하지만, 다른 은유들과 상징들을 사용한다. 즉 응결, 증발, 동면(冬眠), 승화, 네 계절, 연어에서부터 갤럭시들까지 모든 것의 생애주기, 심지어 똑같은 우주진(宇宙塵)으로부터 끊임없이 죽고 태어나는 별들과 같은 은유들과 상징들이 과학이 사용하는 것들이다. **하느님께서는 항상 모든 것을 부활시키시는 것처럼 보인다.** 이것은 "믿을" 것이라기보다는 관찰하고 교육시킬 것이다.

나 역시 많은 사람들처럼 몸의 부활을 믿는다. 그러나 대부분 사람들은 몸의 부활이라는 종교적 교리에 대해 단순한 지적 주장만 할 뿐이지, 몸의 부활에 대해 물음을 제기하지 않는다. 우리는 이보다 훨씬 깊게 들어갈 수 있다. 내가 몸의 부활을 믿기로 한 것은 몸의 부활이 그 전체 신비를 이처럼 물질적이며 지상의 세계와 우리 자신의 몸 안에, 즉 우리가 알고 있는 유일한 세계이며 또한 하느님께서 창조하시고 사랑하시는 세계 속에 자리매김하기 때문이다. 흔히 그렇듯이, 종교전통은 보통 당시에 많은 사람들이 반대했던 상징들과 언어들로 그런 직관들을 진술하기는 했지만, 사태를 정확하게 꿰뚫어본다. 우리가 그 언어와 상징들의 배후를 살펴보면, 비록 그 목욕물은 마음에 들지 않는다 해도 그 물 속의 사랑스런 아기는 가슴에 품어 안을 수 있게 된다.

우리 모두는 생명이라 부르는 이 놀라운 현상이 어디로든 멋진 곳을 향해 가고 있다고 믿고 싶어 한다. 생명은 "원죄"의 장소 대신에 "원복"(original blessing)의 장소로부터 왔기 때문에 멋진 곳으로 향하고 있다.[19] 예수님은 "나는 내가 어디로부터 와서 어디

---

19) Matthew Fox, *Original Blessing* (New York: Tarcher, 2000). 이 책은 많은 그리스도인들에게 새로운 안목을 열어준 획기적인 책이었다. 비록 이런

로 가는지를 알고 있지만, 너희들은 모르고 있다"(요한 8:14)라고 말씀하신다. 역사의 알파와 오메가는 어떤 방식으로든 세계 현실과 맞아떨어져야지, 그렇지 않다면 우리의 삶에는 자연스러운 경로나 유기체적인 의미가 없게 된다. 원래의 성육신이 사실이었고 지금도 사실이라면, 부활은 피할 수 없으며 되돌릴 수도 없다. 빅뱅이 외적인 그리스도 신비의 출발점이었다면, 이 영원한 로고스는 삼라만상을 어디엔가 멋진 곳으로 인도하고 있으며, 이 우주는 무의미한 혼돈의 우주가 아니라는 것을 알게 된다. 이런 사실을 가장 잘 가르친 분은 예수회 소속 신비가이며 고생물학자였던 떼이야르 샤르댕 신부이다. 삼라만상에 대한 진정한 우주적이며 희망적인 비전을 찾고 싶다면, 그의 책들을 읽어보기 바란다. 그는 아주 완벽한 시간에 맞추어, 1955년 부활절 아침에 뉴욕이라는 세속적 도시의 길거리에서 사망했다.

매우 어려운 점은 인간의 변화와 "십자가"가 우리의 개별적 인생과 영원한 생명 사이에 개입해야만 한다는 점이다. 물리적인 세계와 생물학적인 세계에서는 항상 상실이 갱신에 앞서서 발생한다. 바로 여기서 우리 모두가 헤매고, 걸려 넘어지고, 몸부림친다. 그래서 누군가가 개인적으로 이 상실의 아픔을 헤치고 길을 인도하며, 그 길을 헤쳐나간 모델이 되어, 그 상실이 "필요한 고난"이라고 말해줄 필요가 있다. 그렇지 않다면, 우리는 직관에 반대되는 이 길을 신뢰하지 않게 된다. 그리스도인들에게는 이런 모델과 본보기가 바로 예수님이다.

원복의 관점은 주로 영원한 철학, 프란체스코 전통, 북미 원주민 전통을 나타내는 것이지만, 이처럼 본질적인 진리를 발굴한 것이 도미니크회 신학자였다는 사실에 대해 감사하게 생각한다.

태초부터 생명의 에너지가 "혼돈" 위를 덮고 있었기 때문에(창세기 1:1-2), 가톨릭 전통은 성령을 "창조되지 않은 은총"이라고 말했다. 성령이 창조되지 않은 이유는 태초부터 성령이 하느님의 은총이 펼쳐지는 본래적인 부분이기 때문이다(로마서 8:18-25). 처음부터 소망이 세상 속에 심어졌다. 구원은 처음부터 앞을 향해, 또한 안에서부터 밖을 향해 주어진 약속이다. 이것을 오늘날 우리는 진화(evolution)라고 부른다. 하느님의 신비는 위대하게 펼쳐지면서 모든 이전 단계들을 품어 안으며, 어떤 것도 버려지거나 폐기되지 않는다. 심지어 악, 죽음, 죄조차도 말이다.(바로 이런 이유 때문에 성서는 살인, 강간, 사기, 전쟁처럼 우리를 매우 실망시키는 이야기들을 포함하고 있다).

누군가가 생명계라 부르는 이 전체를 품고 어디론가를 향해 가고 있다. **도대체 왜 창조주께서는 세상의 모든 부분들은 성장하고 발전하지만 전체는 발전하지 않는 그런 세상을 창조하시겠는가?** 하느님은 틀림없이 대단한 위험을 감수하시는 분이며, 바로 이런 점이 우리가 이 지상에서 보게 되는 끝없이 신묘막측한 생명의 전개를 설명해준다. 하느님은 분명히 자유, 상상력, 창조성에서 당할 자가 없는 분이다. 자연을 보라. 우리가 상상할 수 없을 정도로 다양한 모습과 빛깔을 지닌 해파리, 자신의 오줌을 액체로 만들어 새끼에게 먹이는 사막의 캥거루, 2,500 종류의 매미들, 그 매미들 중에 어떤 종류는 17년마다 한 번씩 나타난다. 도대체 이 하느님은 어떤 분이신가? 우리는 하느님을 **아무런 제약도 받지 않고 완전히 자유로운 부활**이라고 부를 수 있다. 이와는 대조적으로 인간은 안정성, 효율성, 통제에 사로잡혀 있다. 비록 이런 것들이 권태와 죽음을 뜻한다 할지라도 말이다.

우리가 세상에 적극적 방향성이 심어져 있다는 사실을 알면, 우리는 그 일차적 흐름과 함께 나아갈 수 있으며(믿음), 마침내 우리는 그 흐름에서 쉬는 것을 배우며(소망), 최종적으로는 평생 실제로 그 흐름 속에서 산다(사랑). 우리는 마침내 본래적으로 성스러운 세상에서 집처럼 편안히 기쁜 마음으로 지낼 수 있다.[20]

사랑과 진리

위대한 영적 스승들이 가르친 첫 번째 원리는 항상 **사랑만이 큰 진리를 맡을 수 있다**는 것이다. 다른 모든 태도들은 진실을 죽이고 난도질한다. 인간은 우선 사랑의 일치를 찾아야 하며, 그 지점에서부터 생각을 시작해야 한다. 모든 기도훈련은 머리와 가슴과 몸이 하나로 작용하도록 훈련시키는 것이며, 이것이 생각을 완전히 바꾼다. "가슴속에서 주의를 집중하는 것이 기도의 출발점"이라고 19세기 러시아의 신비가 성 테오판 은둔자(St. Theophane the Recluse)는 말했다. 기도 이외에 우리의 합리적 정신이나, 심지어 지적인 신학을 포함해서 우리의 체험이라는 조정 장치는 결국 큰 진리의 아름다움과 치유하는 능력을 왜곡시키며 파괴한다. 내가 매우 존경하는 교회 교부들 가운데 한 분인 에바그리우스 폰티쿠스(Evagrius Ponticus, 345-399)는 우리가 기도하는 방법을 알지 못하

---

[20] 역자주: 예수가 율법, 의무, 도덕 중심의 종교를 하느님의 은총과 잔치 중심의 종교로 바꾸었다고 보는 저자는 성서의 전체 방향성이 친밀함, 하느님과의 연합, 온전한 인격을 향해 움직인다고 강조한다. 또한 예수에게 일어난 일들은 모든 인간의 영혼에게 일어나야 하는 것이라고 강조한다. 즉 성육신, 일상적 삶으로 구체화되고 감추어짐, 입문식, 시험, 신앙, 죽음, 항복, 부활, 하느님께 돌아감이 그것이다. *Things Hidden*, 163, 198.

면 신학자가 될 수 없으며, 기도하는 사람들만이 신학자가 될 수 있다고 말했다. 이것은 틀림없는 진실이다.

아마도 두 번째 원리는 진리가 어떤 단계에서는 그 진리를 정직하게 원하는 사람들에게 항상 아름답고 또한 치유하는 진리라는 것이다. 큰 진리는 누구에게든 화를 낼 수 없으며, 반목하거나 강요할 수 없다. 그렇지 않다면 메시지를 왜곡하는 것이다. 존 둔스 스코투스는 훌륭한 프란체스코 전통의 스타일로, 일차적인 도덕 범주는 아름다움 자체이며, "선함의 조화"[21)라고 가르쳤다. 이 세상에서 선, 일치, 진은 항상 어떤 방식으로든 아름다운 것이기도 하며, 또한 아름다운 영혼은 이것을 즉각 인지한다.

오늘날 보수적인 그리스도인들과 진보적인 그리스도인들 모두에게서 볼 수 있는 분노와 서로 멸시하는 모습은 정말로 난감하다. 그들은 하느님의 아름다운 사랑 속에 침잠하기보다는 훨씬 더 정치적 우파와 좌파 이데올로기에 맞추어져 있는 것처럼 느껴진다. 지하드와 시온주의는 오늘날 전 세계에서 많은 진지한 구도자들에게 종교 안에 남아 있는 아름다움에 대한 조종(弔鐘)이 되었다.[22) 우리가 하느님의 이름으로 이처럼 멀리 퇴보할 수 있다는

---

21) Mary Beth Ingham, *The Harmony of Goodness: Mutuality and Moral Living According to John Duns Scotus* (Quincy, Ill.: Franciscan Press, 1996).

22) 역자주: 저자는 근본주의자들이 심리적 안정을 위해 확실한 대답과 명료한 설명을 요구하지만, 어떻게 역사적으로 그런 대답과 설명이 나오게 되었는지에 대해서는 알고 싶어 하지 않는다고 비판한다. "우리 자신을 만족시키는 비진리가 자신을 만족시키지 않는 진리보다 유쾌하며, 온전한 진리는 항상 우리의 작은 자아를 만족시키지 않는다." 또한 저자는 근본주의자들이 확실성에 도전하는 집단에 대해서 갖는 공포와 증오라는 그림자를 타종교인들에게 투사하는 속죄양 심리는 에고 중심의 "모 아니면 도"의 사고방식이며, 이처럼 역설과 애매함을 받아들이지 못하는 "위선자들"은 실제로는 "스

것은 너무나 슬픈 일이다. 하느님께서는 오직 우리가 앞으로 전진하기를 원하실 뿐인데 말이다.23)

선, 진, 미는 항상 그 자체 안에서, 그 자체의 힘으로 스스로를 위해 최선을 증거한다. 그런 아름다움 혹은 내적인 일관성은 영혼을 일깨우며 또한 영혼을 온전한 하나가 되도록 이끄는 심원한 내적 깨달음이다. 성육신은 아름다움이며, 아름다움은 항상 구체적으로 육화되기를 원한다. 명백한 "선함"을 간직한 것, "진실함"으로 우리를 흔들어놓는 것, 우리를 아름다움 속으로 빨아들이는 것은 단지 우리를 교육시키는 것만이 아니라 우리를 변화시킨다. 진정한 종교는 알코올 중독자들을 위한 12단계 프로그램처럼, "승급이 아니라 매력을 통해" 앞으로 나아간다. 시몬 베유가 잘

스로를 속이는" 사람들이라고 지적한다. *Things Hidden*, 120, 136.

23) 역자주: 저자는 하느님이 원래 말로 표현할 수 없는 분이라는 점을 강조하면서 성서 안에는 "어둠의 영성"("사막의 영성," 하느님의 부재, 하느님을 알 수 없음, 침묵)과 "빛의 영성"("산 위의 영성," 하느님의 임재, 하느님을 알 수 있음, 표현) 모두가 나온다고 설명한다. 시내산에서 모세가 하느님의 영광과 얼굴을 보지 못하고 단지 하느님의 등만 본 것(출 33:23), 광야에서 불기둥과 더불어 구름기둥으로 인도한 것(출 13:21-22), 변화산에서 예수의 빛과 제자들을 덮은 구름(마르코 9:2-8)은 우리의 인식 능력과 무능력을 동시에 보여주는 것이라는 설명이다. 따라서 사막의 교부들과 "무지의 구름"(14세기) 전통을 상실한 채 확실성만을 요구하는 그리스도교는 폭력적인 종교가 된다는 지적이다. 즉 불교는 우리의 알지 못하는 무능력에 대해 솔직한 반면에. 이슬람, 유대교, 그리스도교는 종교 체험을 말로 표현하는 데서 위험을 감수했다고 저자는 지적한다. 이런 유일신 종교들이 세계 종교들 가운데 가장 관용이 없는 종교가 되고 폭력적인 종교가 된 이유는 누군가의 말에 완전히 동의한다는 것이 불가능하기 때문이다. "세 개의 유일신 종교는 각각 절대적인 진리 주장을 말의 형태로 주장한 반면에, 예수의 진리 주장은 그의 인격(요한 14:6), 그의 현존(요한 6:35ff.), 하느님의 완전한 사랑에 참여하는 그의 능력(요한 17:21-22)이었다." 즉 종교 체험을 말로만 주장할 것이 아니라 사람들을 초대하여 무형의 현존(Formless Presence)을 체험하도록 "길과 진리와 생명"을 삶으로 보여주는 것이 종교적 폭력을 뿌리 뽑는 길이라는 설명이다. *Things Hidden*, 117-118, 123.

표현한 것처럼, "오직 하나의 결함만이 있는데, 오직 하나, 빛을 먹고 살지 못하는 우리의 무능력이다."24)

나는 부활이 역사를 그 분명한 결론을 향해 앞으로 나아가도록 초대하며 유혹하는 커다란 네온사인이라고 생각한다. 부활하신 그리스도는 떼이야르 샤르댕 신부가 묘사하려 했던 것처럼, 시간과 역사의 오메가 포인트로서, 우리에게 죽음이 아니라 사랑이 영원한 것임을 계속 상기시켜주는 하느님의 밝은 빛이며 유혹이다. 영생의 다른 이름인 사랑은 우리를 앞으로 나아가도록 유혹한다. **사랑은 이미 우리에게 이루어진 현실**이며 또한 우리는 우리 자신의 온전함을 향해 이끌리고 있기 때문이다. "유유상종"이라는 말처럼 비슷한 것은 비슷한 것을 알아보며, 또한 전자장(電磁場)처럼 사랑은 세상을 온전한 사랑 속으로 끌어당기고 있다. 우리에게는 결국 다른 선택의 여지가 없다. 사랑이 항상 승리한다.25)

실제 경험의 차원에서는 **자기에 대한 앎과 하느님에 대한 앎이 똑같은 앎으로 체험되며 또한 함께 앞을 향해 나아간다**. 인간 사이의 친밀함과 하느님과의 친밀함 사이에는 명백한 유사성이 있는데, 이 문제는 나중에 8장에서 논의할 것이다. **우리가 어떤 하나를 아는 방식이 바로 우리가 모든 것을 아는 방식이다**. 이것에 유념하면, 우리는 우리의 다이아몬드 광맥 속으로 더욱 깊이 들어갈 수 있다. 바

---

24) Simon Weil, *Gravity and Grace* (London: Routledge, 1952), 3.
25) 역자주: 해방신학자들이 "가난한 사람들의 인식론적 특권"을 말한 것처럼, 저자는 예수가 "희생자의 총명함"을 제공했다고 말한다. 즉 사회의 밑바닥, 역사의 가장자리에 사는 사람들과 희생당한 사람들이 현실과 역사의 실상에 대해 가장 잘 인식할 수 있다는 말이다. 따라서 저자는 사회의 밑바닥과 역사의 가장자리가 바로 "하느님께서 숨어계신 장소"라는 것이 성서의 입장이라고 말한다. *Things Hidden: Scripture as Spirituality* (2008), 194.

울로 역시 똑같은 관점에서 "그 때에 가서는 하느님께서 나를 아시듯이 나도 완전하게 알게 될 것입니다."(I 고린토 13:12)라고 말한다. 요한은 이것을 시간의 마지막 때로 옮겨, "우리가 장차 어떻게 될지는 분명하지 않지만 그리스도께서 나타나시면 우리도 그리스도와 같은 사람이 되리라는 것을 우리는 알고 있습니다."(I 요한 3:2)라고 말한다. 그리고 "여러분의 참 생명은 그리스도와 함께 하느님 안에 있어서 보이지 않습니다."(골로사이 3:3)라고 말한다.

우리의 가장 깊고 참된 자기에 대한 우리의 체험과 하느님에 대한 우리의 가장 깊은 체험은 서로 간에 옳은 체험이라는 것을 증명할 것이며, 또한 서로 간에 아름다운 체험이라는 것을 입증할 것이다. 그러나 우리 자신의 정직한 체험이라는 칼끝이 없다면, 그 두 체험 가운데 어느 것도 깊이 있게 또는 진실하게 나아가지 못할 것이다. 그 정직한 체험이라는 칼끝은 우리를 베어내고 찢어서 그 양쪽 방향으로 넓게 벌어지게 할 것이다. 우리가 공포, 비난, 심판으로 시작하거나 마치지 않는 한, 두려워할 것은 전혀 없다.

"하느님의 말씀은 살아 있고 힘이 있으며 어떤 쌍날칼보다도 더 날카롭습니다. 그래서 사람의 마음을 꿰뚫어 영혼과 정신을 갈라놓고 관절과 골수를 쪼개어 그 마음속에 품은 생각과 속셈을 드러냅니다."(히브리서 4:12). 이것이 정말로 체험이라는 칼끝이다.

5장

당신이 그분입니다

> 하느님께서는 우리의 영혼 속에 자리 잡고 계시는 장소를 결코 떠나지 않으실 것이다. 왜냐하면 그분의 집들 중 가장 자주 머무시는 집이 우리들 안에 있으며, 그 집에 사시는 것이 그분에게는 가장 큰 기쁨이기 때문이다... 이것을 깊이 관상하는 영혼은 깊이 살핌을 받는 사람처럼 된다.
>
> — 노르위치의 줄리안, *Showing*

> 그 날이 오면 너희는 너희가 내 안에 있고 내가 너희 안에 있다는 것을 깨닫게 될 것이다.
>
> — 요한 14:20

위의 인용문에서 요한이 말한 "그 날"이 오는 데는 정말로 오랜 시간이 걸리고 있지만, 그 날이 온다는 것은 역사상 모든 위대한 종교의 지속적인 메시지였다. 이것은 영원한 철학 전통이다. 그러나 하느님과 합일하는 것은 여전히 비밀스러운 법을 통하는 것이며 신비주의적이며 주로 도덕적인 문제인 것처럼 간주될 뿐 아니라, 마치 하느님께서 당신과 연합하는 것을 매우 어렵게 만들고 계신 것처럼, 극히 적은 사람들만 하느님과 합일할 수 있는 것으로 간주된다. 그럼에도 불구하고 하느님과 일치하는 것, 그리고 모든 사람들이 하느님과 일치할 수 있다는 것은 모든 종교의 핵심 메시지이며 약속이다.

하느님 바깥에 있는 장소는 없다. 하느님 바깥의 시간은 없다. 하느님은 모든 아름다움의 아름다움이시다. 하느님과 친교를 나누는 사람은 하느님의 우정을 즐거워한다. 이처럼 단순한 것이다. 우리는 우리가 찾고 있는 바로 그것이며, 그래서 우리는 그것을 찾고 있다. 하느님의 생명과 사랑은 우리가 받아들일 준비를 갖추자마자 우리를 통해 흘러나온다. 이것이 믿음의 핵심적 의미이다. 즉 하느님께서 이제까지 하실 수 있었던 일, 하실 일, 지금 하시는 일을 감히 신뢰할 때, 그분은 우리를 향해 영원한 자비심을 갖고 계신다는 것을 믿는 것이다. 예수님에게 자신을 고쳐 달라거나 도와달라고 요청한 사람들은 그분이 돌보신다는 것에 대해 단순한 마음으로 신뢰했던 사람들이며, 그래서 하느님의 생명과 사랑이 흘렀고 그들이 치유된 것이다. 여기에는 아무런 조건도 필요하지 않았다. 참으로 충격적인 일이다.

당신이 하느님을 찾고 있다면, 당신은 이미 당신 자신 속에 계신 하느님과 만난 적이 있다. 만일 그런 적이 없었다면, 당신은 영적 탐구라는 생각 자체에 대해 무료하게 생각할 것이다. 당신이 하느님을 만난 적이 있다면, 당신은 어디에서나 그분을 찾고 또한 만나게 될 것이다. 현대인들에게 신과 인간이 이혼한 것은 "양립 불가능성"과 서로 "화해할 수 없는" 차이점들 때문인 것처럼 보인다. 이런 이혼을 초래한 것에 대한 책임은 대부분 종교 자체에 있다. 하느님과 인간 사이의 거리를 더욱 멀게 만들었기 때문이다.

오히려 종교는 하느님과 인간 사이의 거리 문제는 이미 해결되었으며, 그 거리는 "창조 이전에 하느님께서 우리를 뽑아주셨습니다"(에페소서 1:4)라는 말씀으로 처음부터 극복되었다고 당당하게 선포했다면 좋았을 것이다.

예수님은 자신의 신적이며 또한 인간적인 지위를 받아들이셨다. 그는 "아버지와 나는 하나이다."(요한 10:30)라고 말하셨는데, 이 말은 당시 유대인들에게 매우 충격적인 말이었다. 왜냐하면 예수님은 그저 그들 가운데 한 사람처럼 보였으며, 그들은 분명히 스스로를 좋아하지 않았기 때문이다. 따라서 그들이 예수님을 신성모독자라 부르고 돌로 쳐서 죽이려 했던 것도 전혀 놀랄 일이 아니었다(요한 10:33). "예수님은 하느님이시다"라고 보통 그리스도인들은 생각하지만, 그렇게 단순하게 말하는 것은 공식적으로 정확하지 않다. 그 말은 전체 성육신의 요점과 목표를 놓치는 것이기 때문이다. 예수님은 삼위일체 하느님 자신과 동등하지 않다. 예수님은 **하느님과 인간 사이의 합일**(union)이라고 보는 것이 훨씬 더 정확하다. 이것은 제3의 무엇이며, 사실상 우리는 이것에 참여하도록 초대된 것이다. 일단 우리가 예수님을 **오직** 신적인 존재라고 보면, 우리는 **오직** 인간 존재일 뿐이며, 인간의 변화라는 전체 과정은 멈추게 된다. 이것이 이분법적 사고방식이다.[1] 어떤 이들에게는 이 문단들이 이 책에서 가장 중요할 것이다.

우리가 예수님을 삼위일체의 역동성 바깥에서 이해하려 했을 때는 우리가 그분이나 우리들 자신을 제대로 이해할 수 없었다. 예수님은 자신을 결코 독자적 "나"로 생각한 것이 아니라, 항상

---

1) Richard Rohr, *The Naked Now* (Chestnut Ridge, N.Y.: Crossroad Publishing, 2009).

하느님과 성령과의 관계 속에서 "너"(thou)로 생각하고 행동하셨고, 수백 번 서로 다른 방법으로 이것을 말씀하셨다. "아버지"와 "성령"은 예수님에게 관계이다. **하느님**은 명사라기보다 동사이다. 하느님은 사랑이시며, 이것은 관계 자체를 뜻한다(I 요한 4:7-8).

그리스도교가 그 본래의 운동과 추진력을 상실하게 된 것은 예수님을 삼위일체로부터 **빼냈을** 때였다.2) 이로 인해 신자들을 고무시키는 내적인 체험은 죽게 되었으며, 마땅히 중심을 차지해야 할 신비가들은 변두리로 쫓겨났다. 예수님은 이처럼 사랑의 흐름 속으로 빨려 들어가는 모든 피조물의 모델이며 은유이다.3) 그래서 그는 항상 "나를 따르라!", "내가 다시 와서 너희를 데려다가 내가 있는 곳에 같이 있게 하겠다."(요한 14:3)라고 말씀하신다. 예수님의 구체적이며 역사적인 몸은 "아버지께서 천지 창조 이전부터 나를 사랑하셨던"(요한 17:24) 그리스도의 우주적인 몸을 표상한다. 그분은 우리 모두를 위한 대표이다. 예수 이야기는 다른 말로 해서 우주 이야기이다. 예수님은 자신이 하느님과 일치(합일)하신 것에 대해 전혀 의심하지 않으셨으며, 이런 일치를 우리에게 넘겨주신다. 전혀 의심하지 말도록(이것이 예수님을 "믿는다"는 뜻이다).

---

2) Richard Rohr, *The Divine Dance* (Alburquerque, N.M., 2009). 이것은 삼위일체와 종교간 대화를 위한 삼위일체의 의미에 관한 회의를 녹음한 CD이다. 우리는 그리스도교를 해석하는 데 여전히 매우 초기 단계에 있다는 점을 생각하게 해준다.

3) 역자주: 저자는 복음을 복잡한 교리나 신학이 아니라, 단순하게 기쁘게 비폭력적으로 살아내는 생활방식을 강조하는 프란체스코 전통에 서 있다. 또 저자는 모든 종교와 영성이 살아 있는 모델들(구루, 성자, 아바타 등)을 통해 전달된다는 점을 강조한다. 하느님 나라 복음이 단지 인간 해방을 위한 위대한 사상이 아니라 예수님 자신이 복음의 살아있는 모델(living model)이 되셨기에 성육신의 복음이다. Richard Rohr, *Silent Compassion* (2014), 68.

신과 일치하는 것에 대한 영적인 지혜를 처음 아름답게 표현한 것은 약 3,000년 전에 기록된 힌두교의 베다(Vedas) 경전이며, 그 합일은 베다의 "숭고한 선언들" 가운데 하나이다. 신과의 합일이 산스크리트어로는 "탓 트밤 아시"(Tat Tvam Asi)이다. 이 말은 너무 압축된 표현이라서 이 말을 번역할 수 있는 표현들을 모두 나열할 것인데, 이것이 여전히 진실이며 영원한 종교 전통이라는 것을 알 수 있다.

당신이 그분입니다!
당신은 당신이 찾는 바로 그것이 되었다!
님이 그것입니다!
그것이 당신 상태이다!
당신이 그것이다!

이 말은 진짜 자기의 본래적이며 순수하며 원초적 상태는 전체적으로 혹은 부분적으로 하느님과 같은 것으로 볼 수 있거나 심지어 하느님과 똑같다는 뜻인데, 여기서 하느님은 모든 현상의 근거이며 기원으로서의 궁극적 실재이다. 당신이 갈망하는 것이 바로 당신이기도 하다. 거기에서부터 당신의 갈망이 생겨난다.

하느님을 갈망하는 것과 우리의 진짜 자기를 갈망하는 것은 똑같은 갈망이다. 신비가들은 우리들 안에서 또한 우리들을 통해서 갈망하는 것이 하느님 자신이라고 말하곤 한다(하느님의 내재나 성령을 통해서). 하느님은 자신과 모든 피조물 사이에 자연적인 친화성과 매혹을 심어놓으셨다. 그렇지 않았다면, 제한된 존재와 무제한적인 존재 사이에는 합일을 이룰 수 없을 것이며, 유한

성과 무한성은 결코 하나로 화해될 수 없을 것이다.

종교는 오직 하나의 과제만 갖고 있다. 그것은 어떻게 둘을 하나가 되게 만드는가 하는 과제이다. 그리스도인들에게는 이것이 "그리스도의 신비"인데, 이 신비를 통해서 우리는 하느님께서 당신 편에서 이 간격을 극복하셨다고 믿는다. 하느님께서 모든 일을 하시고, 무거운 것을 들어 올리시며, 항상 갈망을 주도하신다. 이것을 "선행은총"(prevenient grace)이라고 말한 이들이 있는데, 이 말은 정곡을 찌른 것이다.4) 인간의 가장 깊은 욕구와 갈망은 이런 분리와 거리를 극복하는 것, 즉 완전한 사랑, 예술과 음악 혹은 무용에서 완벽한 순간과 초월적 하느님처럼, 항상 "나를 넘어선 곳"과 "저 위에" 있는 것처럼 보이는 것과 자신과의 거리와 분리를 극복하는 것이다.

그러나 하느님께서는 모든 성육신 속에서 "나는 전적으로 타자(totally Other)가 아니다. 나는 모든 만물 속에 합일되기를 갈망하는 나의 일부를 심어놓았다"라고 말하신다. 이것이 모든 동물들의 성적인 욕구와 짝짓기 속에 반영되어 있으며, 아가서, 루미, 하피즈, 카비르, 십자가의 성 요한이 자신들의 신비주의를 전달하기 위해 매우 에로틱한 이미지를 사용할 수밖에 없었던 이유이다. 절대적 타자성은 오직 절대적 소외를 만들 따름이다. (이에 덧붙여, 하느님을 쫀잔하고 분노하시며 고문하시는 분으로 생각하는 시대는 지났다.) 그래서 하느님은 이 비극적 간격을 극복하기 위해 인간 예수 안에 인간과 똑같음과 함께 아파하는 마음을 창조하셨다.

---

4) "선행은총"이라는 말은 성 아우구스티누스가 처음 사용한 말로서, 그는 성 바울로에게서 은총이 인간의 어떤 행동 이전에, 혹은 인간의 행동과 상관없이 존재한다는 것, "그렇지 않다면 은총이 전혀 은총이 아니다"(로마서 11:6; 에페소서 2:8-10)라는 것을 배웠다.

당신 안에 계신 하느님은 하느님을 찾고 사랑하시는데, 이것은 마치 회귀 본능이 절대로 사라지지 않는 것과 같다.

섹스가 그처럼 강박적이며 두렵고 넋을 빼앗는 것은 전혀 놀랄 일도 아니며 스캔들도 아니다. 섹스는 우리가 따로 떨어져 분리되어 있음을 극복하기 위한 가장 드라마틱한 방법이다. 섹스 이후에 다시 분리된 상태로 되돌아가는 것을 나타내는 프랑스어 표현은 "작은 죽음"(la petite mort)이다. 진선미는 항상 여전히 나를 넘어선 곳, 나의 바깥에, 내 위에 있다. 우리는 모두 완전할 수 없다고 느끼며, 완벽에 이를 자격이 없다고 느낀다. 그래서 합일을 경험한 순간 이후에는 슬프게도 다시 보다 익숙한 거리 속으로 물러난다. 그러나 우리는 계속 시도하는데, 이것은 좋은 일이다. 심지어 우리의 서툰 연애들도 때로 그 약속을 맛보게 한다는 점에서 이런 것을 모두 "죄"라고 규정하는 데는 무리가 있다. 하느님은 어느 것도 낭비하지 않으시며 모든 것을 이용하실 것이라서, 심지어 우리의 서툰 연애를 통해서라도 우리가 하느님과 일치하도록 이끄실 것이다.

종교(religion)라는 말의 어원(re-ligio)은 "다시 묶는다, 다시 띠를 두른다"는 뜻이다. 따라서 종교가 하느님의 위대하심 앞에서 당신의 거리, 당신의 무가치함, 당신의 죄, 당신의 부적합성만 상기시킨다면, 그것은 종교의 역할을 하지 못하는 것이다. 종교가 실제로 이 간격을 확대할 때마다, 종교는 안티종교가 된다. 모든 교파들 속에 상당히 많은 안티종교가 있는 것이 염려된다. 예수님이 처음으로 내쫓은 악마가 바로 회당 안에 살고 있었다는 것은 바로 이런 뜻이다(마르코 1:21-28). 나는 지금 세속주의, 과학주의, 무신론이라는 악마에 관해 말하는 것이 아니다. 내가 말하는 악마는 종교 자체 안에 있는 흔한 방해물들과 경계선을 만드는 표지들, 즉 하느님의 "최고 위엄"과 나의 무가치함 사이의 간격—예수님이 부정하고 해체하기 위해 오신 바로 그 간격—을 의도적으로 확대하는 것들이다.

하느님과 피조물 사이에 **간격을 만드는 것**이야말로 악마적인 것이다.("악마적인"의 그리스어 *dia balein*은 "서로 떼어 놓는다"는 뜻이다). 예수님은 말만 하고 실행하지 않는 율법학자들과 바리새파 사람들을 악마적인 사람들로 보고, "너희 같은 위선자들은 화를 입을 것이다. 너희는 하늘 나라의 문을 닫아놓고는 사람들을 가로막아 서서 자기도 들어가지 않으면서 들어가려는 사람마저 못 들어가게 한다."(마태오 23:13)라고 말씀하셨다. 예수님이 먼저 이런 말씀을 하시지 않으셨다면, 나 역시 이런 말을 하기를 주저했을 것이다. 예수님이 처음 이런 말씀을 하시고 나중에 바울로도 같은 말을 한 것은 종교가 단지 율법, 요구사항들, 혹은 정결법이라고 생각하지 말도록 경고하기 위해서였다. 우리는 예수님을 우리의 "인습적인 지혜" 속에 집어넣어, 그가 항상 가르친 대안적 지혜를 들으려 하지 않는다.[5]

일반적인 우회로와 막다른 골목

거의 모든 종교들에서 도덕주의는 신비주의에 대한 가장 흔한 대체물이며 위조품이다. 건강한 도덕과 정반대되는 도덕주의는

---

5) Marcus Borg, *Meeting Jesus Again for the First Time* (San Francisco: harperSanFrancisco, 1994). 오늘날 마커스 보그 교수보다 예수의 생각, 비전, 가르침을 명료하게 읽을 수 있도록 해설한 학자는 별로 없다. 그는 당신을 해방시켜 훨씬 더 크고 더 많은 것을 요구하는 진리로 인도할 것이다.

주로 우리의 깨달음, "구원," 혹은 우월감을 위해 자의적인 정결 규정, 마술적인 제의, "요구사항들"에 의존하는 것이다. 모든 집단과 개인은 초기 단계에서 도덕주의에 의존한다.6) 우리는 **우리의 정신과 마음**을 철저하게 변화시키기보다는 **외적인 행동들과 금지조항들**을 찾는다. 나는 이런 것이 "큰 죽음"이라고 생각한다. 성숙한 종교는 큰 변화에 관한 것이지, 작은 변화들에 관한 것이 아니다. 이것저것 작은 것들을 바꾸고 조정하는 일은 훨씬 쉽다.

바울로가 이런 대조를 분명하게 지적한 것은 그가 초기 유대인 크리스천들에게 "할례를 받고 안 받는 것이 문제가 아니라 새로운 사람이 되는 것이 중요합니다."(갈라디아 6:15)라는 말했을 때였다. 할례가 유대인들에게 중요했던 것은 그리스도인들에게 세례가 중요한 것과 마찬가지였다는 점을 기억해야 한다. 하느님과 합일하는 것은 개인적인 완전과 똑같은 것이 아니다. 이 둘은 매우 다른 길이다. 첫 번째 그리스도교 신학자라 불리는 리옹의 성 이레나이우스는 "하느님의 아들이 인간이 되신 것은 인간이 하느님의 아들이 될 수 있도록 하기 위해서였다"7)라고 말했다. 이것이 전체의 요점이다. 할례나 세례가 아니다. 도대체 세례를 누가

---

6) 역자주: 저자는 교회가 "내면으로부터 우리를 눈뜨게 만드는 변화의 체제"가 아니라, "보상과 처벌"이라는 도덕주의적 틀 속에 사로잡혀 있기 때문에 "공적을 쌓아 가치 있는 존재"가 되려는 공적주의와 "외적으로 관리되는 성취의 체제"가 되었고, 자격이 없다고 판단되는 사람들을 제외시키고 배척하는 반복음적 집단이 되었다고 비판한다. 더 큰 문제는 성서조차도 체제 안에서 상식적으로 해석하기 때문에 비유들처럼 상식을 뒤엎는 변혁적 말씀을 이해하지 못한다는 점이다. 어느 집단이나 체제에서든 밑바닥에 있거나 쫓겨난 사람들만이 "안과 밖"이라는 이분법적 사고방식에서 벗어나 비이분법적으로 볼 수 있는 것이 "인식론적 특권"이다. *Things Hidden*, 161-162.

7) Irenaeus of Lyons, *Against Heresies*, III, 10.2 (Paris: Source of Chrétiennes, Chef).

받을 수 있고 언제, 어디에서, 어떻게, 무슨 말로, 물은 얼마나 많이 사용해서, 그리고 누가 세례를 베풀 것인가 하는 문제들로 인해 그리스도교가 여러 교파들로 나뉘어져 있다는 사실을 생각해 보라. 내가 아는 한, 아브라함, 모세, 성 요셉, 성모 마리아 모두 세례를 받은 적이 없다. 그들은 단지 변화되었을 뿐이다.

내가 말하는 **도덕주의**란 사적인 완전을 위한 테크닉이나 제의를 뜻한다. 도덕적 성취는 언제나 채찍 위의 당근이 된다. 즉 항상 우리가 성취하기 힘든 임의적이며 반쪽만 진실한 목표인 것이다. 도덕주의는 하느님과 합일하는 체험을 불가능하게 만든다는 점에서 문제가 된다(로마서와 갈라디아서가 분명하게 가르치는 것처럼). 이제 당신은 하느님의 사랑과 자비 없이 독자적으로 "선한" 사람이 될 수 있다고 믿기 때문이다. 도덕적으로 중요한 이슈는 시대와 문화에 따라 변한다. 한때는 "이방인들과 함께 먹는 것"이 이슈였다(갈라디아 2:12). 중세시대 초기에는 빌려준 돈에 대해 이자를 받는 것이었으며(우리는 지금 이것을 전혀 도덕적인 문제로 간주하지 않는다), 가톨릭 신자들은 여전히 다른 어떤 죄보다도 "주일날 미사를 빼먹은 것"을 고해한다(이것은 우리가 쉽게 용인하는 많은 악행들과 같은 범주에 속하는 것이 아니다). 그리고 오늘날의 도덕적 이슈는 낙태와 동성애자 결혼이다. 다음 세기에는 어떤 문제들일까?

도덕주의자들의 의제는 우리가 결코 충분히 순수하지 않으며, 충분히 거룩하지도 않고, 도덕적이지도 않거나, 적절한 집단에 속하기에도 충분하지 않다는 사실에서 드러난다. "죄를 관리하는" (sin management) 이런 과정은 우리들 성직자들로 하여금 계속해서 종교 비즈니스를 하도록 만들었고, 하느님으로 하여금 지겨워서 죽을 지경이 되시도록 만들었다. 우리의 도덕주의가 도대체 역사적으로 어떤 결과를 초래했는지를 생각해보라. (나는 평생 두 번 지갑을 털렸는데, 두 번 모두 경건한 가톨릭 국가들에서였다. 로마의 성 베드로 성당으로 가던 버스 안에서, 그리고 필리핀의 마리아 성당 앞에서였다. 그러나 인도와 일본의 거리에서는 훨씬 안전함을 느꼈다.)

도덕주의에 치중하는 종교 집단에서는 언제나 그 집단에 속하지 않는 외부인들을 분명하게 배척한다. 이처럼 잘못된 도덕적인 순결성 속에 숨는 것이 바로 노예제, 성차별주의, 그리스도인 황제들과 성직자들과 시민들의 탐욕, 어린이들에 대한 이상 성욕, 민족의 정복, 원주민 문화에 대한 억압 등이다. 탐욕과 전쟁은 쉽게 간과된다. 이것이 과장이 아니라는 점은 우리가 교회사를 읽어보면 금방 알 수 있다. 우리는 이제까지 주로 예수님의 영성을 깊이 배웠다기보다는 "교회교"(churchnity)를 배워왔다. 가톨릭교회가 성인들을 시성해야만 했던 이유는 그분들이 규범이라기보다는 매우 드문 예외였기 때문이다. 이와는 대조적으로 신약성서는 모든 그리스도인들을 "성자들(성도들)"(saints)이라고 부른다.

성육신 종교와 성령에 기초한 도덕이 전하는 기쁜 소식은 우리가 어떤 행동을 하는 동기가 외적인 보상이나 처벌 때문이 아니라 실제로 우리 자신 속의 신비로부터 밖을 내다봄으로써 행동한다는 점이다. 따라서 당근은 필요하지도 않고 도움이 되지도 않는다. "여러분 안에 계셔서 여러분에게 당신의 뜻에 맞는 일을 하고자 하는 마음을 일으켜주시고 그 일을 할 힘을 주시는 분은 하느님이십니다"(필립비 2:13). 철저하게 변해야 할 필요가 있는 것은 우리가 규칙을 따르는 행동이 아니라 우리의 진짜 정체성이다. 이것은 우리의 위치와 관점이 크게 바뀌는 것이다. 우리가 어떤 일을 하는 것은 우리가 그 일을 해야만 하거나 그 일을 하지 않을 때 받게 될 처벌을 두려워해서가 아니라, 그 일이 참된 일이기 때문이다. 이제부터는 우리가 (가짜 자기의 방법대로) **외부적인 것**(보상이나 처벌) 때문에 끌려가기보다는 (진짜 자기의 방법대로) **내면의 것**에 이끌린다. 이제 우리의 원동력은 바깥에 있는 채찍이나 위협이 아니라 내면에 있다.

변화되기 이전에는 우리가 하느님**께**(to) 기도를 바친다. 변화된 이후에는 하느님을 **통해서**(through) 기도한다. 그래서 그리스도교의 예배는 항상 "우리 주님 그리스도를 **통해서** 아멘!"이라고 말하는 것이다. 철저한 회심 이전에는 우리가 하느님을 마치 다른 모든 대상물처럼 찾는다. 그러나 회심(con-vertere, "돌아서다" 혹은 "함께 돈다")한 이후에는 우리가 우리 자신의 눈이 아니라 하느님의 눈으로 밖을 본다. 도미니크 수도회에 속했던 마이스터 에크하르트는 이것을 그의 설교에서 이렇게 말했다. "내가 하느님을 보는 눈은 하느님께서 나를 보시는 눈과 똑같다. 나의 눈과 하느님의 눈은 하나의 눈이며, 하나의 보는 방식이며, 하나의 앎이며, 하나의 사랑이다."[8] 인간이 할 일은 우리와 하느님이 똑같은 관점에서 보게 될 때까지, 그저 하느님께서 우리들 안에서 "회로를 완성하시도록"(complete the circuit) 기다리는 일이다.

모든 관점은 한 지점으로부터 보는 것이며, 하느님께서는 우리의 유리한 관점을 완전히 바꾸신다. 그래야 비로소 인간과 하느님 사이의 간격이 매우 효과적으로 극복된다. 우리가 이런 방식으

---

8) Meister Eckhart, *The Essential Sermons* (Mahwah, N.J.: Paulist Press, 1981).

로 볼 수 있게 되면, 우리가 이제는 우리의 진짜 자기로부터 살고 있다는 것을 알게 된다. 우리의 "자아" 자체가 변하면, 우리의 삶 전체가 제자리를 잡게 된다. 4세기의 시리아 출신 신비가였던 위 마카리우스(Pseudo-Macarius)는 하느님께서 우리를 찾으신 후에는 우리가 "단지 황홀하게 쳐다보기만 하는" 삶을 산다고 말했다. 내가 사순절 기간 동안에 머무르는 외딴집에서 둘째 주나 셋째 주까지는 오랫동안 산책만 한다. 나는 생각도 멈추고 느낌도 갖지 않은 채, 그냥 모든 것을 바라본다. 빛깔, 모양, 짜임새를 예민하게 바라보며 깊이 감사를 드린다. 이것은 아무런 해설 없이 눈을 크게 뜨고 보는 것이며, 순수한 인식이다. "생각하는 것"이 아니다. 그러고 나면 나는 설교단에서 말할 것을 쓸 수 있다.

참여의 신비

"나는 전체(Totality)를 보았다. 그 본질을 본 것이 아니라 참여함으로써 보았다. 당신이 불꽃으로부터 불꽃을 점화할 때, 당신이 받는 것은 똑같은 불꽃이다"라고 신 신학자(New Theologian) 성 시므온(949-1022)은 말했다. 그는 옛 동방정교 전통을 대표할 뿐 아니라 전적으로 현대적이다. 그는 모세(출애굽기 33:11)와 야곱(창세기 32:31)처럼 하느님을 "얼굴과 얼굴을 맞대면하여 알았던" 성인들 가운데 하나이지만, 모세나 야곱은 도덕적 귀감은 아니었다. 도덕적으로 흠이 있는 인물들이었음에도 불구하고 하느님께서 당신의 목적을 위해 사용하신다는 사실은 하느님에게 참여하는 것과 도덕적인 완전이 똑같은 것이 아니라는 점을 보여준다. 실제로 마이스터 에크하르트는 "사람들이 하느님을 포기한 바로 그 장소를 살피는 일이 하느님을 찾을 수 있는 최고의 기회"9)라고 말하기까지 했다. 하느님께서는 우리가 추락하는 경험 속에 기다리고 계신다.

오늘날 가장 고무적이며 좋은 성과를 내는 신학은 "참여를 향한 방향전환"(turn toward participation)10)이라고 한다. 종교의 본질이 실재에 참여하는 것이라는 점은 플로티누스, 라이프니츠, 앨런 와츠, 올더스 헉슬리를 비롯해서 많은 신비가들과 성인들이 각자 자신들의 고유한 방식으로 말해왔던 영원한 철학 전통을 재발견하는 것이다. 영원한 철학 전통은 항상 **우리가 무엇인가를 관찰하는 것 이상으로 무엇의 일부분**이라는 것을 가르친다. 참여를 향한 방향전환은 이제 종교사와 교회사의 대부분이 주로 종교 사상에 사로잡혀 있었으며, 우리가 올바로 생각하거나 틀리게 생각할 수 있는 것에 몰두했다는 사실을 간파하고 있다. 종교와 신학이 온통 사상에 관한 것뿐이라면, 우리는 "그것의" 일부분이 될 필요가 없이, 그냥 "그것에" 관해 정확하게 말할 필요만 있다. 우리는 결코 그 물속에 들어갈 필요도 없고, 그것을 실제로 먹어보지도 않은 채 그 영적인 증거는 맛을 보면 알 수 있다고 설명만 하면 된다. 우리는 실제로 러시아에 갈 필요가 없이 단지 러시아에 관한 정확한 지도만 갖고 "내 지도가 네 지도보다 낫다!"라든가 "내 지도만이 참된 지도다!"라고 말하기만 하면 된다. 내 지도를 갖고 실제로 그곳에 갈 수 있었다는 증거를 제시하지 않은 채 말이다.

그러나 우리의 영적인 질문은 이것이다. 즉 우리의 삶이 하느

---

9) Eckhart, *The Essential Sermons*.
10) Jorge Ferrer and Jacob Sherman (Eds.), *The Participatory Turn: Spirituality, Mysticism, and Religious Studies* (Albany, N.Y.: SUNY Press, 2008).

님과 만났다는 어떤 증거를 제시하는가? 하느님과의 만남이 당신에게 바울로가 말한 성령의 "열매들," 즉 "사랑, 기쁨, 평화, 인내, 친절, 선행, 진실, 온유, 그리고 절제"(갈라디아 5:22)와 같은 것을 우리에게 가져다주었는가? 하느님과 만난 후 나 자신이나 내가 속한 집단이 주변 사람들과 다른가, 아니면 예측할 수 있는 문화적 가치와 그 집단의 편견을 반영하는가?

우리의 종교가 누구는 참여할 수 **없는지를** 규정하는 일에 많은 시간을 보낸다면 훨씬 더 나쁜 종교가 아닌가? 내면에서 기뻐하며 누릴 것이 별로 없을 경우에 우리가 고작 할 수 있는 일이란 우리 자신을 다른 사람들보다 높은 위치에 있다고 간주하며, 다른 사람들과는 따로 떨어진 존재로 만드는 일이다. 많은 종교인들은 아직도 다른 교파에 속한 예배 장소에서 하느님을 예배하는 것을 "죄로 금지한다." 오, 제발! 그런 종교는 집단적 사고와 경계선 만들기에 불과하며, 하느님과의 깊은 만남으로 인도하지 않기 십상이다. 그처럼 작은 가슴은 결코 진정한 위대함과 만날 준비를 하지 못하며 그런 염원도 갖지 못한다.

하느님이 우리에게 폭군이거나 영원한 고문자, 아니면 우리가 알고 있는 대부분의 사람들보다도 작은 가슴을 소유한 분이라면, 도대체 우리는 왜 그런 하느님과 친밀해지고, 시간을 함께 보내며, 심지어 그런 분에게 "참여"하기를 원하겠는가? 헬렌 켈러가 말한 것처럼, "나는 때때로 종교의 상당부분이 하느님을 발견하지 **못한** 인간의 절망이라는 것이 두렵다." 많은 집단들이 몇 가지 도덕적 입장을 통해 자신들의 가치를 내세우거나 성사에 참석할 뿐이다. 사람들을 사랑하거나 심지어 하느님과 합일하는 것은 여전히 어리석거나 비밀인 것으로 남아 있다. "나는 신비가들에게서 배울 시간이 없어요. 우리는 여기서 교회를 운영하기에도 바쁘니까요!"라고 어느 주교는 나에게 말한 적이 있다. 농담이 아니다. 그 주교는 나쁜 인간이거나 엉터리 주교가 아니었다. 그는 단지 자신이 "운영하는" 교회에서 그 자신이 말하는 신비 자체에 대해 국외자(an outsider)였을 뿐이다.

우두머리 노릇을 하는 사람들은 항상 실제 잔치를 무시한다. 예수님은 혼인잔치나 큰 만찬의 비유들(루가 14:7-24; 마태오 22:1-10)에서 바로 이런 점을 지적하신다. 파티는 참여하는 것이지, 누구는 참여할 수 없는지에 대해 법을 만드는 행사가 아니다. 우리의 파티에 한 사람 더 참여할 수 있는 여유가 없다면, 우리는 매우 초라한 호스트이다. 하느님은 초라한 호스트가 아니시다.

참여는 이제까지 세 가지 유일신 종교에서 주된 입장이 아니었다. 예외는 하시디즘 유대인, 동방정교의 헤지카스트, 수피 무슬림, 가톨릭 신비가들이었다. 개신교인들 가운데 많은 사람들이 개인적으로는 아무나 참여할 수 있는 보편적인 참여를 주장했지만 개신교 전체적으로는 그렇지 않았다. 가톨릭교회에서는 많은 신자들이 공식적으로는 침묵을 지키면서 은밀하게 "관대한 정통주의"를 실천하는 것을 배웠다. 프란체스코 전통에서는 항상 "허락을 요청하는 것보다 용서를 요청하는 것이 훨씬 쉬웠다"고 말한다. 대부분의 종교인들로부터 많은 자유나 허락을 기대하지 말라. 그러나 하느님께 감사한 일은 복음이 그리스도인들에게 서로 용서할 것을 요구한다는 점이다.

"참여를 향한 방향전환"은 구체적인 실천, 개인적 훈련, 서로 간의 대화를 통해 관점을 바꾸고 만남 자체를 격려하는 것을 배우고 있다. 오늘날 많은 그리스도인들이 묵주, 침묵기도, 이콘, 좌정,

떼제 찬양, 성령은사의 기도, 걷는 기도, 선(Zen), 긴 침묵, 고독, 영적 지도를 새롭게 발견하고 있다. 지금까지는 우리가 가톨릭 신자나 개신교 신자로서 신학박사 학위를 받고도, 남들에게 기도하도록 권면하거나 기도에 대해 정의를 내릴 수는 있을지라도 실제로 기도하는 방법에 대해서는 아무것도 모르고 심지어 기도의 기쁨(하느님과의 합일 체험)을 누리지 못할 수도 있었다.

참여와 의식

독일 철학자 카를 야스퍼스와 영국 학자 오웬 바필드의 저술들은 그동안 무슨 일이 벌어졌는지, 우리가 어떻게 실제로 깊은 참여(합일) 체험으로부터 떠나서 최근의 "참여 없는 광야"(Desert of Nonparticipation) 속으로 들어가게 되었는지를 이해할 수 있는 도식을 제공했다.11)

대략 기원전 800년 이전에는 대부분의 사람들이 신화, 시, 춤, 음악, 풍요제, 자연을 통해 하느님과 실재와 연결되어 있었던 것으로 보인다. 당시는 비록 생존에 초점을 맞춘 폭력적 세계였지만, 많은 사람들은 오늘날 우리들보다 훨씬 건강한 정신 상태였다는 증거가 많이 있다. 세상은 여전히 위험했지만, 사람들은 적어도 자신들이 세상 안에 속해 있다는 것을 알고 있었다. 이것을 칼 야스퍼스는 **차축 이전 시대의 의식**(Pre-axial Consciousness)이라고 불

---

11) Owen Barfield, *Saving the Appearances* (New York: Harcourt Brace, 1957). Karl Jaspers, *The Origin and Goal of History* (New Haven, Conn.: Yale University Press, 1953). 이것이 우리를 어디로 인도하는지에 대한 탁월한 분석은 Ewert Cousins, *Christ of the 21st Century* (Rockport, Mass.: Element, 1992)를 보라.

렀다. 고대인들은 황홀한 세계에 참여하고 있다고 생각했다. 이것이 성 아우구스티누스와 성 그레고리우스가 말한 "아벨 이후부터 존재한 교회"였다. 바필드는 이것을 "본래적 참여"라고 불렀다.

야스퍼스가 **차축시대의 의식**(Axial Consciousness)이라고 부른 것은 기원전 500년경에 전 세계적으로 동양의 현자들, 유대인 예언자들, 그리스 철학자들과 더불어 등장하여, 모든 세계종교들과 중요한 철학들의 토대를 놓았다. 이것은 체계적이며 개념적인 사고의 탄생이었다. 동양에서는 이것이 흔히 힌두교, 도교, 불교에서 볼 수 있는 통전적 사고방식(holistic thinking)의 형태를 취했는데, 이런 사고방식을 통해 사람들은 실재와 자신과 신적 존재에 참여하는 것을 체험할 수 있었다. 서양에서는 그리스의 천재들이 사상, 이성, 철학을 통해서 일종의 중재된 참여(Mediated Participation)를 주었던 반면에, 많은 신비가들은 진짜 참여(real participation)를 누렸던 것처럼 보였다. 비록 이것이 극소수의 사람들에게만 가능한 매우 좁은 문처럼 간주되었지만 말이다.

동양과 서양의 꼭지점(팔레스타인 - 옮긴이)에서는 이스라엘 백성들 사이에서 하느님과의 친밀한 합일과 집단적 참여가 극적으로 이루어졌다. 그들은 모세나 이사야처럼 개인적으로 각성한 사람들을 인정했지만 그 이상을 이루었다. 적어도 히브리 예언자들 가운데 많은 사람들은 참여라는 것이 유대인 집단과 그 너머 다른 민족들에게까지 확대되는 것으로 파악했다. 백성들이 집단적으로 구원받는 것이며, 참여는 개인적인 것만이 아니라 역사적인 것이었다. 성서는 역사 자체의 구원을 향한 것이 되었기 때문에, 우리는 성서 안의 "거룩하지 않은" 역사적 문서들을 참아내야만 한다. 성서 안의 대부분의 사랑의 언어와 비난의 언어는 개인들에게 말해진 것이 아니라 이스라엘 전체에게 말해진 것이다. 야훼의 관심은 무엇보다 **사회적**(societal) **차원**에 있다. 계약은 유대인 개인들과 맺은 것이 아니라 이스라엘 백성 전체와 맺은 것이다. 우리가 이 사실을 망각하거나 무시했다는 것은 놀라운 일인데, 바로 이 때문에 서양은 지나친 개인주의로 인해 수난을 겪고 있다.

그럼에도 불구하고 동방의 셈족 정신, 유대종교, 팔레스타인에서의 그리스와 로마의 영향이 융합되어 하나의 모체(a matrix)를 이룸으로써, 그 속에서 새로운 인식이 태동할 수 있었으며, 조만간 유대인 예수님이 그 자신의 통전적인 가르침을 통해 온전하며 최종적인 참여(Full and Final Participation)를 세상에 제공했다. 예수님은 모든 차원에서의 참된 일치(union)를 가르쳤는데, 자신과의 일치, 집단, 이웃, 외부인들과 심지어 원수들과의 일치를 통해 하느님과 일치하는 길을 가르쳤다. 우리는 이것이 매우 놀라운 것임을 이제는 분명히 알게 되었다. (이 모든 것에 대한 인용문들을 제시하려면 신약성서의 상당부분을 인용해야 할 것이다).

비록 이런 참여와 합일의 메시지는 때때로 깊이 받아들여졌으며 바울로의 신비주의적인 저술들 속에서도 찾아볼 수 있지만, 그리스도인들 대다수는 그리스도의 종교를 내가 앞에서 말한 채찍과 당근의 종교로 둔갑시켰다. 사막의 교부들과 교모들, 초기 동방 교부들, 제국의 바깥에 있었던 초기 켈트족, 일부 수도원들과 은수자들, 그리고 계속 이어진 신비가들과 거룩한 사람들을 통해서 우리는 이 메시지를 살아낸 사람들이 항상 있었다는 점을 알 수 있다. 그러나 이것은 지하에서 흐르던 움직임이었으며, 교회의 주류 전통이 된 적이 거의 없었다. 주류 전통은 바닥이 보이는 얕은 여울과 즉석 식품(fast-food) 종교가 되기 십상이었다. 오직 관상가들―의식적이든 아니면 "숨겨진" 관상가들이든―만이 비이분법적이며 포용주의적인 태도로 어떻게 그 참여와 합일에 도달하고 다시 그곳으로 되돌아갈 수 있는지를 알고 있었다.

우리 모두를 근원적이며 선한 방식으로 형성했던 차축시대의 기념비적인 통찰력들은 불행하게도 메마르고 쇠퇴하기 시작하여 스콜라 철학(1100-1500년)의 극단적인 완고함 속으로 침몰하였고, 모든 교회 개혁의 적대적 태도, 계몽주의의 합리적인 문자주의 속으로 추락했다. 비록 종교개혁은 불가피했으며 필요했지만, 역시나 바필드가 말한 "참여 없는 광야"로 인도했다. 이 광야에서는 아무도 소속감을 가질 수 없었고, 이 세상에서 안식을 누리지 못했으며, 종교는 최악의 형태가 되어 새로운 땅과 사람들을 배제하고 정죄하고 위협하고 심판하고 착취하는 일에 몰두했다. 가톨릭과 개신교 모두 신자들을 수치심과 죄의식으로 통제하는 일에 초점을 맞추었다. 모든 민족, 교회, 교파, 집단, 수도원, 세대 속에 예외적인 사람들이 있었음에도 불구하고 우리는 거의 전적으로 "대안적인 인지 체계," 즉 내가 관상이라고 부르는 것을 상실했다. 이 말은 사악하며 역행하는 소리처럼 들리지만, 이것이 사실이라는 증거는 많다. 그 증거들은 의식적인 것은 아니었지만, 무지와 공포, 과도한 반작용의 산물이었다. 이제 그리스도교 세계는 다른 어느 종교가 가능할 것이라고 생각하는 것보다 훨씬 더 많은 무신론자들, 안티-크리스천들, 마녀 사냥, 세속주의자들을 양산했다. 어느 사회든 그 자체의 종교를 증오하거나 깊은 참여라는 생각 자체를 혐오할 때, 그 사회가 도대체 어떻게 생존할 수 있겠는가?

야스퍼스와 바필드, 에버트 쿠진스(Ewert Cousins)는 각기 나름의 방식으로 제2차 차축시대 의식(II Axial Consciousness)이 대두할 것을 예견했다. 여기서는 합리적 사고 이전 시대, 합리적 사고 시대, 초합리적 사고 시대라는 각 시대의 가장 좋은 것들이 한데 결합하여 작동한다. 우리는 지금 이런 시대에 살고 있다! 이런 의식을 갖고 우리는 각각의 시대가 독특하게 공헌한 것을 이용하여 직관적이며 몸으로 아는 지식과 더불어 합리적 비판과 심층적인 종합을 통해서, 예수님이 말씀하신 것처럼, "마음을 다하고 목숨을 다하고 생각을 다하고 힘을 다하여"(마르코 12:30) 지적인 참여와 가슴으로 느끼는 일치 모두를 향해 나아갈 수 있다.

이미 여러 가지 방법들로 우리들에게 다가온 제2차 차축시대 의식을 받아들인다면, 우리는 정말 멋지고 복된 시대를 살아가는 것이다. 이런 의식이 아직 "우리에게 다가온" 것이 아니라는 많은 징조들을 볼 수 있다는 점을 나는 인정하며, 실제로 그와 반대인 것이 사실이다. 성령이 새롭게 내려올 때마다, 세계종교들 안에서도 성령에 대해 저항하는 힘들은 더욱 강해진다. 우리 시대에도 마찬가지다. 그렇다면 우리는 어떻게 우리의 생애 동안에 문명의 "위대한 전환"(the great turning)과 "새로운 기초 쌓기"(refounding)가 진척되도록 할 수 있는가?12) **우리는 밑바닥에서부터 새로 쌓기 시작해야만 한다. 이것은 만물이 하나도 예외 없이 타고난 성스러움을 회복한다는 뜻이며, 과거의 모든 잘못들은 단지 증오할 것이 아니라 교육의 기회로 삼아야 한다는 뜻이다.** 우리는 "존재의 위대한 사슬"13) 속의 모든 그물코들을 다시 연결시켜야만 한다.

---

12) 역자주: 저자는 인류문명이 "위대한 전환"을 이루지 못하면, 탐욕과 폭력 때문에 멸망할 것으로 본다. *Things Hidden*, 213.
13) Richard Rohr, *The Great Chain of Being* (Albuquerque, N.M., 2009). CD. cacaradicalgrace.org.

매우 값비싼 진주

동방교회 교부들이 사용했던 그리스어 '테오시스'(*theosis*)는 "신화"(神化, divinization)라고 번역하는 것이 가장 좋을 것이다.14) '테오시스'는 비록 보다 신비주의적이며 삼위일체적인 동방교회에서 가르쳤던 것이지만, 서방교회처럼 보다 실천적이며 채찍과 당근을 강조하는 입장에서는 대체로 사라졌다. 교회가 분열되고 갈라질 때마다, 각 집단은 복음의 메시지의 절반을 상실했는데, 이것은 동방교회의 교종과 서방교회의 교종이 서로를 파문했던 1054년의 대분열에서도 마찬가지였다. 복음의 온전함을 또 다시 상실하게 된 것은 1517년에 개신교 개혁자들(마르틴 루터, 요한 칼뱅, 존 녹스, 헨리 8세)의 분열에서, 갈릴레오 시대에 신학이 과학으로부터 분열되면서, 그리고 그 이후 여러 차례에 걸쳐 발생했다. 유대-그리스도교 역사의 거의 전부는 여성성(the feminine)으로부터 분리된 것을 보여주는데, 이것은 우리가 진리의 절반을 상실한 것이다. 항상 양편 모두 좋은 것을 잃어버렸다. 이것이 바로 이분법적 사고방식의 참담한 결과이다. 이분법적 사고방식은 신비적이며 비폭력적이거나 불이(不二, non-dual)의 차원("전적으로 하나는 아니지만 그렇다고 둘도 아니다")을 체험하는 것은 차치하고라도 그 차원을 이해할 수조차도 없다. 관상하는 정신은 종교가 사회에 줄 수 있는 독특한 선물인 것이 분명하다. 이 선물이 영적인 진화라는 바퀴가 잘 굴러가도록 기름칠을 한다.

---

14) Michael Christensen and Jeffery Wittung (Eds.), *Partakers of the Divine Nature* (Madison, N.J.: Fairleigh Dickinson University Press, 2007). 이 탁월한 논문집은 그리스도교 전통에서 "신화"(deification)라는 주제의 역사, 상실, 발전에 대해 잘 소개해줄 것이다.

따라서 복음의 이런 "값비싼 진주"를 서방교회, 즉 로마 가톨릭교회와 개신교 모두에게, 그리고 세속적 구도자들에게 다시 소개해야 할 필요가 있다.15) 시몬 베유가 여러 차례 강조한 것처럼, 비그리스도인들을 그리스도인으로 만드는 것이 그리스도인들을 그리스도인으로 만드는 것보다 훨씬 쉽다. 모태(母胎) 신자들은 거의 전부가 채찍과 당근 모델에 사로잡혀 있다.

서양의 가톨릭 신자들 가운데 혹시라도 내가 오래된 이단들을 다시 들추어내는 것으로 생각하는 사람이 있다면, 1995년에 교종 요한 바오로 2세가 하신 말씀을 생각해보기 바란다. 그는 "동방교회들의 유서 깊은 옛 전통, 즉 카파도키아 교부들이 신화(*theosis*)에 관해 가르친 것은 모든 동방교회들의 전통이 되었으며 그들의 공통적 유산의 일부가 되었다. 이것은 2세기 말에 성 이레나이우스가 이미 표현한 생각, 즉 '하느님께서 사람으로 넘어오신 것은 사람이 하느님께로 넘어갈 수 있도록 하기 위해서였다'라는 생각으로 요약할 수 있다."16)고 말씀하셨다. 교종들은 자신들이 틀림없이 신뢰할 수 있으며 권위 있다는 확신이 없이는 그런 말씀을 하시지 않는다. 교종 요한 바오로 2세는 서방교회, 즉 로마 가톨릭교회와 개신교가 모두 신화에 관한 믿음을 대부분 상실했거나 심지어 신화의 가능성을 부인해왔다는 사실을 분명히 인정하신 것

---

15) 독자들이 혼자서 좀 더 공부하고 싶다면, 내가 추천하는 서방교회의 교부들은 St. Clement of Alexandria, Origen, St. Basil, St. Athanasius, St. Irenaeus이며 동방교회 교부들은 St. Gregory Nazianzen, St. Gregory of Nyssa, St. Maximus the Confessor, Pseudo Macarius, Diadochus, St. Gregory Palamas이다. 일차 자료는 *Philokalia* (아름다움을 사랑함) 모음집과 헤지카스트 수도승들의 가르침들 속에 들어있다.

16) Pope John Paul II, "*Orientale Lumen*," Apostolic Letter of May 2, 1995, 1:6.

이다. 우리가 일반적으로 자긍심이 부족하고, 문화적으로 자기혐오 때문에 고통을 겪고 있다는 것은 전혀 이상할 것이 없다.

신화(theosis)를 위해 흔히 인용되는 "증거 본문"은 베드로의 둘째 편지로서, 영감을 받은 저자는 이렇게 말한다. "그리스도께서는 당신이 가지신 하느님의 능력으로 우리에게 경건한 생활을 하는 데 필요한 모든 것을 주셨습니다. 그래서 우리를 부르셔서 당신의 영광과 선하심을 누리게 하신 그분을 알게 해주셨습니다. 우리는 그 영광과 선하심에 힘입어 귀중하고 가장 훌륭한 선물을 받았습니다. 여러분은 그 선물을 통해서 **하느님의 본성을 나누어 받게 되었습니다**."(1:3-4).

많은 교부들은 인간과 하느님 사이의 실제로 존재론적인, 형이상학적인, 객관적인 합일을 믿었으며, 이런 합일을 통해서만 예수님은 우리를 "자신과 함께" 다시 삼위일체의 생명 속으로 데려가실 수 있다(요한 17:23-24, 14:3, 12:26). 이것은 초대교회에서 많은 신자들에게 "참여"가 얼마나 실제적이었는지를 보여준다. 참여는 사람들을 변화시켰으며, 사람들에게 가장 깊은 정체성과 새롭게 변화된 형태(trans-formation)를 주었다. 우리는 우리의 형태가 단지 인간이라고만 생각했지만, 예수님이 오셔서 우리의 실제 형태는 자신처럼 인간적이며 동시에 신적인(a human-divine) 형태라고 말씀하신다. 그는 자신만 배타적으로 하느님의 아들이라고 선언하는 것에는 별로 관심이 없으셨다. 그는 다니시면서 군중들 **누구에게나 포용적으로** 하느님의 아들과 딸이라고 전하셨다. 바울로는 이와 똑같은 요점을 말하기 위해서 "입양되었다"(갈라디아 4:5)라는 말과 "그리스도와 함께 상속을 받을 사람들"(로마서 8:17)이라는 말을 사용한다.

그리스도인들은 "온전하며 최종적인 참여"를 예수님으로부터 배웠는데, 예수님은 하느님께서 우리를 멀리 있는 천국으로 초대하신다고 믿기보다는 자신 속으로—친구와 공동참여자로서—초대하신다고 믿으셨다. 나는 지금 개인들 속의 심리적 혹은 도덕적 온전함에 관해 말하는 것이 아니다. 그것은 결코 가능하지 않으며, 그래서 많은 사람들이 이 교리를 무시하거나 불가능하다고 느낀다. 나는 지금 하느님께서 심어놓으신 "하느님의 본성을 나누어받는" 것에 관해 말하고 있으며, 이것을 우리들 안에 거하시는 성령이라고 부른다 (로마서 8:16-17). 이것이 우리가 생명과 사랑의 문명을 그 위에 세워야 하고 또한 세울 수 있는 토대이다. 이것이 없으면, 대부분의 종교적 주장들은 플라톤적 관념론이며, 또한 가짜 자기에게 영감을 불어넣고 동기를 부여하려는 헛된 시도들에 불과하다. 우리가 매주일 교회에 와야만 하는 이유는 지난 주일의 메시지가 우리를 깊은 차원 속으로 들어가도록 이끌지 못했기 때문이다.

하느님의 내주하심

이처럼 놀랍고 심지어 주제넘은 듯이 보이는 신화(theosis)라는 메시지는 우리를 "하느님의 **형상**(image)과 **닮음**(likeness)으로 지으셨다"는 창세기의 본문(1:27; 5:2)이 뒷받침한다. 많은 신학 저술들은 이 인용문을 명료하게 설명하기 위해 기록되었으며, 학자들은 이것에 합의했다. "형상"은 우리의 **객관적인** DNA로서, 우리가 어떤 옳은 일을 하거나 잘못을 저지를 수 있기 이전에 애당초부터 우리를 하느님의 피조물로서 특징짓는 객관적인 DNA라고 정의되었다. 이런 하느님의 내주하심(divine indwelling)은 완전히 거저 주시는 선물이며 지속적 현존이었다. 이것은 우리 안에 살아계신 성령으로서 때로는 "창조되지 않은 은총"이라고 부른다. 우리는 이 선물을 받은 "성전들," 그릇들이었다. 어떤 의미에서 하느님의 내주하심은 우리의 노력과 전혀 상관이 없지만, 우리의 핵심 정체성에 관해 모든 것을 말해준다. 그것은 모든 사람에게 타고난 존엄성을 주는데, 그것을 나는 이 책에서 우리의 진짜 자기와 우리의 불멸의 다이아몬드라고 부르고 있다. 그리스도인들에게는 이것이 "구원의 반석"이다. 우리 안에 거하는 하느님의 형상은 우리들 각자 안에서, 마치 천천히 소화되는 초강력 비타민처럼, 우리를 온전함을 향해 나아가도록 만든다. 이것이 바로 "원복"이다.

"닮음"은 다른 것을 뜻했다. 닮음은 하느님의 형상이라는 완전히 거저 받은 선물을 **우리가 개인적으로 나의 것으로 만드는 것**(personal appropriation)**과 점차로 실현하는 것**(gradual realization)이었다. 우리 모두는 객관적인 똑같은 선물을 받았지만, 우리가 주관적으로 어떻게 그 선물에 대해 긍정하는가 하는 것에서는 서로 매우 다르다. 우리들 자신과 다른 사람들 속에서 하느님을 닮지 않은 모습을 많이 보았기 때문에, 실천적인 서방교회는 그곳에 갈 수 없었다. 그러나 이것은 우리가 무엇에 주목하는가에 달려 있다. 교회의 관상적 차원은 우리로 하여금 이처럼 보다 깊은 진리, 자기, 신비 안에서 쉬도록 만든다.

보다 행동적이며 외향적인 서방교회는 사람들의 외적인 모습들이 하느님과 전혀 닮지 않았다는 것만을 볼 수 있었으며, 신비적인 중심 대신에 도덕적인 성취에만 주목했다. 루터가 할 수 있었던 최선의 일이란 그가 말한 것처럼, 고작 "똥 더미 위에 눈을 살짝 덮는 것"이었으며, 칼뱅이 우리에게 제공한 것은 "전적 타락"과 "선민의 예정"뿐이었다. 이처럼 본래적으로 부정적인 인간론 속에서는 어떤 신화(divinization)도 거의 불가능하다. 우리가 애당초 그처럼 큰 빚더미에 올라 있는데, 무엇을 재건하겠는가? 가톨릭교회에서는 라칭거 추기경이 동성애자들을 "본래적인 장애자"라고 불렀다. 만일에 우리의 문제가 "본래적"이라면, 우리가 무슨 수로 복음을 들을 수 있는가? 이것이 바로 실질적인 전도방해(antievangelism)이다. 전체적으로 서방교회는 항상 핵심에서 벗어났으며 단지 주변에서 춤을 추었을 따름이다. 신화는 깊은 심층 속에 보존되었지, 결코 표층의 급류 속에 보존되지는 않았다.

간단히 말해서, 초기의 동방교회와 서방의 관상전통은 하느님의 형상을 강조했던 반면에, 서방교회, 즉 로마 가톨릭교회와 개신교는 주로 닮음을 강조했다. 서방교회는 근거와 변형의 중심을 상실했으며, 동방교회는 밖을 향해 나아가는 역동성과 돌파력을 상실했다. 결국에는 우리 모두가 하느님의 "영광과 선하심"(II 베드로 1:4)을 잃게 되었다. 인간만이 아니라 교회 역사도 마찬가지였다. 우리는 귀가 눈에게 "나는 네가 필요하지 않다"(I 고린토 12:16)라고 말할 수 없다는 것을 망각했으며, 우리는 따로따로 만든 신학교와 진영들에서 그 온전한 메시지를 상실했다. 그러나 그 온전한 메시지는 우리 시대까지 계속 이어져서, 제2차 바티칸 공의회와 "새롭게 등장하는 교회"(emerging church) 운동, 관상의 재발견과 같은 희망적 운동을 통해서 회복되고 있다.

우리가 하느님과의 실제적인 합일, 진정한 변형, 실질적 참여에 대한 의식을 상실했기 때문에, 우리는 대체로 진짜 자기에 대한 생각도 상실했다. 다시 말하지만, 진짜 자기는 우리가 객관적으로 누구인가 하는 것으로서, "그리스도와 함께 하느님 안에 있어서 보이지 않는" 자기이며, "여러분의 생명이신 그리스도가 나타나실 때에 여러분도 그분과 함께 영광 속에 나타나게 될"(골로사이 3:3-4) 자기이다. 이 하나의 인용문 속에 핵심이 다 들어 있다. 교회가 그리스도교 역사의 대부분을 통해서 한 일은 주로 그리스도교적인 가짜 자기(Christian False Self)를 치장하고 위장하는 일이었다. 우리는 그것에게 세례를 베풀고, 견진성사를 베풀고, 혼인 예식을 거행했다. 우리는 그리스도인들 자신이 교회라는 것(I 고린토 3:17)을 인식하기보다는 그들을 교회에 오도록 만들었다. 우리는 흔히 교제를 할 수 없는 이들에게 "영성체"를 주었으며, 하느님 안에서 자신의 진짜 자기를 누리기는커녕 알지도 못하는 수많은 가짜 자기들을 사제로, 목사로, 주교로, 심지어 교종으로 만들었다. 이것은 크게 슬퍼하고 비통해 할 일이지, 혐오하거나 경멸할 일이 아니다. 나는 나의 글이 건설적인 것이 되기를 희망한다. 그렇지 않고서는 아무런 도움도 되지 않기 때문이다.

신비한 잔치에 오지 않은 사람들은 보통 나쁜 사람들이 아니며, 하느님께서 거절하신 사람들도 아니다. 그들은 단지 당신과 나처럼 작은 사람들일 뿐이다. 다행스럽게도 우리의 매우 크신 하느님께서는 작은 사람들을 사랑하시며, 아마도 작은 사람들을 더욱 사랑하실 것이다(이스라엘 역사, 욥기, 스바니야, I 고린토 12: 22-23, 마리아의 찬가, 예수님 자신이 그렇게 말씀하신다). **하느님께서는 우리들 속에 있는 당신의 형상을 영원히 사랑하신다.** 이것이 신비가들의 믿음이다. 하느님께서는 우리들 속의 그리스도를 사랑하시지 않을 수 없으며, 우리는 단지 점차적으로 "우리가 비추는 형상으로 변화해 갑니다"(II 고린토 3:18). 하느님의 사랑은 결코 우리에게서 떠나신 적이 없다. 그러나 우리는 항상 그 사랑에 보답하거나 우리 자신이나 서로를 깊이 사랑할 수 있었던 것은 아니다. 이것이 문제였으며 지금도 문제다.

우리의 진짜 자기는 우리들 대부분의 경우에 손대지 않은 채 남아 있는데, 그 이유는 하느님에 대한 직접적 체험이나 하느님과 합일하는 체험이 막혔으며, 부정되었고, 대체로 불가능한 것으로 천명되었기 때문이다. 그 체험은 항상 성서, 사제, 목사, 교회, 성례전을 통해 중개(중보)되어야만 했으며, 흔히 그 중개자들과 그들의 중개를 변호하는 것이 일차적인 메시지 자체가 되었다.17) 대부분의 설교자는 우리의 본래적인 가치를 말하기 전에 우리의

---

17) 역자주: 하느님에 대한 직접적 체험과 합일은 모세와 예수가 가르친 직접 종교의 핵심이다. 그러나 이런 직접 종교를 가르치고 후대에게 전하기 위해서는 예배, 성전, 안식일, 제사장, 경전, 교리가 필요하게 되었다. 문제는 직접 종교가 그 체험을 가르치기 위해 이처럼 "은총의 수단들"로 만든 것들이 일상화(routinization)되어 축적된 전통이 되었고, 특히 외부의 종교-문화적 위협에 맞서 자신들의 종교적 정체성을 지키기 위해 절대화되면서 종교의 목적 자체(우상숭배)로 둔갑할 때, 직접 종교는 성전중보체제로 변질되었다. 종교는 성전세를 내지 못하는 가난한 사람들과 병자들과 외부인들을 억압하고 차별하는 원천이 된 것이다. 따라서 예수가 성전중보체제의 핵심인 안식일법과 정결법, 용서에 대한 제사장들의 독점권에 대해 저항하며 하느님의 무차별적 사랑과 누구나 하느님께 나아갈 수 있는 친밀한 "아빠 하느님"과의 합일을 가르치자, 제사장들과 신학자들이 앞장서서 예수를 죽이게 되었으며, 교회는 중세 이후 수많은 신비가들을 박해하게 되었다. 그래서 돈 큐핏은 그리스도교가 성전중보체제에 의해 살해된 예수의 무덤 위에 세워진 역사상 가장 강고한 성전중보체제가 되어, "마지막 거대한 형태의 우상숭배가 되었다"라고 비판한다. 오늘날에도 성경절대주의(bibliotry), 교회중심(성장)주의, 성직자 중심주의, 주일성수, 교리수호, 심지어 "예수의 우상화"(Jesusolatry)는 이런 맥락에서 성전중보체제가 만든 표층종교의 특징들이며, 성직자들의 안이한 "종교 비즈니스"의 산물로 이해할 수 있다. 특히 오늘날 자본-정권-보수언론-대형교회의 카르텔이 기득권 체제를 강화하기 위해 성전중보체제는 지배체제에 대한 예수의 비판과 저항을 약화시키고 매우 유순하며 복종적이며 비정치적인 예수로 둔갑시켜 "삼박자 구원"과 같은 성공과 번영의 복음을 만들었다. 참조, 『예수 정신에 따른 기독교 개혁』(박상선·김준우 역, 한국기독교연구소, 2006), 42-43.

무가치함부터 상기시켜주기에 바빴다. 그래서 많은 사람들은 낮은 자존감이라는 블랙홀에 너무 깊이 빠져버려서 기어서 올라올 방법이 없었다. 집을 세울 토대가 없었으며, 그들이 볼 수 있는 것이라곤 자신들의 연약함과 무능력뿐이었다. 인간의 존엄성을 세울 견고하며 객관적인 토대가 없으며, 누구나 자유 낙하에 맡겨졌다. 그럴 필요가 전혀 없었는데 말이다.

이스라엘의 많은 예언자들이 말한 것처럼, 항상 핵심 메시지를 간직하는 "남은 자들"이 있게 마련이다(이사야 4:3). 남은 자들은 누룩이 되어 마침내 빵 전체를 부풀린다. 예수님도 이 똑같은 아름다운 은유를 사용하여 하느님 나라를 세우셨다(마태오 13:33). 하느님께서는 이 언약의 신적인 측면을 일방적으로 지키시는 일에 익숙하게 되셨으며, 항상 주도적으로 행동하신다. 바울로가 말한 것처럼, "우리가 신의를 저버렸다고 해서 하느님께서도 신의를 저버리시겠습니까? 절대로 그럴 수 없습니다. 세상 모든 사람이 거짓[자기]이라 하더라도 하느님만은 언제나 진실한 [자기] 분이십니다."(로마서 3:3-4).

하느님께서는 항상 우리들 안에 계신 자신을 사랑하신다. 심지어 우리들이 우리 자신을 사랑하지 않고 공경하지도 않을 때라도, 마치 부모가 자기 파괴적인 자녀를 사랑하는 것처럼 말이다. 부모는 대개 자기 파괴적인 자녀를 더욱 인내심을 갖고 사랑한다. 예수님은 "너희가 나를 사랑한 만큼 나는 그들도 사랑했다"(요한 17:23)고 말씀하신다. 이것이 삼위일체적인 절대적 사랑이다. 이것은 참여가 더욱 넓게 퍼지는 물결인데, 그 물결은 마침내 인간의 가장 먼 가장자리에까지, 그리고 인간을 넘어 모든 피조물들에게까지 이르는 물결이다.

6장

그것이 진리라면, 어디에서나 진리이다

그리스도의 몸도 하나이며 성령도 하나입니다. 이와 같이 하느님께서 여러분을 당신의 백성으로 부르셔서 안겨주시는 희망도 하나입니다. 주님도 한 분이시고 믿음도 하나이고 세례도 하나이며 만민의 아버지이신 하느님도 한 분이십니다. 그분은 만물 위에 계시고 만물을 꿰뚫어 계시며 만물 안에 계십니다.

— 에페소서 4:4-6

그리스도께서는 우리가 당신 자신보다 진리를 더 사랑하기를 원하신다. 왜냐하면 그분은 그리스도이시기 전에 진리이기 때문이다. 만일에 우리가 그분에게서 떠나 진리를 향해 가면, 멀리 가기 전에 그분의 팔에 안긴다.

— 시몬 베유

유대인이든 그리스도인이든, 아니면 다른 어느 종교인이든 간에 자신들이 처음으로 하느님의 영원한 패턴과 현존을 알 수 있었던 사람들이라고 생각해서는 안 된다. 결국 그 패턴들은 "하느님께서 명백하게 보여주셨기 때문에 너무나도 명백합니다. 하느님께서는 세상을 창조하신 때부터 창조물을 통하여 당신의 영원하신 능력과 신성과 같은 보이지 않는 특성을 나타내 보이셔서 인간이 보고 깨달을 수 있게 하셨습니다. 그러니 사람들이 무슨 핑계를 대겠습니까?"(로마서 1:19-20). 도대체 어느 하느님이 그 이름에 걸맞지 않게 제한되며 인색하며, 완전히 볼 수 없거나, 존재 자체를 짓눌러 어느 구체적인 시간의 틀이나 문화 혹은 단어 속에 끼어 맞추도록 하실 필요가 있으시겠는가? 하느님은 정말로 그럴 필요가 없으시다면, 모든 선한 의지를 가진 사람들은 그분을 볼 수 있다. 이것이 바로 "영원한 철학 전통"이 뜻하는 것이며, 이 철학 전통은 계속 새롭게 표현된다.

성 보나벤투라(1217-1274)가 말한 것처럼, "하느님은 지성으로 알 수 있는 공간으로서 그 공간의 중심은 어디에나 있지만 그 경계선은 어디에도 없다… 하느님은 만물 속에 계시지만 갇혀 계신 것이 아니며, 만물 밖에 계시지만 못 들어오시지 않으며, 만물 위에 계시지만 멀리 떨어져 계신 것이 아니며, 만물 아래에 계시지만 깔려 계신 것이 아니다… 하느님은 궁극적으로 한 분이며 모두를 품어 안으신다. 그러므로 하느님은 '만물을 완전히 지배하시는 분'이시다"(I 고린토 15:28).[1] 우리는 바울로와 "교회의 박사"로 선포된 성 보나벤투라를 범신론자(pantheists)로 고발하거나, 그렇지 않으면 이 인용문의 의미를 아직 파악하지 못한 것이 바로 **우리들 자신**이라는 것을 인정할 수밖에 없다.

예수님은 우리가 "모든 사람에게 복음을 선포하라"고 말씀하셨다(마르코 16:15). 이것은 우리가 그들의 세계 속으로 들어가, 그

---

1) Bonaventure, "The Soul's Journey to God," in *Classics of Western Spirituality* (New York: Paulist Press, 1978), V, 8.

들의 말을 배우고, 겸손하게 그들의 생각을 이해하는 것이지, 그들이 우리를 이해하고 우리 생각에 완전히 동의할 때까지 둘러앉아서 기다리라는 말이 아니다. 심지어 다른 사람들에게 복음을 전달하는 방법에 최선을 다 하지 않는다면, 우리는 폐쇄된 집단이며 결국에는 우리들 내부 사람에게나 외부 사람들 모두에게 복음이 아닌 것이다. 바울로가 각각의 청중에게 다가가기 위해 어떻게 자신의 말과 생각을 조정했는지를 주목할 필요가 있다. 그는 자신의 이런 태도를 칭찬하기까지 했다(I 고린토 9:19-23). 그는 아테네 사람들에게 말하면서, "이리하여 사람들이 하느님을 더듬어 찾기만 하면 만날 수 있게 해주셨습니다. 사실 하느님께서는 누구에게나 가까이 계십니다. **우리는 그분 안에서 숨 쉬고 움직이며 살아가기 때문입니다**"(사도행전 17:27-28, 강조는 저자의 것)라고 했다. 이어서 그는 몇 가지 이방인 자료를 인용하여 "우리는 모두 그분의 자녀들입니다"라고 말한다. 그는 이 유명한 연설을 시작하면서, 우리가 "미처 알지 못한 채 하느님을 예배할" 수 있다는 것을 인정했다 (17:23). 우리가 하느님을 예배하기 위해서 우리가 반드시 하느님을 예배하고 있다는 것을 알 필요가 있는 것은 아니다. 우리는 이런 성서 본문이 어떻게 나중에 폐쇄된 사고방식 때문에 잊혀지거나 무시되었는지에 대해 의문을 갖는다. 바울로가 자신의 메시지를 외부인들에게 전달하는 데 실패해서 이방인들이 알아들을 수 없게 되었다면, 그리스도교는 유대교 안의 소종파로 남았을 것이며, 우리들 대부분은 오늘 이 책을 읽지 않을 것이다.

아마도 하느님과 의식과 존재는 똑같은 것일 것이다. 태초부터 흘러넘치는 이 풍성함, 우리가 하느님이라고 부르는 이 분은 분명히 끝없는 다양성, 다산, 현현을 사랑하시며 그 속에 자신을 드러내신다. 무형의 일자(Formless One)는 영원히 새롭고 놀라운 형태들을 추구하신다. 텔레비전의 자연 채널, 특히 이제까지 대체로 우리에게 알려지지 않았던 깊은 바다나 곤충의 세계에 대한 프로그램을 보라. 하느님은 분명히 지루함, 획일성, 배제, 생각 없는 반복, 똑같은 것에 대해서는 관심이 없으시다.

하느님은 확실히 단순한 부족의 신(tribal God)이 아니다. 우리는 세 개의 유일신 종교가 이 메시지를 가장 먼저, 가장 잘 이해했다고 생각할 것이다. 어느 집단도 하느님을 작은 성막이나 신전 속에 가두거나 통제할 수 없지만(요한 3:6-8, 4:23-24을 보라), 이것이 출애굽 이후 계속된 유혹이었으며, 모든 종교가 이 유혹에 빠지고 만다. 도대체 어느 누가 하느님이 작은 분이라고 상상하면서 여전히 그 현상을 하느님이라고 부르겠는가? 오직 눈을 질끈 감은 자들만이 그럴 수 있다. 역사와 점점 좁아지는 세계, 그리고 예수님이 선포하신 하느님 나라는 매우 큰 성막과 우주적인 신전을 요구한다. 우주는 하느님께서 다스리시는 하나의 우주이다. 하느님을 사랑하는 사람들이 이것을 볼 수 없다면, 이 지구에 어떤 소망이 있을지 의문이다.

토마스 아퀴나스, 보나벤투라, 존 둔스 스코투스는 이 똑같은 것을 명확하게 "하느님은 존재 자체"(*Deus est Ens*)라고 가르쳤다. (이것은 하느님이 **한** 존재이거나 **모든** 존재들이라고 말하는 것과는 전혀 다른 것이다.) 존재는 단지 힌두교 경전, 코란, 혹은 유대-그리스도교 시대에서부터 자신을 보여주기 시작한 것이 아니다. 만일 그랬다면, 하느님은 그 이후에 정말로 오랫동안 하실 말씀이 없이 침묵을 지키셨을 것이며 지루해하시며 엄지손가락만 주무르고 계셨을 것이다. 분명히 하느님께서는 단지 정통 유대인, 로마 가톨릭, 미국 복음주의자들이 나타나기를 기다리셨던 것이 아니다. 그들이 나타난 것은 우리가 알고 있는 우주적 시간의 마지막 10억분의 1초 동안에 이루어진 것이다.

초기 그리스도교에서는 이처럼 큰 패턴을 탐구하는 것을 레렝스의 성 빈켄티우스의 이름을 따라 "빈켄티우스 정경"(Vincentian canon)이라고 불렀는데, 그는 434년에 처음으로 **가톨릭**(catholic)이라는 단어에 대해 정의를 내렸다. 그는 고전적인 교부 문서에서 우리가 이단과 진리를 분별하는 방법을 이렇게 말했다. "이제 가톨릭교회 자체 안에서는 우리가 **어디에서나 항상 모든 사람들이 믿어왔던 것**을 가르치는 데 각별히 주의한다(강조는 저자의 것). 이것만이 진정으로 적합하게 '가톨릭'인데, 이 단어의 힘과 의미가 보여주듯이 그 뜻은 보편성(universality)이다. 우리가 보편적이며 에큐메니칼 백성이라면 우리는 이 규칙을 지켜야만 한다."2) 동방정교, 로마 가톨릭, 개신교의 모든 신학교들에서 이 정경을 가르쳤어야만 했다. 이것이 바로 니케아 신조에서 "나는 하나의 거룩한 **보편적**(catholic)이며 사도적인 교회를 믿습니다"라고 고백하는 뜻이다. 그러나 대부분의 교파 신학교들은 이 초기의 빈켄티우스 정경을 들어본 적이 없다. 이것은 우리가 전체적으로 부족적인 사고방식과 편견을 갖고 있었다는 점을 보여준다. 나는 그의 지혜를 영원한 철학의 한 핵심으로 간주한다.3)

---

2) Vincent of Lerin, *Commonitorium* (Cambridge: Cambridge University Press, 1915), #3.
3) 역자주: 저자가 목회자 안수(서품)의 문제와 관련해서 지적하는 것 가운데 하나는 올바른 성서적-신학적 지식만 심사할 따름이지, 제자로서의 삶(생활방식)과 체험 위주로 심사하지 않는다는 점이다. 다른 사람을 그리스도에 대한 믿음, 소망, 사랑에로 인도한 경험이 전혀 없이도 시험만 잘 치르면, 즉

만약 그것이 진리라면, 어디에서나 참되어야 하며, 그렇지 않다면 전혀 참된 것이 아니라는 빈켄티우스의 말은 백번 옳다. 그처럼 폭넓고 깊으며 신비주의적인 이해는 교파적인 "교회론"이나 신학적 논쟁에만 국한되어서는 안 된다. 만일 어떤 것이 진리라면, 과학, 심리학, 시, 철학도 똑같은 것을 서로 다른 각도에서, 서로 다른 차원에서, 서로 다른 어휘들로 보게 될 것이다. 우리는 여전히 빈켄티우스 정경을 사용할 수 있으며, "어디에서나 항상 모두가" 수용하는 진리를 찾을 수 있다. 아마도 우리 세대보다 이 일을 하기에 더욱 잘 준비된 세대는 없을 것이다. 우리는 견고한 학문과 과학을 사용할 수도 있기 때문이다.

지금은 여전히 팽창하는 우주를 통해 하느님의 첫 성육신이 적어도 146억 년 전에 하느님께서 처음으로 자신을 "물질화하여 분명히 드러낼" 것을 작정하셨을 때 시작되었다는 것을 알 수 있다. 우리는 그것을 "빅뱅"(the big bang)이라고 부른다. 그러나 **인간으로 성육신하신 것**은, 그리스도인들이 믿는 바에 따르면, 2천 년 전에 예수님의 현현으로 나타났다. 예수님은 풍성한 유대인들의 뿌리에서 태어나셨는데, 유대인들은 이미 하느님과 자신들 사이의 관계가 "나와 너"(I-Thou)의 관계라는 것을 알고 있었다. "타자의 얼굴"(the Face of the Other)은 점차 얼굴과 얼굴을 맞대면하는 형태로 그 자체를 드러냈기 때문에, 우리는 개념화할 수 없는 이

지식만 있으면 안수를 준다는 점을 비판한다. 신학교육과 관련해서도 커리큘럼에 관상훈련을 시키는 신학교가 없다는 점을 비판하는 것은 그리스도의 마음과 신비를 직접 체험하고 복음의 "살아 있는 모델"이 되는 것이 목회자 자신의 온전함을 위해서만이 아니라 위기에 봉착한 교회와 세계를 위해 매우 필요한 과제라는 것을 인식하기 때문일 것이다. Richard Rohr, *Silent Compassion* (2014), 68.

놀라운 신비에 대해 어떻게 인격적으로 관계를 맺는지를 알 수 있었다(I 요한 1:1-4). 그리스도인들에게는 이 신비가 예수님의 사랑의 얼굴 속에 곧바로 드러난다(요한 1:18; II 고린토 4:6). 이것을 믿는 것이 얼마나 놀라운 신앙의 도약인지를 나의 유대인 친구들과 세속적 친구들이 종종 나에게 상기시켜준다.

오늘날 우주론은 신학의 상당 부분을 재구성할 수 있도록 놀라운 경이에 가득 찬 모습들을 제공한다. 진리는 가장 먼저 피조물 자체 속에 기록되었으며, 이것이 우리의 일차적인 성서이다(로마서 1:19-20). 그리고 삼라만상 전체는 처음부터 사물들이 살고, 죽고, 다시 새로운 모습으로 살아난다는 것을 말해준다. 그리스도인들은 "그리스도께서 죽으시고, 그리스도께서 사시고, 그리스도께서 다시 오신다"고 말하며, 이것을 가장 큰 "신앙의 신비"(the mystery of faith)라고 말한다. 불교도들은 이 똑같은 패턴을 "공즉시색(Emptiness is form.), 색즉시공(Form is emptiness.)"이라고 말한다. 그리스도인들과 불교도들은 모두 똑같은 것을 말하지만 서로 다른 은유를 사용하는 것이다. 우리의 언어는 인격적이지만, 그들의 언어는 보다 추상적이며 철학적이다. **우리는 모두 만물이 죽고 그 형태를 바꾸며, 또한 현재 상태로 영원한 것은 아무것도 없다고 말하는 것이다.** 이제는 과학도 이것을 말한다.

그러나 나는 그리스도인으로서 재생이나 윤회를 말하는 것이 아니라 부활을 말한다. 부활은 재생이나 윤회와는 매우 다르다. 부활은 단지 형태를 바꾸는 것만이 아니라 어떤 방식으로든 발전된 형태로 바꾸는 것이다. 그리스도인들은 진화를 믿을 준비가 가장 잘 된 사람들이었지만, 진화론에 맞서서 가장 많이 싸운 사람들이 되어버렸다. 이것은 우리가 실제 복음서 이야기들을 얼마나 성찰하지 않았는지를 보여주는 것이라고 나는 생각한다(부록 2를 보라).

더 나아가, 부활을 믿지 않던 사두가이파 사람들에게 예수님이 하신 말씀은 이 문제에서 매우 중요한 의미를 지닌다. 예수님은 그들에게 "하느님께서는 죽은 자의 하느님이 아니라 살아 있는 자의 하느님이시다. **하느님에게는 모든 사람들이 실제로 살아 있는 것이다.**"(루가 20:38)라고 말씀하신다. 우리는 이 말씀을 읽고 너무나 빨리 우리가 배운 그리스도교적인 응답으로 되돌아갈 것이 아니라, 잠시라도 이 말씀을 곰곰이 생각할 필요가 있다. 하느님을 진정으로 찾는 길은 계속 넓어지고 있지 결코 좁아지지 않는다. 우주 자체가 그렇게 확장되는 것처럼, 우리는 더욱 큰 의식, 더욱 발랄한 생기, 더욱 깊은 합일을 향해 나아가고 있다. 떼이야르 샤르댕 신부는 이것을 **"신의 유혹"**(a divine allurement)이라고 불렀는데, 이것은 정말로 우주적 "그리스도가 충만하심의 경지"(에페소서 4:13)에 이를 때까지 우주를 앞으로 나아가도록 이끄는 것이다. 샤르댕 신부에게는 이것이 역사의 **오메가 포인트**(the Omega point)로서, 우주를 하나로 통합하여 의미 있고 희망이 넘치게 하는 것이다. 그곳을 향해 나아가는 방향성과 궤적이 있는데, 이것이 바로 유대인들과 그리스도인들 모두가 믿어야 했던 것이다. 그러나 샤르댕 신부처럼 과학, 철학, 신비주의, 시를 탁월하게 통합한 사람은 없었다.4)

---

4) 떼이야르 샤르댕, 『신의 영역』(이문희 역, 분도출판사, 2010), 『인간현상』(양명수 역, 한길사, 1997). 이 책들에 깊은 영향을 받은 많은 사람들은 "나는 그가 가르친 것을 정확하게 반복할 수는 없지만, 내 인생을 바꾸어놓았다!"고 말했다. 내가 1960년대 초반에 대학시절에 그의 책들을 읽었을 때, 나 역시 똑같은 영향을 받았다. 당신이 샤르댕을 읽은 후에는 다시 작아질

과학과 신학의 통합에 대해 우려하는 그리스도인들이 있다면, 그런 통합이 유대-그리스도교 메시지를 의심스럽게 만드는 것이 아니라 실제로 훨씬 더 크고 더욱 부인할 수 없는 메시지로 만든다는 점을 생각하기를 바란다. 빈켄티우스가 말한 "가톨릭"이 되는 대신에 우리가 부족적인 신앙인이 되는 것을 더 좋아하는 것이 아니라면 말이다. 우리는 복음이 작은 진리이기를 원하는가, 아니면 큰 진리(Great Truth)이기를 원하는가? 이것은 많은 그리스도인들이 스스로에게 자문해야만 하는 질문이다.

과학은 더 이상 우리의 적이 아니다. 양자 물리학, 생물학을 비롯해서 여러 학문들은 과학이 철학보다 훨씬 더 좋은 우리의 파트너라는 점을 보여주고 있다. 만일 무엇인가가 영적으로 참된 것이라면, 그것은 물리적 세계에서도 참된 것이며, 또한 대학교의 모든 학과들이 서로 다른 분야에서 "한 진리"를 추구하듯이, 모든 종교 역시 서로 다른 각도, 목표, 전제들에서부터 "한 진리"를 찾고 있다. 우리가 위대한 큰 진리를 갖고 있다고 정말로 확신한다면, 다른 이들도 다른 각도에서 그것을 보고 있다는 것을 신뢰해야만 한다. 그렇지 않다면 그것은 위대한 큰 진리가 아니다. 우리가 우리 자신의 작은 텐트 속에서 살기로 작정했으며, 다른 이들의 관점에서 그들과 대화할 수 없으며 또한 대화하기를 원하지 않는다고 생각하지 않는 한, 아무도 우리의 적이 되지 않는다. 우리는 다른 사람들도 각자 자신들의 관점에서 흔히 우리와 매우 비슷한 "기쁜 소식"을 누려왔다는 사실을 인식하기보다는 너무 자주 다른 사람들은 악의가 있다고 상정하고 그들을 적으로 삼는 일에 열중했다.

수 없다.

큰 진리는 책들로 기록되기 이전에 실재 자체 안에 기록되었다. 우리가 실재에 대해 긍정하면, 그 똑같은 진리가 성서 안에 기록된 것을 발견할 것이다. 우리가 실재 속의 진선미에 대해 응답하지 않는다면, 세상에서 가장 잘 번역된 성서 속에서조차 진선미를 볼 수 없을 것이다. 어느 것이 진리라면, 그것은 항상 어디에서나 진리이며, 진리를 진지하게 사랑하는 사람들은 진리가 어디에서부터 나오건 간에 그 진리를 받아들이게 마련이다. 만일 어느 것이 참되다면, 그것은 공동의 영역이며, 인간의 정신은 "하느님께서 창조하신 만물들 속에서 그것을 볼 수 있다"(로마서 1:20). 아퀴나스가 즐겨 말했던 것처럼, "만일에 그것이 참되다면, 그것은 항상 한 성령으로부터 온 것이다." 중요한 질문은 "누가 그것을 말했는가?"가 아니라 "그것이 진리인가?"이다.

나는 하느님의 뜻이 학자들이 주장하는 이론이나 윤리신학, 혹은 어떤 형태이든 추상적인 것이라고는 믿지 않는다. 하느님의 뜻은 **각각의 상황 속에서 우리가 최선을 다 해서 그 상황의 진리를 찾는 것**이다. 사람들 대부분이 회당, 성전, 교회, 코란, 윤리신학이나 성서에 접근하지 못했던 상황에서, 하느님께서 인간에게 최선을 다 해서 진리를 찾는 것 이외에 달리 무엇을 요구하실 수 있으셨겠는가? 그들 모두가 하느님의 뜻을 찾지 못한 채 하느님께 거부당했는가? 모든 사람들 속에 있는 진짜 자기는 어떤 방식으로든지 하느님의 "숨은" 뜻을 알 수 있는 자연적인 능력을 갖고 있다. 정신과 마음과 영혼이 열려 있으며, 자기방어에 몰두하지 않는다면 말이다(이것이 언제나 영적 과제이지만 쉽게 도달할 수 있는 것이 아니다).

예레미야는 그것을 "너희 가슴에 새겨진 법"(31:33)이라고 불렀다. 가톨릭 전통은 그것을 "자연법" 혹은 "자연 신학"이라고 불렀다. 인간의 의식이 생겨난 이래로 영혼이나 진짜 자기는 다른 것들의 영혼에 자연스럽게 반응해왔다. 가짜 자기는 거의 언제나 심지어 좋은 것들조차도 왜곡시키는데, 그 이유는 가짜 자기가 모든 것을 "나에 관한 것"으로 생각하기 때문이다. 결코 그렇지 않은데 말이다.5)

모세는 진작에 그것을 다음과 같이 시적으로 가장 잘 표현했다. "내가 오늘 너희에게 내리는 이 법은 너희로서 엄두도 내지 못할 일이거나 미치지 못할 일은 아니다. 그것은 하늘에 있는 것이 아니다. '누가 하늘에 올라가서 그 법을 내려다 주지 않으려나? 그러면 우리가 듣고 그대로 할 터인데.' 하고 말하지 마라. 바다 건너 저쪽에 있는 것도 아니다. '누가 이 바다를 건너가서 그 법을 가져다주지 않으려나? 그러면 우리가 듣고 그대로 할 터인데.' 하고 말하지도 마라. 그것은 너희와 아주 가까운 곳에 있다. 너희 입에 있고 너희 마음에 있어서 하려고만 하면 언제든지 할 수 있는 것이다"(신명기 30:11-14).

유대인들은 이 말씀을 율법이라고 부르며, 그리스도인들은 이것을 로고스 혹은 청사진이라고 부르며, 도교에서는 영원한 도라고 부르며, 불교도들은 공 혹은 대자대비라고 부르며, 힌두교도들은 브라만이라 부르며, 수피 무슬림들은 춤이라 부르며, 과학은

---

5) 역자주: 저자는 지배적인 힘(정치권력)이 강제와 처벌과 같은 행동(doing)을 통해 영향을 미치는 것과는 반대로 영적인 힘은 우리의 존재(being)를 통해 영향을 미친다고 말하면서, 하느님을 믿지 않는 이들에게 하느님이 영원한 형벌을 내리신다는 식의 조건적이며 보복하는 하느님을 가르치면서 사람들에게 보복하지 말고 사랑하라고 말하는 것은 시간낭비라고 지적한다. *Things Hidden*, 88-89.

보편적 이론들에 관해 말한다. 그러나 그것은 우리들 모두가 수천 가지 길로 찾으려 애쓰는 하나의 진리를 가리키는 것이다. 우리 모두는 나름대로 일관성이 있으며 심지어 자비심이 많은 우주를 믿는다. 아마도 이것이 신앙이라는 말뜻의 핵심일 것이다. 이것이 바로 선한 의지를 갖고 진지하게 탐구한 모든 사람들이 발견한 영원한 철학 전통이다.

아마도 우리 시대의 문화적 상징인 웬델 베리는 이 점에서 우리를 위한 훌륭한 안내자일 것이다. 그는 종종 "당혹스러움을 모르는 정신은 몰두하는 정신이 아니다!"라고 말하곤 했다. 많은 종교인들에게 중요한 영적 문제는 그들이 잠시 동안만이라도 당혹스러움을 겪기를 거부한다는 사실에 있다.

7장

총부리 앞에서의 각성

내려놓는 것은 선택사항이 아니다. 죽어가는 과정에서 나타나는 변화 가운데 어떤 것도 선택해서 나타나는 것은 없다… 물이 배수관을 향해 세차게 빨려 들어가는 것을 상상해보라.

— 캐슬린 다울링 싱

넘쳐흐르는 것은 솟아나는 것과 일치하게 마련이다.

— 마이스터 에크하르트

우리 각자가 틀림없이 죽음을 맞게 된다는 것을 부인하려 하고, 다가오는 죽음과 싸우며, 또한 우리가 알고 있는 유일한 자기가 소멸하는 것을 피하려 한다는 것은 결코 이상한 일이 아니다. 캐슬린 다울링 싱이 그의 선구자적인 책 『죽어가는 과정 속의 은총』에서 말한 것처럼, "그것은 '출구 없음'의 경험이다. 그 상황은 불가피하다는 사실, 존재의 근거가 지닌 자비에 우리가 완전히 떠맡겨져 있다는 사실을 인정하는 것이다… 그것은 부조리하며 괴물과 같다."[1)]

"존재의 근거"(the Ground of Being)는 폴 틸리히가 사용한 용어로서, 우리들 대부분이 하느님이라고 부르는 존재(사도행전 17:28)를 나타내는 탁월한 은유이다. 싱에게는 "존재의 근거"가 우리가 깊이 갈망하며 또한 절망적으로 두려워하는 원천이며 목표이다. 그것은 루돌프 오토가 말한 "두려운 신비"(Mysterium Tremendum)로서, 우리를 유혹하면서도 동시에 떨리게 만드는 것이다. 하느님과 죽음은 모두 우리를 "삼키는 것"처럼 느껴지는데, 우리가 처음으로 우리 자신을 완전히 다른 사람에게 내어맡겼을 때 느꼈던 감정 같은 것이다. 그것은 우리를 해방시키는 합일이지만, 우리는 그것에 대해 저항하며, 생각에서 없애버리려 하며 도망친다. 역사적으로 남성들의 성년식은 하느님과 죽음을 미리 직면하도록 만들어, 그것이 자신의 진짜 자기에게 아무런 해를 끼칠 수 없다는 것을 스스로 깨달을 수 있도록 만드는 의식이었다.[2]

  죽음의 길과 다시 살아나는 길은 모든 심원한 영적 가르침이 목표로 삼아야만 하는 것이다. 그 길만이 나중에 우리로 하여금 "내가 죽었다고 해서 도대체 무엇을 잃었는가?"라고 말할 수 있게 만든다. 그것은 우리가 자신에 대해 생각하는 모든 것을 내려놓는 일이며, 전혀 경험한 적이 없는 세계 속으로 옮겨가는 것이며, 우리의 본래 자기가 되는 일인데, 우리의 본래 자기는 우리가 항상 깊은 곳에서는 알고 있었지만 표면적으로는 전혀 모르고 있었던 자기이다. 이것이 바로 우리가 천국에서 가장 먼저 놀라게 될 것임에 틀림없다. 천국에서 우리의 첫마디는, 젊은이들이 승리를 표

---

1) Kathleen Dowling Singh, *The Grace in Dying* (New York: HarperCollins, 2000), 107.
2) Richard Rohr, *Adam's Return* (Chestnut Ridge, N.Y.: Crossroad Publishing, 2004).

시하기 위해 주먹을 움켜쥐고 말하듯이, 큰 소리로 '예스'(Yes)라고 말하는 것이 될 것이다.

의식을 잃지 않은 채 임종하기 직전의 마지막 몇 달, 몇 주, 며칠, 몇 시간 전에, 마침내 우리의 가짜 자기를 포기하는 것은 싱의 표현처럼 "총부리 앞에서의 각성"(enlightenment at gunpoint)이라 부를 수 있다. 누구나 이런 사치를 누리는 것은 아니다. 비록 모두 이런 최종적 각성을 추구해야 하지만 말이다. 우리는 죽음이라는 본래적인 영적 사건을 단순한 의학적 사건으로 만들어버렸다. 가족들은 사랑하는 사람의 임종에 참여해야 하며, 이 세상의 어떤 주일학교 수업이나 세례문답 교육도 결코 이런 영적인 상실을 보충할 수가 없다. 아기가 출생하는 경우에도 마찬가지다.

출생과 임종에 함께 하지 않으면, 우리는 각성을 몇 십 년 뒤로 연기하는 것이 된다. 구원은 **만일**(if)의 문제라기보다는 우리가 구원을 얻는 **순간**(when)의 문제이며, 또한 우리가 얼마나 침착하게 받아들일 수 있느냐의 문제이다. 예수님은 "너희는 걱정하지 마라. 하느님을 믿고 또 나를 믿어라. 내 아버지 집에는 있을 곳이 많다."고 말씀하신다(요한 14:1-2). 예수님이 하느님의 나라가 "가까이 왔다"(마르코 1:15), 또는 "너희 가운데 있다"(루가 17:21)라고 말씀하셨을 때, 그는 주로 유대인들, 가나안 족속, "죄인들," 이방인들, 그밖에 그리스도를 믿는 "별 볼일이 없는 사람들"에게 하신 말씀이라고 나는 생각한다. 예수님은 누구나 하느님께 나아갈 수 있다는 것을 선언하신 것이다.

도대체 우리는 왜 복음을 하나의 경쟁으로 둔갑시켰을 뿐이지, 이처럼 사랑에 모든 것을 내어맡기는(surrender into love) 필수적이며 아름다운 과정을 기쁘게 선포하는 것으로 만들지 않았는가?

그 이유는 우리의 에고(가짜 자기)가 누구나 윈윈(win-win)하는 것보다는 자기만 이기고 남들은 패배하기를 더 좋아하기 때문이다.3) 심지어 매우 이상하게도 자신을 패배자로 규정할 때조차도 그런 못된 심보를 버리지 못하기 때문이다. 에고는 항상 차분한 협동보다는 남을 짓밟는 경쟁을 선택한다. 우리는 하느님께서 모든 사람들을 구원하시도록 기다리기보다는 조만간 우리들 가운데 단지 몇몇 사람들만 승리할 수 있는 경주를 시작한다. 이것은 거의 미국식 방식이다. 이런 사고방식 자체가 "지옥"이다. 이것은 영적인 자본주의(spiritual capitalism)에 불과하다. 하느님께서 크게 승리하시는 것이 천국이다. 천국은 하느님의 승리를 축하하는 것이지, 우리의 승리를 축하하는 것이 아니다. 그리고 영원한 잔치의 식탁 위에 걸린 현수막에는 오직 하나, "사랑이 죽음보다 강하다"는 구절이 적혀 있을 것이다.

죽음과 공포

나는 "진짜 자기"라는 말이 성서에 단 한 번 나온다는 것을 알고 있다. 바울로는 이 말을 사용해서 자신의 가짜 자기가 충동질하는 시련들 한복판에서 자신이 필사적으로 중심을 잡으려 하고 있다는 것을 설명하면서, 이렇게 말한다. "그런 일을 하면서도

---

3) 역자주: 저자는 전통적 대속론(만족설)이 십자가를 "인간의 변화보다는 하느님의 (악마와의) 거래 이미지"로 만들었다고 비판하면서 이렇게 말한다. "십자가는 단순한 승패(win-lose)의 시나리오를 거부하고 가능한 원-윈(win-win) 시나리오를 위한 것이다. 십자가는 미워하기를 거부하고, 타인을 패배시킬 필요성을 거부하는 것이다. 그런 방식은 폭력을 반복하며, 세상이 항상 정상적인 것이라고 부른 세상의 냉혹한 바퀴 속에 머무는 것이기 때문이다." *Things Hidden*, 199, 203.

그것을 해서는 안 되겠다고 생각하고 있으니 결국 그런 일을 하는 것은 나의 **진짜 자기**가 아니라 내 속에 들어 있는 죄입니다"(로마서 7:20). 그는 자신 속의 한 부분이 객관적이며 참되며 죽음을 두려워하지 않는다는 것을 어떤 방식으로든 알고 있었다. 그는 이어서 진짜 자기를 가짜 자기와 대조시키고(7:14-25), 가짜 자기를 따르는 것을 "죄"라고 부른다. 이 죄는 우리들 자신을 개인적이며 자율적으로 보는 우리의 기분 좋은 자기 이미지이다. "이 몸"이 우리가 스스로에 대해 생각하는 모든 것이라면, 우리가 죽는 것을 두려워하는 것이 전혀 이상할 것이 없다. "이 몸"이 우리가 알고 있는 모든 것이며 갖고 있는 모든 것이기 때문이다. 우리가 자신의 영혼을 발견하지 못했다면 말이다. 가짜 자기는 죽음을 몹시 겁내는데, 그 이유는 가짜 자기는 "나 자신"이라고 부르는 이 정신적 에고가 죽게 된다는 것을 알고 있으며, 장기적인 관점에서 가짜 자기에 대한 대안이 없기 때문에, 단기적인 관점에서만 생각하기 때문이다. 가짜 자기는 실체가 없으며, 영원하지도 않고, 생명력도 없이, 여러 형태의 즉각적인 만족만을 추구한다.

우리가 신체적 죽음이든, 에고에 고착된 것이 죽는 것이든, 죽음을 두려워할 때마다, 또는 관심을 다른 데로 돌리기 위한 어떤 종류의 전략을 사용하든 간에, 그 순간에는 우리가 가짜 자기로 살고 있는 것이다. 다시 강조하지만, 그것이 보통은 나쁘거나 악한 것이 아니라 단지 사랑, 죽음, 고난, 하느님, 혹은 무한성과 같은 큰 질문들에 적절하지 않을 따름이다. 하느님께서는 우리의 모든 관심 돌리기 전략들을 이용하셔서, 우리로 하여금 온전한 도착지에 이르도록 하신다. 이것이 바로 하느님의 완전하며 오래 참으시는 사랑이다. 하느님께서는 아마도 우리가 범죄자라기보다는 뒤로 미루고 지연시키는 사람들이라는 것을 알고 계실 것이다.

진짜 자기는 미지의 것에 대해서 분명히 의심한다. 그러나 진짜 자기는 죽음을 두려워하지 않는다. 진짜 자기는 그곳에 갔었던 적이 있으며 다시 돌아왔다. 우리 안에 계신 다시 사신 그리스도께서는 죽는다고 해서 아무것도 잃지 않는다는 것을 항상 알고 계신다. 그러나 우리가 그것을 알게 되는 것은 우리가 적어도 한 번 심각하게 그 전체 시련을 걷고 난 후에야 비로소 가능하다. 나의 책 『떨어지는 것에는 날개가 있다』(Falling Upward)에서, 나는 그것을 "필요한 고난," 즉 인간의 여정 전부를 걷는 필요한 고난이라고 불렀다. 이것이 바로 예수님이 하신 일이며, 또한 우리가 각자 나름의 방식으로 "그의 죽음의 패턴을 다시 따름으로써" 부활의 힘이 미치는 "역장"(力場, force field) 안에서 우리의 자리를 잡을 수 있도록 애쓰는 이유이다(필립비 2:11-12). 바울로는 자주 이런 상태를 묘사하기 위해 신체적 언어를 필요로 하는데, 이것은 매우 중요한 것을 말해준다. 영과 영성은 물질적 요소를 갖고 있으며, 우리는 모두 삶과 죽음이라는 구체적인 파도를 탄다. 우리들 중에 "칼로 그 공포를 끊어낼 수만 있다면!" 혹은 "기쁨은 전염되며 손에 잡히는 것이었다!"라는 말을 해보지 않았던 사람이 누가 있는가? 나에게는 성령, 부활, 악이 매우 실질적이며, 심지어 물리적인 힘이 미치는 "역장"이다.[4]

---

4) 나는 이 부분을 2012년 2월 말에 집필하면서 성령이 전자기장이나 중력장처럼 역장(force field)이라는 나의 믿음에 관해 설득력 있게 표현하느라 다듬고 있었다. 당신이 사랑에 맞추어지면, 당신은 당신의 삶 속에서 많은 우연의 일치, 섭리, 동시성을 기대할 수 있다. 나는 바울로가 죄와 죽음(로마서 7:23-24), 생명과 부활(필립비 3:9-12, 3:21), 우리가 "그리스도의 몸"이라는 유기체로서 그 전체 여정을 걷는 데서 서로 연결되어 있다는 것(I 고린토 12:12-27)을 묘사할 때, 그가 어떻게 몸이라는 은유들을 사용했는지를 지

일단 우리가 **부활의 역장 안에서** 그 힘을 나누어갖고 있다는 것을 알면, 우리는 항상 그 힘에 의존할 수 있으며, 그 힘 안에서 살고 또한 그 힘으로부터 앞으로 나아갈 수 있다. 그러면 아담의 "먼지" 또는 짓이겨진 진흙은 그리스도이신 불멸의 다이아몬드가 된 것이다. 아담에게 불어넣은 숨(창세기 2:7)은 예수님이 불어넣은 숨(요한 20:22)이 되었으며, 우리는 이제 한 성령의 숨을 함께 나누어 쉬는 것이다. 성육신은 우리 안에서 부활이 되었다. "교회"는 어떤 형태이든 존 호헤이 신부가 아름답게 표현했던 것처럼 "부활을 위한 실험실" 혹은 "하느님과 함께 하는 호흡"(con-spirare = 함께 호흡하다, 또는 하나로서 호흡하는 것을 배우는 곳)이어야만 한다. 어느 누구도, 어느 집단도 이처럼 숨-바람-영을 통제하지 못한다. "바람은 제가 불고 싶은 대로 분다"(요한 3:8).

그럼에도 불구하고, 그처럼 획기적인 깨달음을 얻는 대가는 우리가 먼저 예수님과 함께 "무덤 속으로 들어가야" 한다는 것(로

적했다. 이 모든 것들은 서로 공유되었으며 구체화되었고 물질적인 특성을 지닌 것처럼 보였다. 이것이 나의 경험이었다. 그러나 나는 겁이 덜컥 났는데, 독자들이 모두 나를 뉴에이지에 속하는 사람이거나 비정통적인 사람으로 간주할 것이라는 생각에, 크게 낙심하여 집필을 중단했다. 나는 기분 전환을 위해 이메일을 열었고, 곧바로 최근에 어느 회의 만난 신학자가 첨부한 파일을 열었다. 그는 자신의 박사학위 논문을 보냈는데, 내가 읽고 싶은 마음이 없으면 삭제해도 좋다는 말까지 덧붙인 메일이었다. 그 제목은 내가 본 적이 없는 것이었다. "볼프하르트 판넨베르크 신학에서 역장으로서의 성령" (The Holy Spirit as a Field of Force in the Theology of Wolfhart Pannenberg)이었다. 나는 테오도르 제임스 와팜이 이 이야기를 할 수 있게 허락해주었으며, 2월 28일 오후에 성령의 역장에 관해 협조해준 것에 대해 정말로 감사한다. 독자들은 이제 왜 내가 부활을 물질적 관점에서도 설명해야만 한다고 믿는지를 짐작할 것이다. 나는 개인적으로 우리가 이처럼 살아있으며 진짜이며 매우 잘 작동하는 유기체를 조직들과 혼동했으며, 또한 생명과 죽음의 "영 분별력"을 배우는 대신에 매우 구조화된 교회 기관들을 만들어냈다고 믿는다.

마서 6:4), 또는 여인들이 그랬던 것처럼 다른 사람의 무덤 앞에서 마음을 모아 기다려야 한다는 점이다(마태오 27:61). 예수님의 부활에 관한 모든 이야기들에서 여인들이 무덤에 찾아왔거나 그의 죽음에 마지막까지 동행했다는 것과 그 여인들이 남자들보다 훨씬 더 빨리 죽음의 반대편으로 나왔다는 것은 의미심장하다. 우리는 다른 사람의 죽음의 길에 배웅하고 그 죽음을 우리 자신의 죽음으로 동일시함으로써 본질적인 것들을 배울 수 있다. 다른 사람의 고난에 연대하는 것은 직접 고난을 겪는 것만큼이나 많은 것을 가르쳐주며, 흔히 더욱 많은 것을 가르쳐주는 이유는 사랑 때문이다. 훌륭한 호스피스 활동가들에게 물어보라. 그들은 오늘날 우리 주변에서 가장 지혜로운 "실천적 신학자들"로 등장하고 있다. 병든 이들을 방문하고 돌보며 죽어가는 이들과 동행하는 것이 그들의 신학교이다. 이런 종류의 동반자 관계는 이제까지 "자비를 몸으로 실천하는 활동"이라고 불렸지만, 이제는 방문을 받는 사람들보다 오히려 방문하는 사람들이 그런 지혜를 얻게 된다는 것을 우리는 알고 있다. 어떤 이들은 이것을 "뒤집는 신학"이라고 부르는데, 그 이유는 그런 방문이 모든 것을 뒤집어놓기 때문이다.

카를 구스타프 융은 흔히 그리스도교에 대해 매우 비판적이지만, 그리스도를 가리키는 "하느님-인간 원형"(Archetype of the God-Man)은 인간의 무의식의 여정을 위한 비교적 적절한 지도(map)이며, 사람이 스스로 그 여정을 통과하기까지 또한 그 여정을 통과하지 않는다면, 그 원형을 멀리해서는 안 된다고 말했다. 그는 서양문명이 이 지도를 잃어버리게 될 것을 우려했으며, 또한 우리가 삶 속에서 이 지도를 못 쓰게 만든다면 매우 위험한 재앙을 초래할 것이라고 염려했다. 그런 의미에서 우리는 우리가 반드시 걸어가야 할 길을 안내할 효과적인 "구원자"를 필요로 한다. 융은 만일에 훌륭한 지도가 없다면, 인간의 개성은 조작되고 그 자체에 위배되며 심지어 소멸될 것이라고 생각했다.5) 융의 이런 말은 과장처럼 들리지만, 우리 시대의 막강한 파괴적 **이념들**(isms), 즉 전체주의적 공산주의, 나치즘, 소비주의, 물질주의, 그리고 요한 바오로 2세가 말한 "완악한 자본주의"를 보면 우리의 생각을 바꾸게 될 것인데, 이런 이념들은 모두 인간다움의 본질을 부정하며 종종 우리의 핵심 자체를 부정한다.

부활하신 예수님은 자신의 여정을 완전히 끝내고 목표에 도달했다는 것과 자신의 사명을 잘 감당했다는 것에 대해 보상을 받지 않는다. 히브리인들에게 보내는 편지에서 시적으로 표현된 것처럼, 예수님은 삶의 전체 여정의 "개척자이시며 완성자"(12:2)이시다. 그는 죽음의 반대편으로 나오시면서 "사랑이 죽음보다 실제로 더욱 강하다는 것이 사실임을 보라! 너희가 조금이라도 의심한 적이 있다면 나를 보라!"고 외치신다. 그는 **사랑이 승리한다는 것**을 "보증해주시는 분"이며(7:22), 그 "증거와 약속"(에페소 1:14)이다. 우리가 이 사실을 잊지 않도록, 그 보증이 우리들 각자의 마음에 새겨졌으며 또한 계속 조용히 똑딱거리고 있다. 어떤 영적 지도자들은 부활을 "우리의 가장 깊은 차원의 욕망"이라고 부른다. 성령은 하느님께서 우리 안에서, 그리고 우리를 통해서 간구하시는 것이다. 하느님의 욕망이 우리의 욕망이 될 때까지 말이다.

심지어 예수님조차도 죽음의 반대편으로 나오시기 전까지는

---

5) C. G. Jung, *AION: Researches into the Phenomenology of the Self* (Princeton, N.J.: Princeton University Press, 1979), 9ii, esp. para 271, 283.

모르고 계셨던 것들이 있다. 나는 실제로 예수님이 부활하시기 이전에는 자신의 진짜 자기가 "하느님의 아들"이라는 것을 완전히 알았다고는 믿지 않는다. 그 자신의 변형 이전에는 그가 믿음 안에서 "우리와 마찬가지로 모든 일에 유혹을 받으신 분입니다. 그러나 죄는 짓지 않으셨습니다"(히브리서 4:15). 예수님은 결코 "우리가 따로 떨어져 분리되어 있다는 거짓말"을 믿지 않으셨다. 그런 거짓말이 죄의 핵심이다. 그는 아무런 망설임도 없이 "아버지와 나는 하나이다"(요한 10:30)라고 말씀하셨다. 이 말씀이 그를 정말로 독특한 인물로 만들었으며, 또한 모든 사람들을 위한 궁극적인 모델이며 인도자로 만들었다.

네안데르탈인들로부터 오늘날 뉴욕의 거리를 걷고 있는 사람들까지 우리 모두는 어떤 식으로든 인간의 여정을 걸어야만 한다. 모든 사람은 이미 죽었거나 조만간 죽을 것이다. 변하는 것은 오직 그 구체적인 상황들이지만, 이처럼 **죽어가는 모든 이들을 집으로 데려가시는** 분은 "만민의 아버지이신 하느님 한 분"으로서 "그분은 만물 위에 계시고 만물을 꿰뚫어 계시며 만물 안에 계십니다"(에페소 4:6). 만일 그렇지 않다면, 매우 짧은 인생을 살고 간 수많은 사람들, 전쟁터에서 죽은 젊은 병사들, 출산 중에 죽은 산모들, 천연두로 죽어간 원주민들, 굶어죽은 아이들, 장애를 지닌 이들의 고통과 고문을 당하며 죽어간 수형자들은 결국 이 세상을 하나의 참담한 그리스 비극으로 만들어, 하느님이나 어떤 누구의 승리를 상상하는 것이 거의 불가능하도록 만든다.

십자가에 달리신 분은 하느님께서 고난당하는 생명들, 비극, 모든 재난들과 지속적으로 연대하신다는 것과 또한 그런 고난과 비극이 최종적인 것이 아니라는 점에 대한 하느님의 약속이다.

다시 살아나신 분은 이 세상에 대한 하느님의 최종적인 말씀이며, 또한 하느님께서 모든 고난에 대해 어떤 계획을 갖고 계신지를 보여주신 것이다.

죽어가는 것에 대하여

자연 속에서는 한 생명이 죽어 썩어야만 다른 생명이 그 생명을 넘겨받게 되는 것이 매우 분명하지만, 평소에는 우리가 이것을 별로 의식하지 못한다. 우리가 실제로 거의 모든 것의 패턴들을 관찰하거나 연구한 다음에야 비로소 이 패턴이 분명하게 된다.6) 이런 점에서도 우리는 엄청난 부인을 하면서 살고 있다.

예수님 자신의 죽음의 과정은 복음서들 안에서 매우 분명하게 직설적으로 기록되어야만 했다. 마르코복음에서는 그분의 수난이 거의 절반을 차지한다. 그의 "필연적인 죽음"을 눈에 보이듯 자세하게 기록해야만 했던 것은 우리 모두가 죽음을 부인하고 그 명백한 길을 피하고 싶어 하기 때문이다. 매우 불행하게도 우리는 예수님의 필연적인 죽음을 기계적인 속죄론("정의로운" 하느님이 요구하신)으로 만들었는데, 이런 속죄론은 우리들 자신의 필연적인 죽음의 과정에 스포트라이트를 비추지 않고 예수님의 죽음에만 비추도록 만드는 부작용을 보였다. 예수님은 실제로 우리의 속

---

6) John Polkinghorne, *Science and the Trinity: The Christian Encounter with Reality* (New Haven, Conn.: Yale University Press, 2004). 이런 종류의 책들이 매우 많이 출판되고 있는데, 나는 이 책을 매우 탁월한 책으로 추천한다. 예수의 말씀, 즉 "하늘을 보고 날씨는 분별할 줄 알면서 왜 시대의 징조는 분별하지 못하느냐?"(마태오 16:3)는 말씀은 우리 시대에도 적용되는 것 같다. 폴킹혼의 책과 예수의 말씀은 모두 변화, 죽음, 부활이라는 똑같은 패턴을 드러낸다.

죄양이 되셨지만, 전혀 그분이 의도하셨던 방식이 아니었다. 우리들 자신의 필연적인 "죽음의 과정"(필립비 3:11)을 회피하기 위해, 우리는 예수님으로 하여금 "값을 지불하는" 것으로 만들거나 혹은 "문을 여는" 것으로 만드는 일종의 형이상학적인 거래(악마와의 거래 - 옮긴이)를 했다. 그 다음에 우리는 예수님이 이처럼 우리를 대신해서 값을 지불하신 것 때문에 그분을 예배해왔다. 이것은 이해할 수 있는 일이지만, 우리들 모두가 성장하고 사랑하기 위해서 **우리들 자신이 값을 지불해야만 한다는 것**을 회피하는 것이다.[7]

예수님은 결코 "나를 예배하라!"고 말씀하신 적이 없다. 종종 "나를 따르라!"고 말씀하셨다. 우리는 "대속론"에 많은 에너지를 낭비했으며, 그 과정에서 하느님을 벌주시는 분이며 매우 쪼잔한 분으로 만들었다. "피의 제물 없이는" 용서할 수 없는 "아버지 하느님"으로 만들었기 때문이다.[8] 하느님이 그토록 꽉 막힌 분이며 자신의 원칙에 사로잡힌 부자유한 분이신가? 에고는 승리와 패배의 경쟁을 좋아하기 때문에, 모두가 승리하는 윈윈(win-win) 같은

---

[7] 역자주: 저자는 전통적인 대속론이 예수님에게는 십자가에 달려 죽는 것을 요구하지만, 우리에게는 "고맙습니다"라는 말 이외에는 요구하는 것이 거의 없다고 지적한다. 저자가 더욱 큰 문제로 지적하는 것은 "구원하는 폭력"(redemptive violence)이라는 신화가 만들어내는 폭력성이다. "속죄양 예수를 예배하는 우리는 역사 속에서 수없이 많이 우리들 자신이 속죄양을 만들어내는 사람들이 되었다. 우리는 유대인, 이단자들, 죄인들, 마녀들, 동성애자들, 가난한 사람들, 다른 교파들, 다른 종교들을 속죄양으로 만들었다." 그래서 저자는 성서와 인류 역사가 "구원하는 폭력"으로부터 "구원하는 고난(용서)"(redemptive suffering/forgiveness)이라는 하느님의 계획으로 이동하고 있다고 말한다. *Things Hidden*, 142-143, 203.

[8] Richard Rohr, *Things Hidden* (Cincinnati, Ohio: Franciscan Media, 2008). 하느님께서 우리를 무조건적으로 사랑하실 수 있다는 것을 우리가 믿지 못할 만큼 우리의 폐쇄된 정신들**에게** 혹시 지불할 것이 있다면 모를까, 지불해야 하는 "값"은 없었다. 185-205.

것은 이해조차 할 수 없다. 예수님을 우리 대신 패배자로 만든 것은 내 생각에 그래야만 우리가 패배자라는 낚시 바늘에서 벗어날 것으로 희망했기 때문일 것이다.9)

다행스럽게도 우리 프란치스코회는 이처럼 일반적인 대속론을 공식적으로 믿었던 적이 없었다. 우리는 항상 가톨릭교회 안에서 일종의 **대안적인 정통주의**였다. 존 둔스 스코투스는 예수님이 순수한 은총의 선물이었으며 전혀 필연적이지 않았다고 가르쳤다 (요한 1:16; 에페소 1:3-6). 하느님께서는 전적으로 완전히 자유롭게 예수님과 그리스도를 세상에 선물로 보내신 것이다.10) 성육신, 즉

---

9) 역자주: 저자는 십자가를 "세상의 고통에 대한 하느님의 연대성"이라는 관점에서 폭력과 보복의 악순환을 끊어내는 "구원하는 고난과 용서"로 보며, 희생자들에 대한 치유적 의미를 강조한다. 또한 예수의 십자가 보혈에 의한 구원(성전 희생제사에 익숙한 사람들을 위한 은유)이라는 전통적 대속론(폭력적 속죄론)을 존 둔스 스코투스의 관점에서 에고가 추동하는 것으로 비판한다. 1) 하느님에 대한 공포심이다. "하느님께서 당신의 독생자에게 폭력적 피의 희생을 요구하신다면 나에게는 무엇을(얼마나 더 끔찍한 것을) 요구하시겠는가?" 2) 하느님의 구원 행동의 동기가 사랑이 아니라 죄가 되었다. 구원을 "하느님의 사랑에서 비롯된 하느님의 완전한 주도권 대신에 인간의 죄에 입각한 '반작용'으로 만든다." 3) 에고가 원하는 보복적 폭력(예수가 종식시키려 했던 것)에 대한 정당화다. "하느님께서 폭력으로 문제를 해결하신다면, 우리도 그럴 수 있다." 4) 그리스도교를 하느님과의 합일 대신 희생적 삶으로 둔갑시킨다. "자살폭탄 테러를 하는 이들이 우리들 대부분보다 더 희생적 삶을 산다." 5) 인간의 죄를 사법적으로 징벌해야만 만족하는 하느님은 완전히 용서하실 자유를 지닌 하느님이 아니며, 인간에게 필요한 자유의지에도 배치된다. 6) 예수는 하느님의 마음을 계시한 "순수한 선물"이 아니라 인간의 죄를 용서하기 위해 반드시 필요한 희생 제물로 둔갑한다. 7) 종교개혁은 서방교회의 "사법적 속죄론에 대한 반작용"을 계속 이어가고 있다. 8) 십자가는 "구원하는 폭력"이 아니라 "구원하는 고난"으로 인도하는 것이다. 우리는 십자가에서 우리의 도덕적 우월성이 아니라 "악에 대한 우리 자신의 공모와 협력을 받아들인다(로마서 5:12; II 고린토 5:21)... 십자가의 신비는 우리 자신이 악(증오)이 되지 않고 악(증오)에 맞서는 길을 가르쳐준다... 우리의 대적자 역시 더 큰 악의 희생자임을 보여준다." *Things Hidden*, 190, 196-204.

베들레헴에서 탄생하신 것은 이미 아무런 조건이 없는 하느님의 선택이었으며, 그 자신을 우리에게 선물로 주신 것이다. 성육신은 이미 구원이었다. 도대체 거저 주신 선물이 필연적인 것보다 조금이라도 덜 아름다운 이유라도 있는가? 도대체 왜 세상을 구원하기 위해 십자가 처형과 같은 폭력적 행동이 필요하단 말인가? 우리가 믿는 것은 **예수님이 오신 것이 인간에 관한 하느님의 마음을 바꾸기 위해서가 아니라, 하느님에 관한 인간의 마음을 바꾸기 위해서였다. 그처럼 "단순하고 아름다운" 것이다. 아인슈타인이 위대한 진리는 항상 단순하고 아름다운 것이어야 한다고 말했던 것처럼 말이다.**

이 가르침만으로도 나는 기쁘게 프란치스코회에 가입했다.11) 예수님의 죽음은 어떤 우주적 문제를 해결한 것이 아니라 우리들 자신의 인간적 문제를 드러내셨는데, 그것은 우리가 사랑해야만 하는 것을 두려워하고 또 죽인다는 문제이다. 우리가 가장 두려워하는 것은 무엇인가? 죽음이 사랑보다 강하다는 것이다. 예수님은 십자가형과 부활에서 이런 거짓말을 폭로하고 영원히 그 거짓을 밝히셨다. 이것이 바로 우리가 부활절에 죽음을 극복한 것에 관해 기쁜 노래를 부르는 것이다. 이처럼 부활이나 변형으로 인도하는 큰 패턴은 우리가 통과해야 할 문이 있다는 것을 말해준다. 비록 그 문이 수백 가지 형태를 갖고 있다 해도 말이다. 즉 **우리는**

---

10) Mary Beth Ingham, *Scotus for Dunces* (St. Bonaventure, N.Y.: Franciscan Institute, 2003), 75ff. 존 둔스 스코투스가 선도한 것을 뒤따라서 우리 프란체스코 회원들은 중세 가톨릭교회 안에서 속죄론 문제에서 소수자 입장이었다. 많은 개신교인들은 예수가 우주적인 빚을 갚기 위해 우리 죄를 위해 **죽으셔야만 했다**는 대다수의 입장을 무조건 따랐다. 다행스럽게도 소수자 입장이 오늘날에는 폭넓게 받아들여지고 있다.

11) 역자주: 저자는 열아홉 살 때 프란치스코 수도회에 가입했다.

죽기 이전에 죽어야만 하며, 그러면 우리는 어떻게 죽을 것인지를 알게 되고 더 이상 죽음을 두려워하지 않게 될 것이다. 일단 우리의 가짜 자기가 더 이상 집착하고, 방어하며, 부인하고, 비난하는 것을 멈추면, 부활하신 분의 현존이 항상 나타난다. 마태오복음서의 표현처럼, 그분은 그냥 다가오셔서 "안녕!"이라고 부르신다(28:9).

바울로는 실제로 여러 차례에 걸쳐 이미 "우리의 옛 자아는 십자가에 못 박혔습니다"(로마서 6:6)라고 말한다. 가짜 자기는 깨지기 쉽고 일시적이라서 이미 "끝장이 났다." 그 죽음의 종소리가 이미 울렸다. 이제는 우리가 진짜와 접촉하였기 때문에, 가짜는 서툴게 조립한 무대처럼 쉽게 부서지는 것이 단지 시간문제이다. 아마도 이 때문에 어떤 성자들은 손에 인간의 해골을 들고 있거나 해골을 바라보는 것으로 그려졌을 것이다. 그것은 사람을 섬뜩하게 만들려는 것이 아니라, 이런 깨달음의 충격과 그에 뒤따르는 의식의 완전한 변화를 그림으로 표현한 방식이었다.

일단 우리가 진짜를 체험하면, 가짜는 점차 단순히 우리의 주의를 다른 곳으로 돌리는 것이거나 오락이 될 뿐, 알짬이 있는 실체가 아닌 것이 분명해진다. 일단 우리가 부활하신 분의 현존을 만나면, 우리는 과거와 사소한 것들을 쉽게 내려놓을 수 있다. 부활하신 그리스도는 하느님의 "미래의 충격"(future shock)이라고 부를 수 있다. 복음서의 기록들은 부활이 "주간의 첫날 이른 새벽"(요한 20:1)에 일어났다는 점에 주목하는데, 이것은 분명히 새로운 창조, 신선한 출발, 새로운 처음(창세기 1:3-5)을 불러일으키는 것이지만 이제는 부활절의 빛이 비추는 영원한 날이다. 오늘날 과학자들은 우주 안의 모든 빛이 자기장(磁氣場)에서 서로 연결되어 있으며, 또한 모든 자연적인 빛은 사실상 **하나**라는 것을 말한다. 부활한 그리스도는 모든 빛을 포함하는 이 큰 빛을 인격화한 것이며, 그렇기 때문에 그는 항상 "번개처럼" 빛나고 "눈같이 희다"고 묘사된다(마태오 28:3).

집착과 초연

우리가 생명이라고 부르는 것의 특질은 우리가 진짜 자기와 접촉할 때, 우리의 존재가 스스로를 어떤 식으로든 영원하며, 호의를 갖고 있으며, 끝없이 넘쳐흐르며, 본래적으로 신뢰할 만한 존재라는 것을 드러낸다(로마서 8:35-39). 이런 생명은 죽을 수 없다. 참 생명이 영원한 이유는 모든 것을 포함하기 때문이다. 생명은 물처럼 본래적으로 풍부하며 어디로든 낮은 곳으로 흘러들어 간다. 참 생명은 항상 사랑으로 변형되며, 사랑은 만물을 그 자체로서 용서하기 때문에 죽음보다 훨씬 강하다(아가서 8:6). 이것이 그리스도께서 부활하셨다는 선언의 영원한 뜻이며, 이것은 몸의 부활에 대한 어떤 찬반 주장들을 훨씬 능가하는 뜻이다.

우리가 가짜 자기를 두려워하거나 공격하거나 증오해서는 결코 안 된다는 것을 제발, 제발 기억해주기 바란다. 그런 태도는 부정적이며 교만한 죽음의 에너지를 계속 유지하는 것일 따름이며, 어떤 방식으로든 환상을 만들고 파괴적인 것일 뿐이다. 그것은 "귀신의 두목의 힘을 빌어서 귀신을 내쫓으려 하는" 것과 같다. 은총의 위대한 경륜 속에서는 모든 것이 사용되며 또한 변형되어, 낭비되는 것은 아무것도 없다. 하느님께서는 우리의 다양한 가짜 자기들을 사용하셔서 우리를 그것들 너머로 인도하신다. 예수님께서 사랑하신 막달라 마리아에게 하신 분명한 말씀은 그녀가 자신에 대한 인간적인 사랑을 짓누르거나 부인하거나 파괴한다는 것이 아니다. 그는 훨씬 더 섬세하다. 그는 단지 그녀에게 "나에게 집착하지 말라"(요한 20:17)고 하신다. 이 말은 "당신의 궁핍한 가짜 자기에 집착하지 마시오. 마리아여, 우리는 모두 훨씬 더 크고 훌륭한 것을 향해서 가고 있다오!"라는 뜻이다. 이것이 초연함의 영적인 기술인데, 이런 기술은 집착과 소유가 단지 규범이 아니라 목표가 되어버린 자본주의적인 세계관 속에서는 거의 배울 수 없는 것이다. 우리가 어떻게 덫에 걸려 있는지를 이제는 알 수 있을 것이다.

위대한 사랑은 매우 집착하면서("열정적인") 동시에 매우 초연해 있다. 사랑이지만 중독은 아니다. 영혼, 진짜 자기는 모든 것을 갖고 있기 때문에 어떤 특별한 것도 요구하지 않는다. 우리가 모든 것을 갖고 있을 때는 어느 하나를 보호할 필요가 없다. 진짜 자기는 사랑할 수 있고 또 내려놓을 수도 있다. 가짜 자기는 이렇게 할 수 없다. 예수님과 막달라 마리아 사이에 "나에게 집착하지 말라!"는 방식의 만남은 부활절 장면 가운데 가장 많이 그려진 장면이다. 예술가들의 상상력은 여기에 모순처럼 보이는 것, 즉 강렬한 사랑과 적절한 거리두기라는 모순이 있다는 것을 알고 있었다. 영혼과 정신은 역설 가운데서 사랑하고 즐기는 경향이 있다. 그 둘은 공명과 반사로 움직인다. 에고(가짜 자기)는 가장 그럴듯한 방식으로 모든 역설을 해소하려 하며 또한 해소할 수 있다고 생각한다. 에고는 기계적이며 도구적인 방식으로 작동한다. 이것이 항상 나쁜 것은 아니지만 확실히 제한된 것이다.

에고는 막달라 마리아와 예수님이 열정적 사랑에 사로잡히게 되기를 원했을 것이다. 물론 그들은 사랑이라는 말의 가장 깊은 의미에서는 그랬다. 그러나 오직 진짜 자기만이 "이미 충족된 욕망의 사랑"을 어떻게 향유할 것인지를 알고 있다. 진짜 자기와 가짜 자기는 다르게 본다. 둘 모두 필요하지만, 하나가 더 낫고 더 크며 심지어 영원하다.

하느님과 죽음

하느님께는 증오나 폭력이 없으시다. 역사에서 모든 사건들이 일어나도록 절대적으로 허용하신다는 사실은 하느님께서 폭력적일 수 없으며, 징벌을 내리시거나 심지어 통제하시지도 않으신다는 점을 분명히 보여준다(만일에 하느님께서 폭력적인 분이라면, 나치의 홀로코스트를 폭력으로 막으셨을 것이다.- 역자주). 하느님은 종교재판의 고문이나 홀로코스트의 가스실을 막지 않으셨다.[12] 하느님께서는 어떤 방식으로든 죽음, 우리들 자신의 실수, 심지어 악 자체를 이용하셔서 우리 모두를 온전한 생명으로 인도하신다. 그러나 하느님께서는 재난으로 우리를 벌주시지 않으며, 심지어 재난을 막지도 않으신다. 예수님은 태어나면서부터 눈먼 소경에 대해 "자기 죄 탓도 아니고 부모의 죄 탓도 아니다. 다만

---

[12] 역자주: 저자는 독일계 미국인으로서 홀로코스트가 당시 인구의 97%가 그리스도인이었으며 교육 수준이 매우 높았던 독일에서 발생한 것과 관련해서 종교적 배타주의의 폭력성을 강하게 경고하고 포용성을 역설할 뿐 아니라 "속죄양 만들기"의 관점에서 자주 반성하고 있다. 성서는 본래 사회적인 약자들의 체제전복적인 반체제(反體制) 문서라고 보는 저자는 제도권 안의 권력자들이 성서를 오용하기 때문에 성서가 위험한 문서가 되었다고 지적한다. "**너의** 폭력은 항상 악이지만 **나의** 폭력은 항상 필요하며 선하다"는 논리가 종교적 재가를 얻을 때 "신성한 폭력"이 되기 때문이다. 미국에서 베스트셀러인 "남겨진 사람들"(*Left Behind*)과 같은 묵시적 작품의 위험성도 이런 맥락에서 지적한다. *Things Hidden*, 90, 107, 117, 133, 135, 143, 151.

저 사람에게서 하느님의 놀라운 일을 드러내기 위한 것이다."(요한 9:3)라고 말씀하셨다. 하느님께서 완전히 사랑에 헌신하시는 것은 완전히 자유에 헌신하시는 것인데, 이것은 하느님께서 모든 강제와 통제를 포기하셔야만 했다는 뜻이다. 하느님은 분명히 경찰이 아니다. 이것은 하느님과 우리가 지불해야만 하는 큰 대가이며, 십자가에 달리신 예수님의 몸에서 잘 드러난다.13) 그러나 하느님께서는 달리 행동하실 방법이 없으시다. 왜냐하면 하느님은 사랑 자체이시기 때문이다(I 요한 4:8, 16). 이것은 본래의 전능한 창조 행위 이후에 하느님께서 사용하시는 유일한 위력처럼 보인다.

이제 여러분은 **우리가 죽음을 두려워하는 것이 실제로는 우리가 하느님을 두려워하는 것이라는 점**을 깨달았을 것이다. 두 가지 두려움 가운데 우리가 한 문제를 해결하면, 보통 다른 문제도 해결하게 된다. 하느님 문제를 완전히 해결하는 것은 죽음의 문제도 완전히 해결하는 것이 될 것이다. 그러기 위해 우리는 온전한 수단을 갖고 있으며, 그 수단을 우리는 삼위일체라고 부른다. 삼위일체는 하느님께서 한 방향으로 흘러나오신다고 말한다. 하느님은 오직 찬성(for)이시지 결코 반대(against)가 아니시다. 이것에 대해 설명해보겠다(마치 당신이 삼위일체를 설명할 수 있듯이 말이다!).

하느님을 삼위일체로 생각하는 것은 모든 그리스도교 사상의 기초이지만, 결코 기초가 된 적이 없었다! 우리의 이분법적 사고방식은 당혹감 때문에 모든 것을 두 층으로 나누어 분리시킨다. 이것을 부인할 그리스도인은 없을 것이지만, 카를 라너가 말했듯

---

13) Rochard Rohr, *Breathing Under Water* (Cincinnati, Ohio: Franciscan Media, 2011). 이 책의 마지막 장 "오직 고난 받는 하느님만이 구원하실 수 있다"에서 나는 악의 문제와 인간의 고난, 그리고 하느님의 개입 혹은 불개입의 문제를 다루었다.

이 "삼위일체 교리를 틀린 것으로 삭제시켜야 한다 하더라도, 종교적 문헌의 중요한 부분은 거의 바뀌지 않을 것이다."14) 많은 사람들은 하느님에 대한 삼위일체 개념이 유일신과 모순되는 것으로서 너무나 그리스도교적인 것이며 수학적인 수수께끼라고 염려하지만, 훌륭한 삼위일체 신학은 흔히 종교간 대화에서 일반인들의 예상과는 정반대의 결과를 초래한다.

첫째로, 삼위일체 신학은 하느님이 명사라기보다는 동사라고 말한다. 즉 하느님은 세 가지 "관계들"이라는 말인데, 이런 생각 자체는 대부분의 신자들을 펄쩍 뛰게 만든다. 그러나 이것은 신비로서의 하느님(God as Mystery), 즉 우리의 이성적이며 도구적이며 기계적인 정신으로는 온전히 이해할 수 없는 신비로서의 하느님을 솔직하게 인정하도록 만든다. 하느님은 분명한 이름이나 관념이라기보다는 과정이며, 교제, 간존재(Interbeing) 자체이지, 결코 우리의 정신으로 파악할 수 있는 고립된 신이 아니다.

그리스도인들은 하느님이 무형(formlessness, 성부)이며, 유형(form, 성자)이며, 그 둘 사이의 생명과 사랑의 에너지(성령)라는 것을 믿는다. 이 셋은 서로를 소멸시키지 않는다. 오히려 정반대다. 하느님은 관계성 자체이며, 관계 속에서 우리가 하느님을 알 수 있기 때문에, 삼위일체는 과학과 물리학의 세계, 그리고 심리치료와 대화할 수 있는 문을 열어준다. 이 얼마나 놀라운 것인가! 그러나 이것은 만물, 즉 원자로부터 시작해서 생태계, 가족, 갤럭시들에 이르기까지 그 핵심을 정확하게 이름 짓는다. 삼위일체 교리는 이분법적 정신을 깨고, 우리를 비이분법적(nondual), 통전적

---

14) Karl Rahner, *The Trinity* (Chestnut Ridge, N.Y.: Crossroad Publishing, 1999), 10.

의식으로 초대하기 위해 만들어졌다. 이 교리는 둘이라는 서로 다투는 원리를 셋이라는 역동적 원리로 대체했다. 삼위일체 교리 덕분에 우리는 "하나가 아니지만 둘도 아닌" 놀라운 개방적 공간 속에서 살아갈 수 있게 된 것이다. 잠시라도 이 **놀라움**을 생각해보라.

호기심이 많은 독자들은 다른 책도 더 읽기를 바란다.15) 내가 여기서 설명하는 요점은 삼위일체에 대한 가장 오래되고 견고한 신학이 3-4세기에 카파도키아 교부들에게서 나왔으며, 교회 공의회들이 채택한 것으로서, 하느님은 원무(圓舞, perichoresis), 즉 세 분의 친밀한 파트너들이 전적으로 내어주며 또한 완전하게 받는 원무인데, 그 세 파트너는 자신들의 전체 자기를 다른 파트너로부터 받은 다음에는 또 다른 파트너에게 넘겨줌으로써, 그는 자기 비움의 사랑을 다시 제3자에게 반복한다고 말한다.

캐서린 라쿠냐가 삼위일체 교리의 역사에 대한 그녀의 기념비적인 책 『우리를 위한 하느님』의 마지막에 말한 것처럼, 삼위일체가 진리라면, 내어주지 않는 하느님, 즉 스스로를 포기하고 전적으로 사랑하지 않는 하느님이라는 생각은 **신학적으로 불가능하며 불합리하다. 하느님은 오직 사랑만 아시며 항상 사랑하신다**.16) 우리는 함께 아파하심과 자비하심이 넘쳐흐르는 물레방아를 되돌릴 수도 없고 늦출 수도 없으며 제한시킬 수도 없다. 그 물레방아는 오직 하나의 일정하며 영원한 방향, 즉 더욱 많은 생명과 더욱 창조적인 생명, 그리고 죽음보다 강한 사랑이라는 방향으로만 움직

---

15) Paul Fiddes, *Participating in God: A Pastoral Doctrine of the Trinity* (Louisville, Ky.: Westminster, 2000). 이 책은 하느님을 관계 자체로 보는 것이 얼마나 많은 것을 함축하는지를 풀어놓는 학자들의 탁월한 사례이다.

16) Catherine LaCugna, *God for Us* (San Francisco: HarperSanFrancisco, 1973). 이 획기적 책은 삼위일체 하느님의 교리가 발전한 역사를 보여준다.

인다. 모든 인격은 받은 인격이지, 결코 스스로 창출한 인격이 아니다.17)

과학, 생물학, 천체물리학의 세계는 매우 다른 각도에서 이 삼위일체적인 진리를 확증해주고 있다. 이런 학문들은 모든 삼라만상이 관계성[緣起]이라고 본다. 만물은 끊임없이 형태가 바뀌는데, 상실과 갱신, 죽음과 부활, 자기를 잃고 더욱 큰 자기를 찾는 과정을 거친다. 마치 하느님 안에서 그리고 예수님의 가르침 안에서처럼 말이다. 나는 이것이 우리로 하여금 죽음을 신뢰하고, 하느님을 신뢰하고, 그리고 지금 우리들 자신을 조금 더 신뢰하도록 만들기를 희망한다. 심지어 두 걸음 후퇴하는 순간들조차도 세 걸음 앞으로 나아가기 위한 것임을 신뢰하기 바란다.

물레방아가 돌아가는 반대편에서 물이 튀긴다 하더라도, 생명의 물레방아가 그 일정한 방향으로 돌아가는 것을 막지는 못한다. 바로 이런 이유 때문에 우리는 죽음을 두려워할 필요가 없으며 또한 하느님을 두려워할 필요가 없다고 말하는 것이다.

---

17) 역자주: 저자는 우리 안에 계신 하느님의 은총과 인간의 수고를 함께 긍정한다. "당신이 기도할 때마다, 당신에게 기도하도록 지시하는 것은 당신 속의 하느님이시다. 당신 안에 계신 하느님이 아니시고는 당신은 기도할 마음조차 갖지 않을 것이다. 하느님을 사랑하고 하느님을 갈망하고 하느님을 찾는 것은 바로 당신 속의 하느님이시다(로마서 8:14-27). 당신이 하느님을 선택할 때마다, 하느님께서는 그 순간 직전에 당신을 선택하셨고 당신은 어떤 방식으로든 당신이 선택되기를 허락했다(요한 15:16). 우리가 혼자서는 어떻게 '예스'(yes)라고 말할 것인지를 알지 못한다. 우리는 단지 '재청입니다!'라고 말할 뿐이다. 우리 안에는 항상 하느님께 '예스'라고 말하는 부분이 있는데, 그것은 우리들 속에 계신 성령님이다…. 그러나 나는 인간의 수고가 훌륭하고 필요하다고 확신한다. 수고는 우리들 속에 더욱 깊은 열망을 위한 공간을 파낸다. 하느님께서는 그 열망을 창조하시고 또한 성취하신다. 우리가 할 일은 열망을 품는 일이다. 하느님께서는 우리가 정말로 원하는 것이 아니면 아무것도 주지 않으신다." *Things Hidden*, 179-180.

8장

만물과 친밀하게

하느님의 모든 피조물을 사랑하라. 그 전체와 그 속의 모든 모래알을 사랑하라. 모든 잎사귀를 사랑하고 하느님의 빛이 비추는 모든 빛줄기를 사랑하라. 동물들을 사랑하고, 식물들을 사랑하고, 모든 것을 사랑하라. 만일 그대가 모든 것을 사랑한다면, 사물들 속의 하느님의 신비를 감지하게 될 것이다. 일단 그대가 그것을 감지하면 매일 하느님의 신비를 더욱 잘 이해하기 시작할 것이다. 마침내 그대는 모든 것을 품어 안는 사랑으로 세상 전체를 사랑하게 될 것이다... 사물들은 흐르며 간접적으로 서로 연결되어 있다. 그대가 여기서 밀면, 세상의 반대편에서 무엇인가가 움직이게 마련이다. 여기서 치면 어디에선가 무엇인가가 움츠려든다. 그대가 여기에서 죄를 지으면, 어디에선가 무엇인가가 고난을 받는다.

— 도스토예프스키, 카라마조프 가의 형제들

친밀함은 우리가 사물에 대한 가까움과 애정을 느끼는 능력이다.[1] 친밀함은 흔히 자기를 드러내는 위험한 순간에 나타난다. 친

---

[1] 역자주: "당신이 하느님을 사랑한다고 말할 때, 당신은 만물을 사랑한다고 말하는 것이다." Richard Rohr, *Silent Compassion* (2014), 49.

밀함은 자기를 밖으로 드러내고 상대방을 들어오게 한다. 친밀함은 모든 사랑을 가능하게 한다. 하지만 상대방을 온전히 사랑하지 못하는 우리의 완전한 무능력을 드러내기도 한다. 따라서 친밀함은 외로움을 낳지만, 그 외로움은 달콤하다. 친밀한 순간, **우리는 아직 감당할 수 없거나 간직할 수 없는 무엇에 감동을 받았지만, 여전히 그 감동의 경험을 간직하기를 좋아한다**. 우리는 친밀한 만남 이후에 항상 더 커져 있다. 사실상 친밀한 만남은 영적으로 더욱 커지는 유일한 길일 것이다. 그것은 언제나 은총이다.

성서에 나오는 부활에 관한 이야기들을 공부할 때, 나는 지금에서야 비로소 완전히 깨닫게 된 것을 처음 깨닫기 시작했다. 그것은 그 본문들이 그리스도와 진짜 자기가 둘 다 우리 자신과의 친밀함, 생명 자체를 포함해서 삼라만상과의 친밀함을 위한 깊은 능력이라는 것을 보여준다는 점이다. 그리스도가 "눈같이 흰" 옷을 입었으며 그의 얼굴이 "번개처럼" 빛났다(마태오 28:3)는 본문에서부터 우리는 완전한 투명성, 접근가능성, 빛나는 가시성(radiant visibility)에 대한 최초의 진술들을 보게 된다. 진짜 자기는 남들과 함께 나누어 갖는 자기이며, 또한 함께 나누어 가질 수 있는 자기이다. 그렇지 않다면 진짜 자기가 아니다.

그러나 그것만이 아니다. 부활하신 그리스도는 다른 사람들을 만나기 위해 오시며, 또한 사람들이 자신을 찾아야 한다고 요구하지 않으신다(마태오 28:9, 16, 18). 분명히 "내가 세상 끝날까지 항상 너희와 함께 있겠다!"(28:20)는 말씀은 연인들이 데이트를 하거나 결혼을 하면서 자신들의 충성을 고백하는 말이다. 예수님은 우선 어머니에게 나타난 것이 아니라 여자 친구 막달라 마리아에게 나타나셨다. 사람들은 이 사실에 대해 항상 약간 문제가 있는 것으로 생각했다. 이 본문에 대해 가톨릭 신자들이 불쾌감을 느낀 이유는 "성모 마리아"에게 먼저 나타나야 했다고 생각하기 때문이다. 또한 이런 이유 때문에 예수님을 성적으로 의심하는 사람들도 불쾌감을 느낀다. 유대인들 역시 당연히 어머니에게 먼저 나타날 것으로 기대하기 때문에 불쾌감을 느낀다. 그럼에도 불구하고, 계속 사용된 표현은 "그[예수]가 자신을 보이셨다"(마르코 16:12; 요한 21:1)인데, 이 표현은 친밀한 사이에서 사용하는 말이다. 루가의 이야기에서는 부활한 예수님이 두 명의 일반 여행자들과 함께 걷고, 그들의 비통한 이야기를 털어놓도록 하고, 그들이 함께 묵어가자고 하는 초대를 받아들인다. 예수님이 그들을 떠난 후에야 비로소, 그들은 함께 했을 때 "뜨거운 감동을 느꼈다"고 말한다. 예수님이 그들에게 자신의 삶의 이야기를 설명할 때, 그는 자신의 속마음을 "열었으며" 또한 "그들의 눈도 열렸다"(루가 24:31-32).

겁에 질린 제자들에게 "육신과 피"의 현존으로 그들 가운데 "나타나시자," 그들은 "너무나 놀랍고 무서워 유령을 보는 줄 알았다"(루가 24:37). 그러나 그는 제자들에게 몸을 보여주시며, "틀림없이 나다! 자, 만져보아라"(24:39) 하시면서 자신의 상처받은 손과 발을 보여주신다. 그들은 "기쁨 가운데 아연실색하였다"(24:41). 이것은 연인들이 서로 멀어져 고통스러워하다가 다시 웃음을 되찾듯이, 다시 찾은 합일의 형언할 수 없는 놀라움이다.

부활에 대한 모든 이야기들에서, 부활하신 몸은 여전히 그리스도의 상처를 지니고 있다. 손, 발, 옆구리 모두의 상처를 언급한다. 부활이 상처를 부인하거나 망각하거나 심지어 완전히 치유된 것은 아니라는 사실을 명심해야 한다. 부활은 항상 **상처가 변형된 것**이다. 우리는 여전히 우리의 상처를 메시지와 트로피로 영원히 지니고 있다. 상처들은 어떤 식으로든 여전히 "아프게" 만드는데, 이것이 우리로 하여금 계속해서 겸손하게 만들고 정신을 차리게 만든다. 그렇다고 해서 더 이상 다른 사람들을 아프게 만들지는 않는다. 변형된 고통은 더 이상 전염되는 고통이 아니다.

요한복음의 부활 이야기에서는 "예수께서 사랑하시던 제자"가 베드로보다 먼저 무덤에 도착하고 더욱 빨리 부활을 믿었다고 한다. 이 본문에서 두 제자가 무덤까지 달리기 경주를 한 것에 대해 신경을 썼다는 사실은 매우 중요하다. 부활을 더욱 빨리 깨닫는 것은 권력, 직분, 역할이라기보다는 사랑이라고 말하는 듯하다(요한 20:3-10). 여기서 막달라 마리아가 부활한 예수님을 알아보게 되는 것은 눈으로 보아서가 아니라 예수님이 그 이름을 부르신 때였다(20:16). 그러자 그녀는 그를 "선생님"이라고 불렀다. "나에게 집착하지 말라"(20:17)는 예수님의 곤혹스러운 말씀은 참된 친교를 가능하게 만드는 것이다. 친밀함은 서로 간에 차분한 정체성을 갖고 있을 때만 가능하다. 친밀함은 하나로 섞이거나 녹아드는 것과는 다르다. 우리가 비이분법적인 가르침에서 말한 것처럼, "둘이 아니지만 하나도 아니다."

예수님이 닫힌 문을 통과해서 두 번 나타나신 것(요한 20:19, 26)은 자기를 노출하는 위험과 그 대가에 대한 분명한 진술로서, 특히 두 번 모두 그는 제자들에게 자신의 손과 옆구리를 보여주셨다. 의심 많은 토마에게 예수님은 "네 손가락으로 내 손을 만져보아라. 또 네 손을 내 옆구리에 넣어보아라"(20:27) 하고 말씀하신다. 이것은 남자들 사이의 친밀함에서 매우 드문 행동이지만 신뢰와 경배라는 황홀한 반응을 초래했다.

마지막으로 예수님은 베드로에게 세 번에 걸쳐서 "네가 나를 사랑하느냐?"라고 물으심으로써, 비록 남자답지 않을 수 있지만 분명히 자신의 약점을 드러내기 쉬운 질문에 응답하도록 초청한다. 다행스럽게도 베드로는 "나도 당신을 사랑합니다"라고 대답하지 않고, "내가 당신을 사랑하는 것을 당신이 **아십니다**"라고 대답한다. 이것은 친밀한 사람들끼리 서로 간에 원하는 것이다. 단지 그들이 일치해 있다는 것만이 아니라, 상대방도 자신만큼 이런 일치를 알고 있으며 누리고 있다는 것이다. 확실히 우리 모두는 이런 흥분에 휩싸인 경험을 한 적이 있다. 연인들과 가까운 친구들은 서로 나누는 환희를 알고 있다는 데서 흥분에 휩싸인다.

하느님의 사랑에 대해 내면으로 아는 것 자체가 내주하는 현존(Indwelling Presence)**이며**, 이것이 환희이다(요한 15:11). 베드로는 예수님이 잡혀가시던 날 밤에 자신이 예수님을 모른다고 세 번 부인한 것이 은혜롭게 지워졌다는 것을 깨닫게 될 것이다. 이제는 그렇게 세 번 부인한 것을 언급하지도 않은 채, 자신의 사랑을 세 번에 걸쳐 고백할 기회를 얻게 된 것이다. 예수님과 베드로 사이에 이처럼 사랑이 넘치는 대화를 나눈 것은 하느님께서 어떻게 영혼, 진짜 자기를 대하시는지를 분명하게 보여준다. 이것이 진정한 친구가 어떻게 타인을 보호하고 창조하는지를 보여주는 방식이다. 하느님의 사랑이 도대체 어떻게 우리가 이제까지 만났던 가장 사랑하는 친구에 대한 사랑보다 덜 할 수 있겠는가?

그러나 어느 것이 먼저 오는가? 하느님께서 품어주셔서 안전하다고 느끼게 된 것이 우리로 하여금 다른 사람들을 향해서도 똑같은 방식으로 행동하게 만드는가? 아니면 인간 사이의 사랑이 우리로 하여금 하느님도 꼭 마찬가지이시지만 단지 그 사랑이 무한하다고 상상할 수 있게 만드는가? 나는 우리가 어디에서부터 시작하는지는 실제로 중요하지 않다고 생각한다. 중요한 것은 우리가 어느 편에서 시작하든 그 큰 비밀을 경험하게 된다는 사실이다.

그렇다. "비밀," 심지어 "숨겨진 비밀"이 시편 기자(25:14)나 바울로, 루미, 하피즈, 보나벤투라, 노르비치의 줄리안을 비롯해서 수많은 신비가들이 그 놀라운 경험에 붙인 이름이다. 그러나 어떤 이유 때문인지 그것은 잘 감추어진 비밀로 남아 있는 것처럼 보인다. 예수님은 하느님께서 "안다는 사람들과 똑똑하다는 사람들에게는 이 모든 것을 감추시고 오히려 철부지 어린아이들에게 나타내 보이시니 감사합니다."(마태오 11:25)라고 찬양한다. 배운 사람들과 똑똑하다는 사람들이 흔히 볼 수 없는 것은 무엇인가? 그리고 왜 "철부지 어린아이들"만 그것을 볼 수 있는가?

크고 숨겨진 비밀은 바로 무한하신 하느님께서 인간 영혼과의 친밀함을 추구하시며 갈망하신다는 것이다. 일단 그런 친밀함을 체험하면, 서로 사랑하는 사람들 사이의 친밀한 언어만이 우리에게 벌어지는 것을 묘사할 수 있다. 즉 신비함, 다정함, 특별함, 하나밖에 없음, 규칙들을 "나를 위한 것"으로 바꿈, 벌거벗음, 위험함, 황홀함, 끊임없이 그리워함, 그리고 물론 고난이다. 이것이 성자들이 사용한 신비주의적인 단어들이다.

우리의 가장 큰 비밀과 가장 깊은 욕망은 보통 다른 사람들에게 드러나며, 심지어 슬픔, 실패, 궁핍 가운데서 우리가 매우 취약하다고 느낄 때, 우리가 다른 사람의 사랑의 품에 안겨 전적으로 안전하다고 느낄 때, 우리 스스로 그것을 발견할 수 있다. 바로 이런 이유 때문에 "철부지 어린아이들"이 훨씬 앞서 가는 것이다. 우리의 약점들이 드러나는 대화들을 나눌 때는 항상 양편 모두가 더욱 넉넉해진다. 그 후에는 우리가 더욱 커지고 보다 훌륭한 사람들이 된다. 그곳에 한 번도 가본 적이 없는 사람들은 항상 작은 채로, 피상적인 채로 남아 있으며, 또한 자기 자신과 연결되지 않은 상태로 남아 있다. 우리는 이것을 보통 우리 자신이 텅 빈 껍데기에 불과한 것으로 경험한다. 친밀한 관계를 회피했던 사람들은 보통 자신의 깊은 자아를 알지 못하며, 다른 사람들에게 **자기가 누구인지를** 말할 수 없다. 이것이 무분별한 섹스가 지닌 진짜 "악"이다.

오직 우리가 친밀한 장소에 있을 때만 하느님께서는 자신의 "내면"을 우리에게 안전하게 드러내실 수 있다. 자기만족에 몰두하는 사람들은 하느님의 사랑을 항상 오용하기 때문에, 그 사랑의 신비를 알지 못하는 외부인들로 남아 있다. 그들은 실제로 그 가능성을 막았으며 자신들의 완악함으로 그 사랑의 주고받음을 차단했다. 많은 신비가들은 하느님께서 때때로 **자신**(himself or herself)을 "숨기신다"고 말한다. 내가 믿는 사랑의 방식은 이렇다. 우리가 상대방에게 사랑의 첫 숟갈(a first dose of love)을 내밀었을 때 상대방이 그것을 어떻게 받아들이며 기뻐하는지를 볼 때 비로소 우리는 조금 더 내밀 수 있다. 그 첫 숟갈이 통로를 열었는가 아니면 닫았는가? 하느님의 사랑은 우리가 그 사랑을 "오용하거나" 혼자 간직하려 들지 않는 한, 계속해서 영원히 흘러나온다. 우리가 친밀한 사랑을 오용하려 들면, 그 사랑은 "숨는다." 그리고 우리는 더 깊게 들어갈 수 없다. 그래서 많은 사람들이 단지 "종교"의 차원에 머물며, 또한 예수님이 "가진 사람은 더 받아 넉넉하게 되겠지만 못 가진 사람은 그 가진 것마저 빼앗길 것이다."(마태오 13:12)라고 말씀하신 것이다. 이것은 영적인 자본주의가 아니라 단지 사랑이 작용하는 방식을 말씀하신 것이다.

진정으로 사랑하는 사람만이 자신의 욕구를 통해 상대방의 욕구와 선물을 어떻게 받아들이는지를 알며, 그 사랑을 오용하지 않는다. 서로가 인정하는 빈 공간(emptiness)은 모든 사랑의 궁극적 안전판(safety net)이다. 성서에서는 하느님조차도 우리를 "필요로 하시며," 심지어 우리의 사랑에 대해 "질투하시는 분"으로 묘사되어 있다(출애굽기 20:5; 34:14). 기본적으로 사랑은 오직 내면적으로 겸손할 때만 가능하다. 나의 아버지 성 프란체스코는 하느님의 겸손에 대한 사랑에 빠졌는데, 겸손이란 우리들 대부분이 하느님에게는 적용할 수 없는 단어라고 생각한다.[2]

우리가 가득 차 있으면 사랑을 허용할 수 없다. 틈이 없고 손잡을 곳이 없으며 주고받는 것이 없으며, 타는 목마름이 없기 때문이다. 그것은 마치 바람이 가득 찬 풍선 두 개를 서로 붙이려고 시도하는 것과 같다. 영혼이 여행하는 데서 인간적인 취약함은 그 여행을 훨씬 빨리 출발할 수 있게 만드는데, 진정한 영적 여행을 위한 출발은 인간적인 취약함 때문일 것이다. 따라서 부활하신 그리스도는 **하느님의 인간적 상처들**, 즉 인간의 고난에 대한 하느님의 완전한 연대성을 드러내심으로써, 우리로 하여금 영적 여행을 떠나게 하신다. 그분은 하느님 편에서 자기를 드러내시는 것으로 시작하는데, 이것은 우리들 편에서도 자기를 드러내도록 인도하는 것을 이상으로 삼고 있다. 내가 성서에 대해 처음 눈을 뜨게 된 것은 1960년대에 제2차 바티칸 공의회에서 하느님의 계시는 하느님에 관한 관념들을 계시하시는 것이 아니라 실제로 하느님께

---

[2] Ilia Delio, *The Humility of God* (Cincinnati, Ohio: Franciscan Media, 2005). 프란체스코회에 속한 수녀이며 학자가 쓴 이 책을 읽으면서 나는 밑줄 치는 것을 멈출 수가 없었다.

서 "자신을" 드러내시는 것이라고 말했을 때였다.3) 그러자 성서와 종교 자체가 단지 교리나 도덕주의가 아니라, 사랑을 하는 것, 존재와 친밀함을 실제로 서로 나누는 것이 되었다.

개인적으로 하느님을 만났다고 주장한 모세(출애굽기 33:12-23), 예수님(요한 5:19-20), 요한(I 요한 1:1-3)을 비롯해서 많은 신비가들은 항상 자신들이 크고 놀라운 사랑의 비밀 속에 들어가도록 허락을 받았다는 것을 알고 있었다. 내면의 대화를 하지 않는 사람들, 즉 나와 당신(I-Thou)의 관계를 갖지 않는 사람들은 그런 신비가들을 주제넘고 감정적이며 어리석고, 심지어 교만한 사람들이라고 간주할 것이다. 도대체 어떻게 하느님과의 실제적인 합일을 주장할 정도로 주제넘을 수 있는가? 그러나 이것은 분명히 "하느님의 비밀로서 그 속에는 지혜와 지식의 온갖 보화가 감추어져 있습니다"(골로사이 2:3). "사랑하는 사람은 누구나 하느님께로부터 났으며 하느님을 압니다. 사랑하지 않는 사람은 하느님을 알지 못합니다. 하느님은 사랑이시기 때문입니다"(I 요한 4:7-8). 이처럼 놀라운 말씀이지만 별로 인용되지 않는 이 말씀은 우리를 그 큰 비밀 속으로 들어가게 하며, 또한 누구나 사랑을 통해 그 비밀에 다가갈 수 있게 한다.

그래서 우리는 본래 비밀인 것을 다른 사람들에게 어떻게 전달하는가? 우리는 전달할 수 있는가? 그 비밀이 어떻게 더 이상 "숨겨진" 비밀이 아닐 수 있는가? 그 비밀이 더 이상 숨겨진 비밀이 아니게 되는 것은 사람들이 더 이상 하느님으로부터, 자신으로부터, 그리고 적어도 다른 한 사람으로부터 숨지 않을 때이다. 우

---

3) II Vatican Council, *Dogmatic Constitution on Divine Revelation* (Dei Verbum), 1, #2-5.

리의 진짜 자기가 등장하면, 실제로 이 비밀이 크게 드러난다. 이처럼 위험한 자기 노출이 바로 내가 말하는 친밀함이며, 또한 친밀함은 사랑이 전해지는 방식이다. 어떤 사람들은 친밀함이라는 단어가 라틴어 '인티무스'(intimus), 즉 내면에 있는 것을 가리키는 말에서 왔다고 말한다. 어떤 사람들은 친밀함이라는 단어의 옛 의미는 '인 티모르'(in timor), 즉 "두려움 속으로"라는 말에서 찾아볼 수 있다고 말한다. 어느 경우이든 간에, 요점은 분명하다. 친밀함은 우리가 우리의 내면을 드러내고 노출할 때 생겨나며, 이것은 항상 겁나는 것이라는 말이다. 우리는 내가 드러내는 것을 상대방이 받아들일 수 있는지, 존중하거나 다른 방향으로 도망칠 것인지를 알지 못한다. 우리는 거절당할 준비를 해야만 한다. 이것은 항상 위험을 감수하는 것이다. 자기를 드러낸 후에 거절당한 고통은 너무 크기 때문에, 어떤 이들은 평생 동안 두 번 다시 그런 위험을 감수하려 들지 않는다.

나는 사제로 서품을 받았으며 나이도 먹을 만큼 먹었고 사회적인 평판도 있기 때문에, 많은 이들이 나를 완전히 거짓된 자리에 올려놓기가 쉽다. 그러나 영적인 지도나 상담에서 중요한 돌파구가 열리는 것은 내가 상대방에게 나 자신의 투쟁, 실패, 죄, 연약함을 비춰줄 때였다. 내게는 분명히 그런 이야기들이 많이 있다. 그런 이야기들을 털어놓을 때 비로소 마음이 통하게 된다. 일단 그들이 내가 그들 자신보다 더 대단한 인물이 아니라 그들처럼 시행착오를 겪는다는 사실을 알고 나면, 말문을 연다. 리처드 신부가 전혀 완전한 사람이 아니라면, 나 역시 나의 깊은 비밀을 털어놓을 수 있다고 그들은 생각하는 것 같다.

우리가 남들에 비해 열등하다는 두려움과 남들에 대한 가혹한

판단은 우리들 내면에 있는 모든 것을 가두어버린다. 이것은 분명히 우리의 가짜 자기가 통제하는 것인데, 가짜 자기는 통제를 하지 못하게 되는 모든 것을 두려워하기 때문이다. 나를 남들에게 비춰주고 드러내는 패턴을 나는 어떻게 배우게 되었는가? 많은 사람들이 나에게 똑같은 일을 했기 때문이다. 심지어 예수님도 그 자신의 "성심"(sacred heart)을 나에게 드러내셨다.4) 영적인 지혜는 개인에게서 개인으로 전달되는데, 이것이 "사도적 계승"의 실제 의미이다.5) 우리가 선물로 줄 수 있는 것은 우리 자신이 선물로 받은 것뿐이다.

하느님께서는 우리의 삶의 모든 순간마다 이런 위험을 감수하신다. 야훼 하느님은 이스라엘에게 "나는 너를 내 손바닥에 새겨놓았다"(이사야 49:16)라고 말씀하시는데, 우리들 대부분은 이처럼 불가능할 것처럼 보이는 하느님의 유혹으로부터 도망친다. 바올로가 표현한 것처럼, 우리는 이제 종이 아니라 자녀들이며 상속자들이다(갈라디아 4:7). 우리는 묻는다. 도대체 어떻게 "부요하신 하느님께서 우리를 위하여 가난하게 되실 수 있는가? 그분이 가난해지심으로써 우리가 오히려 부요하게 되는"(II 고린토 8:9) 것 이외

---

4) 보통 경건한 가톨릭 신자들의 감상처럼 간주되었던 "성심"의 이미지는 마침내 내가 처음 상상했던 것보다 훨씬 깊고 치유하는 것으로 나 자신의 삶 속에 그리고 많은 다른 사람들의 삶 속에 나타났다. 정신이 사물을 간직할 수 없는 방식으로 가슴이 사물을 간직하는 방식에 대해 로버트 사르델로가 해설한 것은 나로 하여금 신비가들이 얼마나 정확하게 성심의 이미지를 파악했는지를 깨닫게 해주었다. Robert Sardello, *Silence* (Benson, N.C.: Goldenstone Press, 2006).

5) 역자주: 저자는 "사도적 계승"에 대해 이렇게 말한다. "참된 그리스도인은 언제나 참된 그리스도인을 만난 사람이다. 나는 이것이 '사도적 계승'의 의미가 아닌가 생각한다. 부활하신 그리스도의 신비는 서로 간에 현존하고 교제를 나눔으로써 전달된다." *Things Hidden*, 66.

에 다른 이유가 있을 수 있는가? 이것이 바로 진정한 친밀함의 순간에 일어나는 일이며, 하느님의 경우도 마찬가지다. 그 순간은 항상 어느 편이든, 아니면 양편 모두가 "가난해지는"(자기를 내어줌으로써 비우는 - 옮긴이) 순간이다. 우리 모두가 기다리며 염원하는 것이 바로 이처럼 열리는 일이다. 그 때는 한 편이 다른 편을 일깨우고 창조한다. 어느 편도 그것을 자신의 공로로 삼지 않는다. 나는 당신도 이런 경험을 했을 것으로 보며, 그렇지 않다면 당신은 본질적인 것을 모르고 있는 것이다. 이것이 우리가 은총이라고 말하는 것의 본질이며, 친밀함이 주는 황홀함이다.

사랑은 우리가 서로를 필요로 하여 서로에게 속해 있다고 말한다. 우리는 우리들 자신만이 아니다. 그래서 성 프란체스코는 가난(*poverta*)이라는 말을 사랑했으며, 그 자신이 예수님 안에서 발견한 것처럼 겸손과 연약함이 하느님의 충격적이며 불가능한 본성이라고 보았다(필립비 2:6-8). 프란체스코에게 가난은 친밀함을 뜻하는 말이었을 것이다. 그래서 그는 항상 "가난이라는 신부와 결혼"하기를 원했던 것이다. 예수님은 산상설교를 시작하면서 "마음이 가난한" 사람들을 칭찬하신다(마태오 5:3). 하느님께서 우리에게 어떤 존재가 되라고 말씀하실 수 있는 것은 오직 하느님 자신이 이미 그런 존재가 되신 것뿐이시다.(하느님께서 마음이 가난하게 되시지 않았다면 우리에게 마음이 가난한 사람이 되라고 말씀하실 수 없으셨다. - 옮긴이). 프란체스코가 사랑하고 결혼했던 것은 바로 하느님의 겸손과 가난이었다. 가짜 자기는 하느님과의 이 만질 수 없는(형태가 없어서 - 옮긴이) 친밀함이 주는 혹독한 가난을 견딜 수 없다. 프란체스코의 생애에서 다른 증거가 전혀 없다 하더라도, 이처럼 "가난한" 하느님을 기꺼이 사랑했다는 사실만으로도 그가 얼마나 온전하게 자신의 진짜 자기를 살아냈는지를 알 수 있다.

우리가 위엄, 권력, 완전을 사랑하는 것은 거의 불가능하다. 이런 것들은 우리를 두렵게 만들며 의존적으로 만들기는 하지만, 진정으로 사랑하도록 만들지는 않기 때문이다. 어떤 단계에서는 서로 동등한 위치에서만 사랑을 할 수 있으며, 연약함은 그 자리를 평평하게 만든다. 그리스도인들이 믿는 것은 하느님께서 인간 "예수"가 되셨을 때 어떤 방식으로든 우리와 동등한 분이 되셨다는 것이다. 이런 점에서 예수라는 이름은 분명히 하느님의 취약성을 드러내는 이름이다.

사람들 사이의 진정한 친밀함이나 하느님과의 친밀함은 우리 모두에게 매우 드물고 어려운 일이다. 특히 남자들과 자기 스스로를 **중요한 사람**이라고 간주하는 이들에게는 더욱 어렵다. 즉 자신들의 경계선을 보호하고, 공격적이며, 모든 연약함이나 궁핍함을 두려워하도록 훈련받은 중요한 사람들에게는 그런 친밀함이 더욱 어렵다. 하느님께서는 정확히 예수님이라는 남자 형태로 오심으로써 이 빙하와 같은 장벽을 녹이기 시작하셨다. 예수님은 남성성 자체를 벌거벗고, 궁핍하며, 십자가에 못 박힌 것으로 드러내셨다. 대부분의 문화는 이것을 정신 나간 소리이며, 불가능한 것이라고 말할 것이다. 그러나 자신의 십자가를 지고 그곳에 가본 적이 있는 사람들만은 그처럼 당혹스러운 것을 계속 응시할 것이며,[6] 또한 불편한 마음으로 등을 돌리지 않을 것이다(즈가리야 12:

---

[6] 역자주: 저자는 예수가 가르친 "십자가(용서의 길)를 응시함으로써 얻는 새로운 인식"을 이렇게 설명한다. "역사적으로 우리는 인간을 희생제물로 바치던 것에서부터 동물을 희생제물로 바치는 것, 그리고 자기희생처럼 보이는 여러 형태들로 대체한 것을 바치는 것으로 바뀌었다. 불행하게도, 우리가 보통 희생시킨 것은 에고(ego self)가 아니라 육체(body self)였다. 용서에서

10). 이처럼 하느님의 내적인 신비라는 비밀을 전달하는 일은 시공간 속에서 계속되는데, 그 일은 일차적으로 예수님이 "작은 자들"과 "마음이 가난한 사람들"이라고 여러 차례 부르신 사람들을 통해서 이루어진다. 예수님 자신도 그렇게 "작은 자"와 "마음이 가난한 사람"이 되셨다.

이 장을 마치면서 내가 최근에 나의 블로그에 썼던 글을 언급하고자 한다. 나는 내 글에 대한 댓글들의 숫자와 질에 놀랐다.[7] 사람들이 이런 반응을 보일 때, 우리는 사람들의 "진짜 문제"에 대해 정곡을 찔렀다는 것을 알게 된다. 내가 쓴 글의 한 부분은 다음과 같다. 내 생각에는 많은 남자들이, 특히 독신생활을 하는 사람들은 친밀함을 더욱 두려워한다. 내가 좀 더 분명하게 말하자면, 친밀함의 위험을 무릅쓰는 사람들이 항상 더 행복하며 훨씬 더 진짜 사람답게 사는 사람들이다. 그들은 다른 사람들이 붙잡을

는 죽어야 하는 것이 정확히 나의 에고이며, 내가 옳아야만 하고 남을 통제하고 남보다 우월해야 할 필요성이다. 여기까지 도달하려는 사람은 거의 없지만, 이것이 바로 예수가 강조하고 가르쳤던 것이다… 우리가 용서 이외의 다른 수단으로 악을 다룰 수 있다면, 우리는 악과 죄의 진짜 의미를 결코 경험하지 못할 것이다. 우리는 계속해서 죄악을 다른 곳에 투사하고, 다른 곳의 죄악을 두려워하고, 다른 곳에서 죄악을 공격할 것이다. 우리 속에 있는 죄악을 '응시하고' 우리들 모두 안에 있는 죄악에 대해 '통곡하지' 않은 채 말이다. 우리가 더 오래 (십자고상을) 응시할수록, 우리는 타인들의 죄 속에서 우리 자신이 공범이라는 것을 깨닫게 되며, 그들의 죄를 통해 우리가 더 높은 도덕적 위치에 있다는 만족감이라는 이득을 보고 있다는 것을 깨닫게 된다. 용서는 세 가지 새로운 '인식'을 동시에 요구하는 유일한 인간의 행동일 것이다. 그 세 가지 인식은 내가 (용서를 통해서) 타인 속에 계신 하느님을 보아야 하며, 내가 (용서를 통해) 나 자신 속에 계신 하느님께 나아가야 하며, 또한 내가 (용서를 통해) 하느님을 '경찰관'보다 크신 분으로 보는 새로운 방식으로 하느님을 보아야 한다. 이것은 동시에 세 차원에서 이루어지는 전혀 새로운 세상이다." *Things Hidden*, 193-194.

7) Rochard Rohr, "Fear of Self-Disclosure," *Unpacking Paradoxes*, Dec. 28, 2011, http://richardrohr.wordpress.com/

수 있으며 자신들도 붙잡을 수 있는 "문고리들"을 많이 갖고 있다. 친밀함을 피하는 사람들은 항상 자신의 작고 비좁은 세계 속에 갇힌 사람들이다. **친밀함은 인간의 사랑이나 하느님의 사랑이라는 신전에 들어가는 유일한 입구이다.**8)

독신생활의 한 가지 좋은 점은 끔찍하게 많이 하는 섹스가 전혀 친밀함이 아니라는 것을 깨닫게 해준다는 점이다. 건강한 성생활의 좋은 점은 이따금씩 참된 친밀함을 위한 이상적인 그릇을 만들어준다는 점이다. 최소한 한 사람의 타인에게라도 자기를 드러내는 위험을 감수한 적이 없는 사람이 도대체 하느님과 친밀해지는 방법을 알 수 있을지 나는 의문이다. 나는 그럴 가능성을 의심한다. (이것이 "벌거벗음"의 진짜 의미인가?) 건강한 독신생활과 성적인 만남은 모두 깊고 참된 친밀함을 요구하며, 그 둘 모두는 그런 친밀함을 회피하는 가장 효과적인 방법일 수 있다. (나는 거의 50년 동안 독신생활하는 공동체 속에서 살았으며, 또한 오늘날처럼 이상스럽게 성적인 세상이 된 현실 속에서 수많은 상담을 주고받은 후에 하는 말이다).

친밀함은 단지 영혼이 잘 숨겨놓은 비밀만도 아니며, 논리를 무시하는 신비만도 아니며, 우리가 회피하는 가난만도 아니다. 나는 사람의 약점이 드러나는 친밀함이 모든 인간의 사랑과 하느님에 대한 사랑의 입구이며 요점이라고 믿는다. 인간의 사랑과 하느님의 사랑 가운데 어느 것이 먼저 오는가는 중요하지 않다. 중요한 것은 우리가 이런 두려움의 문을 통과하면 우리들 내면에서, 또한 그 문의 반대편에서 살고 있다는 것을 깨닫게 된다는 점이다.9)

---

8) Richard Rohr, *The Gates of the Temple: Sexuality and Spirituality* (Albuquerque, N.M., 2005). CD.

친밀한 사랑은 우리 모두가 갈망하는 참 성전(true temple)이다. 당신은 사랑하고 또한 사랑받기를 매우 간절히 원할 것이다.10) 그렇지 않다면, 우리는 이 이상한 성전에 찾아가지 않을 것이며 결코 우리의 진짜 자기를 찾지 못할 것이다. 그래서 하느님께서는 우리를 그런 방식으로 지으셨으며, 끝없이 사랑받고 또한 사랑할 욕구를 주신 것이다.

사랑하는 사람은 누구나 하느님께로부터 났으며 하느님을 압니다. 사랑하지 않는 사람은 하느님을 알지 못합니다. 하느님은 사랑이시기 때문입니다."(I 요한 4:7-8)

---

9) 역자주: 우리가 십자가에 달리신 분과 깊게 동일시하고, 또 십자가에 달린 인류와 동일시할 때, 예수는 우리가 인간의 악에 대한 짐을 지고 있으며, 우리 모두가 그 악의 희생자이며, 그 악에 공범이라는 것을 깨닫게 하여 우리를 "새로운 피조물"(갈라디아 5:14-16)로 만든다. *Things Hidden*, 204.

10) 역자주: 저자는 우리가 문명의 "위대한 전환"을 이루지 못하면, 세계가 "탐욕과 폭력" 때문에 멸망할 것으로 본다. 또 사람들은 나이가 들면서 점차 복락원(復樂園)의 꿈을 잃게 되어 교회를 떠나고 무의미한 세상 속에 방황한다고 지적한다. 그러나 저자는 그리스도교의 핵심이 그리스도와 연합함으로써 성령 안에서 내주하며 그리스도와 "공동 상속자"가 되는 것이라고 믿는다. 즉 자신의 원천과 끊어진 가짜 자기는 자신을 따로 분리된 존재라고 믿기 때문에 궁핍하고 불안하지만, 하느님 안에 있는 진짜 자기는 신부와 신랑처럼 합일을 체험하며, "자신 속에 계신 그리스도의 신비"(골로사이 2:20)를 누린다. 이런 합일을 계속 우리의 세포 차원에서 경험하는 것이 바로 성만찬이다. 성만찬을 통해 우리는 타인이 죽어야만 한다고 요구하는 대신에, 그분의 죽음과 사랑으로 연합하여 우리가 시간에 앞서서 우리 자신의 죽음을 먹고 마시는 것이기에, 성만찬은 우리가 믿어야 하는 마술이 아니라 우리 자신의 변화를 지금 체험하는 것이다. 또한 하느님의 최후 승리를 막을 수 있는 것은 아무것도 없다(로마서 8:38-39). "이제 하느님은 사람들 가운데 사신다. 그들은 하느님의 백성이 되었고, 하느님은 그들의 하느님이 되셨다."(요한의 묵시록 21:3). *Things Hidden*, 213-218.

9장

사랑은 죽음보다 강하다

> 섬광처럼 웃음을 보여주시는 그리스도께서 당신의 종잇장 같은 육신 속에 지금 잠들어 있는 영원히 지속될 영광의 노래를 자유롭게 해방시키실 때를 준비하라.
>
> — 토머스 머튼

    이 책은 당신에게 무엇을 말해주는가? 내가 희망했던 것처럼 이 책이 당신의 삶을 변화시키고 죽음을 박살내는가? 이 책이 대부분의 종교를 해체하는 동시에 완전히 새롭게 재구성하는가? 이 책이 당신의 어깨와 가슴에서 무거운 짐을 내려놓게 만드는가? 내가 이 책에서 쓴 것보다 절반만 더 잘 썼더라면, 이 책이 당신에게 당연히 그런 역할을 했을 것이다. 당신이 이 책의 절반만 읽었더라도 그런 역할을 할 수 있을 것이다. 이 책이 결국에는 그런 역할을 할 것인데, 그 이유는 내가 이 책을 잘 썼건 못 썼건 간에, 당신이 이 책의 메시지를 지금 듣건 나중에 듣건 간에, 이 책이 말하는 그 영원한 패턴들은 조만간 당신에게 드러날 것이기 때문이다.

    윌리엄 스태포드는 『세상의 이치』라는 그의 시집에 수록된 같은 제목의 시에서 이것을 매우 완전하게 표현하고 있다.

> 그대가 따라가는 실이 있지.
> 그 실은 변화하는 것들 사이를 지나가지.
> 그러나 실은 변화하지 않지.
> 사람들은 그대가 추구하는 것이 무엇인지 의아해하지.
> 그대는 그 실에 관해 설명을 해야만 하지.
> 그러나 다른 이들이 이해하기는 어렵지.
> 그대가 그 실을 붙잡고 있는 한, 길을 잃을 수는 없지.
> 비극적인 사건들이 일어나고 사람들이 다치거나 죽지.
> 그리고 그대는 고난을 겪으면서 늙어가지.
> 무슨 짓을 해도 시간이 펼쳐지는 것을 막지는 못하지.
> 그대는 결코 그 실을 손에서 놓아버리지 않지.[1]

이 시인이 말하는 실은 내가 말하는 **진짜 자기**, 우리가 이제까지 캐내려고 애쓰는 불멸의 다이아몬드이다. 우리의 진짜 자기는 하느님 안에 있는 우리이며, 이제까지의 우리의 참 모습이었고, 또한 그 핵심에서는 사랑 자체이다. 해바라기 씨앗이 결국 나름의 해바라기 꽃이 되듯이, 사랑은 우리 자신이며 동시에 우리가 여전히 되어가는 우리 자신이다. 인류 역사에서 대체로 진짜 자기는 우리의 "영혼," 또는 "신의 영원한 생명에 우리가 참여하는 것"이라고 불렀다. 놀랍고도 아이러니한 것은 "당신," 혹은 당신이 생각하는 자기가 그 본래의 창조나 소멸과 상관이 없다는 점이다.

---

[1] William Stafford, *The Way It Is* (St. Paul, Minn.: Graywolf Press, 1977), 42.

이것은 우리의 힘을 빼는 일이며 동시에 완전히 힘을 실어준다. 우리가 할 수 있는 일이라곤 그것을 양육하는 일인데, 이것은 많은 것을 말해준다. 그것은 "나"라고 부르는 독특한 형태 안에서 사랑이 온전한 사랑이 되는 것이다.

그것은 성 바울로(로마서 8:28)와 나의 제한된 경험에 따르면 완전히 모든 일이 서로 협력해서 선을 이루는 일이다. 하느님께서는 결코 어떤 위협을 통해서 강제로 우리를 생명과 사랑을 향해 나아가도록 만드시지 않는다. 하느님께서는 우리를 유혹하신다. 그렇다. 억지로 끌고 가시지 않는다(예레미야 20:7; 마태오 11:28-30). 이 하느님이 어떤 분이시든 간에, 그분은 완전히 자유로우시며, 우리 자신의 자유를 완전히 존중하신다. 사랑이 다른 방식일 수는 없기 때문이다. 사랑은 자유 속에서 꽃을 피우며, 그 자유를 더욱 큰 자유로 이끈다. "그리스도께서 우리를 해방시켜 주셔서 우리는 자유의 몸이 되었습니다. 그러니 마음을 굳게 먹고 다시는 종의 멍에를 메지 마십시오."(갈라디아 5:1)라고 바울로는 모든 율법주의적 종교를 비판하면서 외친다.

우리는 모두 단지 몇 년 동안만 생명과 사랑의 놀라운 신비에 올라타고 가도록 허락받았다. 그래서 마침내 생명과 사랑이 스스로 똑같은 것임을 드러낼 때, 이것이 부활하신 그리스도의 최종적이며 완전한 메시지인데, 이 때 생명은 시공간을 넘어선 사랑으로 변형된다. 그분은 누구에게나 평화와 용서를 실제로 "불어넣어주신다"(요한 20:22-23). 우리는 그 사랑에 우리 자신의 마지막 손길을 덧붙이며, 또한 그 큰 호흡에 우리 자신의 생명의 호흡을 덧붙인 다음에 그 완성된 생명을 그 창조자에게 새로운 형태로 되돌려드린다. 그것은 실제로 똑같은 "나"이지만, 이제는 스스로를 "나는 나다"라고 부르는 분(출애굽 3:14)과 기꺼이 합일하려는 "나"이다. 그것은 더 이상 단지 하나가 아니지만 그렇다고 둘도 아니다.

당신이 이 책의 여기저기에서 이미 파악했기를 바라지만, 예수님의 부활의 의미는 아가서의 절정(8:6)에 완전히 요약되어 있는데, **"사랑은 죽음보다 강하다"** 라는 것이 나의 번역이다. 부활하신 그리스도를 그린 그림들에 나오는 배너에 무엇인가 쓰여 있다면, 그것은 틀림없이 "아모르 빈시트 옴니아"(Amor vincit omnia!)일 것이다. 사랑이 이길 것이다. 사랑만이 남는다. 사랑과 생명은 결국 똑같은 것이며, 당신이 죽음의 골짜기를 걸어본 적이 있다면, 스스로 이것을 고백했을 것이다.

위에 인용한 시에서 시인 스태포드는 당신의 실을 내려놓지 말라고 표현하지 않고 "그대는 결코 그 실을 손에서 놓아버리지 않지"라고 표현했다. 왜 그런가? 우리가 그럴 수 없기 때문이다. 그 실이 우리를 소유하고 있다. 사랑이 우리를 소유하고 있다. 사랑이 우리이다. 사랑과 사랑에 대한 우리의 깊은 욕구만이 사랑 자체를 인지한다. 우리가 추구하는 것이 이미 우리 자신이라는 것을 기억하라. "당신이 신의를 저버렸다고 해서 하느님께서도 신의를 저버리실 수 있다"는 두려움은 "어불성설이다"(로마서 3:3)라고 우리의 위대한 스승 바울로는 말한다. 사랑은 마침내 두려움을 극복하며 우리의 집은 새롭고 견고한 토대 위에 다시 건축되고 있다. 이 토대는 항상 그곳에 있었지만, 우리가 그것을 발견하기까지는 오랜 시간이 걸렸다. "가장 위대한 것은 오직 사랑뿐이기 때문이다"(I 고린토 13:13). 우리가 생애 전체를 통해 사랑했으며 또한 사랑을 받은 것은 단지 다른 사람들만이 아니라, 영원하며 참된 것이다. 최종적인 구원에 대한 두 가지 중요한 이미지는 노아의 방주(창세기 6:19)와 "평화의 나라"(이사야 11:6)인데, 매우 흥미로운 것은 이 두 이미지 모두 동물들의 이미지로 가득하다는 사실이다. 동물들이 구원받을 가치가 충분히 있으며, 또한 복락원의 이미지는 그런 모습이라는 말이다.[2]

나의 동료 수도자인 잭 윈츠는 왜 우리가 동물들을 포함해서 만물이 사랑받고 있으며, 서로 사랑하며, 사랑스럽고 영원에 참여하는지에 관해 신학적으로 매우 설득력 있는 책을 썼다.[3] 도대체 무엇이 우리 인간만이 사랑을 받고 있으며 사랑할 만하다고 생각하도록 만들었는가? 무조건적 사랑, 충성, 순종이 영원한 생명에 들어가는 입장권이라면, 나의 검은색 래브라도 개(사냥개) "비너스"는 분명히 나보다 먼저 그곳에 들어갈 것이며, 또한 온갖 것을 희생하며 사람들의 손에 큰 고통을 받으면서도 새끼들을 돌보는 모든 동물들도 그곳에 함께 들어갈 것이다. 어떤 점에서는 우리들보다 동물들이 자신들의 실을 훨씬 더 겸손하고 충실하게 붙들고 있다. 인간과 동물 사이의 차이점은 동물이 자신들의 존재에 대해 완전히 긍정한다는 점이다.[4] 우리는 보통 우리의 존재에 대해 완전히 긍정하지 않는다. 그래서 내가 이 책을 써야만 했다.

---

[2] 역자주: "은총은 생명의 에너지로서 꽃들을 피어나게 만들며, 동물들이 새끼를 사랑으로 키우며, 아기들을 웃게 만들며, 행성이 궤도를 유지하도록 만드는 힘인데, 사랑 이외에는 다른 이유가 없다." *Things Hidden*, 156.

[3] Jack Wintz, *Will I See My Dog in Heaven?* (Brewster, Mass.: Paraclete Press, 2009). 이 책은 가볍지 않다. 프란체스코회 형제가 "가볍게" 치부될 수 있는 이런 책을 쓸 용기와 겸손함을 갖고 있다는 것이 나는 자랑스럽다. 그는 결코 가벼운 사람이 아니다.

[4] Eckart Tolle, *Guardians of Being* (Novato, Calif.: New World Library, 2009). 톨레는 관상, 성육신, 부활의 논리적, 영적, 보편적 결론을 찾아내는 능력이 있다. 도대체 부활이 우리들 인간들에 관한 것 만이라고 생각하도록 만든 것은 무엇인가?

막달라 마리아

그리스도께서 부활하신 후에 제일 먼저 막달라 마리아에게 나타나셨다는 사실 때문에 당신은 놀랐던 적이 있는가? 마리아는 목마름을 지닌 모든 인류와 "죄인들"로 간주되는 모든 사람들을 상징적으로 대표한다. 복음서들에서 마리아라는 이름을 갖고 있는 모든 여인들은 이 점에서, 적어도 우리의 상상의 세계에서는, 막달라 마리아 속에 요약되어 있다.5) 예수님은 옥합을 가지고 온 여인(아마도 막달라 마리아)에 대해, "이 여자는 많은 죄를 용서받았기에 이토록 극진한 사랑을 보여주었다"라고 말씀하신 후에, 돌아서서 "적게 용서받은 사람은 적게 사랑한다"(루가 7:47)라고 말씀하신다. 그는 여기서 문제의 핵심이 되는 것을 연결짓고 있다. 그는 **우리의 삶에서 실패한 것들과 철저하게 부족한 것이 우리를 더욱 큰 생명과 사랑으로 인도한다**고 분명하게 말씀하신다. 그는 그 모임에 참석하여 그녀를 경멸하던 사람들에게 "너희는 하느님에 관해 전혀 잘못 알고 있다. 저 여인은 정확히 알고 있지만, 너희는 모른다!"라고 말씀하신다.

이 말씀은 얼마나 우리의 상식과 반대되는 말씀인가? 이 말씀은 얼마나 희망을 안겨주는 말씀인가? 인생이라는 놀이터는 완전히 평평하게 되었다. 우리를 하느님께 인도하는 것은 우리의 실수들이다. 우리가 하느님과 일치하게 되는 것은 우리가 올곧게 살아서라기보다는 우리 대부분이 그런 것처럼 잘못 살아서다. 막달라 마리아는 사랑 자체—**필요로 하고 주고받고 전하는**—의 이콘이며 원

---

5) Cynthia Bougeault, *The Meaning of Mary Magdalene* (Boston: Shambhala, 2010).

형이다. 예수님이 그녀에게 처음 혼자 나타나신 것은 이 놀라운 메시지를 분명하게 확증하신다. 남성 독신 성직자들만이 이 본문을 해석해왔기 때문에, 이처럼 명백한 것을 볼 수 없었다.

막달라 마리아는 복음서에 나오는 사람들 가운데 사랑이 죽음보다 더욱 강하기를 가장 간절히 원하는 사람이며, 그래서 그녀는 부활을 가장 먼저 가장 깊은 차원에서 알게 된 사람이다. 그녀는 상징적으로 부활을 처음 "의식"하게 된 사람이며, 따라서 분명히 부활의 "증인들에 대한 증인"이다. 그녀는 정말로 아는 사람이며 또한 그녀가 사랑과 용서를 간절히 필요로 했기에 그런 사랑과 용서를 받게 되었다. 사실상 사랑과 앎이 그녀 안에서 하나가 되었다. 그녀가 십자가 밑에 다른 두 마리아와 함께 서 있었으며(요한 19:25), 예수님과 함께 그 신비를 통과했다는 것은 전혀 놀라운 일이 아니다. 또한 세 사람의 마리아는 주일날 새벽에 무덤에 제일 먼저 찾아갔다.6) 막달라 마리아는 자신의 진짜 자기를 살아내

---

6) 나는 이것이 가톨릭과 동방교회 신자들에게 충격적이거나 실망시키는 것이 아니기를 바라는데, 이들은 예수의 어머니 마리아에 관해 발전된 신학의 수혜자들이다. 우리는 정직해야 하며 이것이 신약시대에는 발전되지 않았다는 사실을 인정해야만 한다. 성서의 증언 자체에 따르면, 막달라 마리아는 그 메시지의 완전한 이콘인데, 특별히 그녀는 훨씬 후대에 "동정녀"와 "무흠수태"로 만들어지지 않았기 때문이다. 비록 이것이 객관적 진실일 테지만, "동정녀"와 "무흠수태"는 예수의 어머니 마리아를 모방할 수 있거나 동일시할 수 있는 한계 너머로 치켜 올렸다. 그녀는 오직 "예배"의 대상이 될 수 있었으며, 개신교인들은 이것을 거부했다. 그러나 우리가 그녀를 그처럼 높이 치켜 올린 것은 그녀 자신에게만이 아니라 대부분의 여성들에게도 별로 친절을 베푼 것이 아니다. 마리아는 이미 "모든 세대가 나를 복되다고 부를 것"임을 알았으며(루가 1:48), 우리는 이제 새로운 방식으로 그 복됨을 설명할 수 있을 것이다. 왜냐하면 그녀는 자신에 대해 "미천한 여종"이라고 말했으며(1:47, 52), 자신과 하느님의 관계를 묘사하기 위해 자비라는 말을 세 번 사용했기 때문이다(1:49, 54, 55). 그녀는 우리가 그녀를 예배하기 위해 성모상 밑에 세워준 대좌(臺座)를 요구하지도 않았고 원하지도, 필요로 하지

며 그 원천을 알고 있는 모든 사람들을 위한 원형적 이름이다.

긍정이 부정에 앞서야만 한다

우리들 대부분은 긍정(Yes)하는 기쁨을 배우기 전에 부정(No)하는 것부터 배운다. 우리는 모든 "죽는 것"을 뒤로 연기하도록 훈련받았으며, 또한 죽는 것은 완전히 패배하는 것으로 간주한다. 가짜 자기에 대해 아니(No)라고 말하는 것이 반드시 하느님을 기쁘시게 하거나 다른 사람을 기쁘게 하는 것은 아니지만, 확실히 우리를 기쁘게 하지는 않는다. 이런 종류의 가짜가 죽는 데도 너무 많은 분노와 자기연민이 수반된다. **좋은 죽음이 있고 또한 나쁜 죽음도 있다**. 좋은 죽음은 더욱 크고 좋은 것을 위한 죽음이다. 나쁜 죽음은 어느 누구에게도 이익을 주지 않는 어리석은 죽음이다. 그것은 부정이 너무 많은 반면에 긍정은 너무 부족한 죽음이다. 우리는 긍정을 고수해야만 한다. 무엇에 대해서든 우리가 먼저 많은 것을 긍정하기 이전에는 부정하지 말고, 더 나은 것을 찾기 이전에는 부정하지 말라. "나는 당신이 당신 자신이기를, 온통 당신이기를, 당신의 최상의 모습이기를 원한다!"는 것이 진정으로 사랑하는 사람들이 서로에게 말하는 것이지, "나는 당신의 이런 것은 좋아하지 않는다!"라거나 "도대체 왜 당신은 그것을 바꾸지 않는가?"라는 말이 아니다. 상대방을 바꾸려고 노력하기 이전에 서로를 진심으로 돌보는 일이 상대방을 변화시키는 지름길이다.

하느님께서는 먼저 우리 안에 어떤 종류의 부정보다 기쁜 긍정을 훨씬 많이 창조하시려고 애쓰신다.7) 그러면 우리는 하느님

도 않았다. 그녀는 이미 그것을 영원히 갖고 있기 때문이다.

의 완전한 예술품이 되며, 또한 우리에게는 사랑이 죽음보다 강하며, 그리스도께서 분명히 우리 안에 살아나신다. 사랑과 생명은 똑같은 것이 되었다. 무작정 부정하는 것은 까탈스럽게 다이어트 하는 것이지만, 우리의 깊은 긍정을 발견하는 일과 식탁에서 먹는 일은 항상 영적인 잔치이다. **죽음과 부정은 똑같은 것이다. 사랑과 긍정은 더욱 똑같은 것이다.**

진짜 자기는 자기가 정말로 사랑하는 일을 하기 때문에 자기가 무엇을 하든 사랑한다. 이것이 바로 조셉 캠벨이 "당신의 기쁨을 따르라"라고 말한 것의 참뜻이라고 나는 확신한다.

다시 사신 그리스도는 모든 것에 대한 큰 긍정이며(II 고린토 1: 19), 심지어 그 초기의 불완전한 단계들도 긍정하는 것이다. 마지막으로 주시는 엄청난 선물은 우리의 가짜 자기가 이제 우리의 진짜 자기가 되었다는 것이다. 이것이 바로 우리가 부활이라고 부르는 변형이다. 부활하신 그리스도는 여전히 또한 영원히 상처 입은 예수님이시다. 그러나 상처 입은 예수님이 이제는 훨씬 크신 분이 되셨다. 그분의 생애와 우리의 생애의 모든 측면들을 이루고 있는 원자재는 더 이상 소용이 없이 끝난 것이 아니라 단지 변화되었다. "이 썩을 몸은 불멸의 옷을 입어야 하고 이 죽을 몸은 불사의 옷을 입을 것이다"(I 고린토 15:53). 부활하신 그리스도는 타자를 대신하는 하나가 아니라, 타자를 포함하는 하나이다.

매우 중요한 점은 부활하신 그리스도가 두 곳에서(엠마오로 가는 길과 갈릴래아처럼 서로 멀리 떨어진 두 곳에서 - 옮긴이) 나타나신 것

---

7) 역자주: 저자는 마르틴 부버와 에마뉘엘 레비나스의 영향을 받아 관계성을 중요하게 강조한다. "하느님은 영원한 '나'(I)로서 기꺼이 '당신'(Thou)이 되려는 사람들을 기다리신다." 그러나 "하느님은 당신이 하느님을 원하지 않는다면 이 세상 속에 오시지 않는다." *Things Hidden*, 179.

에서 알 수 있듯이, 시공간의 제약을 받지 않으신다(루가 24:32-39). 그는 만물과 친밀하시며, 보편적으로 연결되신 분이다. 하나와 다수가 일자(the One)가 되었다. 우리는 이제 더 이상 혼자가 아니라 "가장 큰 생태계"의 한 부분으로서 살아간다.

그리스도인들 가운데 매우 적은 숫자의 사람들만이 그리스도의 집합적인 몸으로 하여금 자신들의 선함과 악함 모두, **자신들의 영광의 무게와 자신들의 죄의 짐 모두**를 지고 가도록 한다. 서양의 개인주의는 정말로 우리를 환상 가운데 살도록 만들었다. 그것은 에고가 팽창한 사람들이나 에고가 위축된 사람들, 혹은 보다 흔하게는 매일 그 둘 사이를 오가는 사람들을 만들었다. 물론 그 둘 모두는 환상에 불과하다. 우리의 가치나 우리의 무가치함은 우리만의 것이 아니며, 그것을 마치 사실인 것처럼 믿으려 하는 것이 우리의 짐이다. 하느님께서 주시는 평화를 얻기 위한 비결은 **모든 부정적인 것을 흡수할 수 있고 또한 그 부정적인 것이 사라지는 것을 지켜볼 수 있는 풍성함과 거대함**을 인정하는 길이다.

진짜 자기에게는 증오할 것도 없고, 거절하거나 부인하거나 가치 있다거나 불필요하다고 판단할 것이 아무것도 없다. 진짜 자기는 "그만큼 많은 죄를 용서받았기에 그만큼 극진하게 사랑한다"(루가 7:47). 이제는 함께 아파하는 마음과 자비가 자연스러운 것은 우리가 사랑의 큰 몸 안에서 살기 때문이다. 가짜 자기가 빙 돌아가는 우회로들은 모두 단지 미루는 전략들이었으며, 노상의 융기(bumps)였으며 압력이었지만, 이 모든 것이 장기적으로는 새로운 것을 만들어내는데, 땅 속 깊은 곳에서 탄소에 강한 압력이 장기적으로 가해질 때 새로운 것이 만들어지는 것과 같다. 하느님께서는 모든 것을 사용하시어 이처럼 단단하고 불멸의 다이아몬드, 우리의 사랑의 핵을 구성하신다. 그리고 다이아몬드는 세상에서 가장 단단한 물질로 알려져 있다. 항상 죽음보다 강한 것이 바로 이 사랑의 다이아몬드이다.

모든 것이, 정말로 모든 것이 이 위대한 은총의 경륜 안에서 사용되어진다. "은총은 어디에나 있다"(Grace is everywhere.)라는 말은 조르주 베르나노스가 그의 소설 마지막에 한 말이며 동시에 그의 생애 마지막에 한 말이다.8) 우리는 이제 거저 받은 사랑을 자신 속에서 기뻐할 수 있으며, 다른 모든 사람들도 그런 사랑을 누릴 수 있게 한다. 우리는 이처럼 오래 참고 인내하는 채광작업 과정을 통해서 우리와 똑같은 여행을 하는 다른 사람들의 아직 다 완성되지 못한 다이아몬드에 대해 자비심을 갖게 되며 용서하는 마음을 갖게 된다. 그들은 아마도 아직 충분한 압력을 받지 않았거나, 부활의 힘이 미치는 역장(force field)에 아직 충분히 이끌림을 받지 않았을 것이다.

피부색, 사회계급, 인종, 성적인 성향, 심지어 종교조차도 이제는 "우연들"로 간주된다. 그런 요인들은 결코 사랑의 핵심을 드러내지 않으며, 그 근처에도 가지 못한다. 진짜 자기는 다른 모든 생명체들을 똑같은 여행으로 초대하지 않고는 하느님을 발견할 수 없으며 알 수도 없다. 그것은 하나의 위대한 발견이며 또한 동시에 하나의 위대한 발견되어짐이다.

한때는 부드럽고 까맣던 탄소가 압력을 받아 아름답고 희게

---

8) Georges Bernanos, *The Diary of a Country Priest* (New York: Carrol & Graf, 1937). "어느 시골 신부의 일기"(정영란 역, 민음사, 2009). 이 말이 이 책의 마지막 말인데, 이 소설은 내게 가장 큰 영향을 끼친 소설 가운데 하나이다. 이 말은 때로 "All is Grace."라고 번역되기도 하며, 1897년 리지외의 성 테레사의 마지막 말이었다고 전해진다.

빛나는 다이아몬드가 된다. 진정한 패턴, 그 큰 비밀은 이제 "밭에 감추어진 보화처럼" 노출되었다. 우리는 자신을 발견하는 길 이외에는 그 큰 사랑을 발견하지 못하며, 그 큰 사랑에 빠지지 않고는 우리의 진짜 자기를 발견할 수 없다.

다이아몬드는 땅 속 깊은 곳에서 오랜 시간 동안 압력을 받아 깊이 숨겨져 있지만, 진짜 자기처럼, 실처럼, 현존 자체처럼 그곳에 있다. 그리고 이제 당신도 그곳에 도달했다.

사랑하는 여러분,
우리는 이미 하느님의 자녀들입니다.
우리가 장차 어떻게 될지는 분명하지 않지만
그리스도께서 나타나시면 우리도 그리스도와 같은 사람이
되리라는 것을 우리는 알고 있습니다. [I 요한 3:2]

많은 그리스도인들이 사순절을 시작하는 재의 수요일에 자신들의 이마에 재로 표시를 하고 창세기 3:19의 말씀을 관상하는데 "너는 먼지이니 먼지로 돌아가리라"는 말씀은 그 메시지의 충격적인 첫 부분이다.

그리고 우리는 부활절 아침에 성유(聖油)를 바르며 그 메시지의 두 번째 부분을 관상한다.

사랑은 언제나 죽음보다 강합니다.
당신은 이제 그 사랑에 돌아왔습니다.

에필로그

잠든 이여, 깨어나라고 나는 너에게 명령한다.
나는 너를 지옥 속의 죄수로 갇혀 지내도록 창조하지 않았다.
죽은 자들로부터 일어나라. 나는 죽은 자들의 생명이다.
일어나라. 내 손이 되어라. 너는 나의 형상대로 창조되었다.
일어나라. 이 곳을 떠나자.
너는 내 안에 있으며 나는 네 안에 있기 때문이다.
우리는 함께 한 인격을 이루고 있으며
우리는 분리될 수 없다!

― 부활절 전야를 위한 옛 설교문에서

부록 1

진짜 자기와 가짜 자기

    진짜 자기와 가짜 자기 사이를 구분하는 것은 너무나 기본이 되는 것이기 때문에 흔히 간과되며 또한 가르치기도 어렵다. 사람들이 자기의 깊은 내면의 진실이나 내적인 거짓을 경험하지 못했을 경우에는 진짜 자기와 가짜 자기를 파악하기조차 어렵다. 오랜 세월 피정을 인도하면서, 나는 매우 단순한 그림을 사용하곤 했는데, 많은 사람들에게 도움이 되었던 것 같다. 그림은 개념보다 훨씬 더 상상력에 각인시켜주기 때문일 것이다.
    내가 그린 다음의 그림에 대해 유일하게 이의를 제기한 사람들은 "나"(me)라는 원을 "하느님/실재"(God/Reality)라는 원 속에 완전히 들어가도록 해야 하지 않겠느냐고 말했다. 내 생각에 그것은 잘못이며, 우리가 그처럼 완벽하게 살 수는 없다. 하느님께서는 우리를 창조하시며 지탱시키시며 우리의 있는 그대로의 독특한 모습을 존중하신다.
    우리는 완전히 하느님 속에 흡수되지 않으며, 하느님과 같지 않다. 그것은 범신론의 입장이다. 그러나 우리는 본래 하느님과 일치하며, 이 관계는 계속 하느님 편으로부터 주어진다. 우리는 우리의 모습대로 받아들여졌다는 것을 받아들일 수 있을 뿐인데, 이것이 에고로서는 받아들이기 매우 어려운 것이다. 그것을 받아들이는 일은 항상 죽는 것처럼 느껴지기 때문이다.

진짜 자기

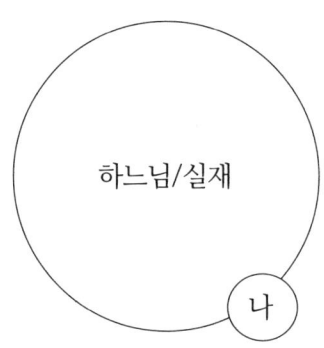

- 우리의 절대적인 정체성
- 우리의 영혼
- 하느님 안에 있는 우리
- 우리 안에 계신 하느님
- 본래적으로 만족하며 불평이 없다.
- 불멸하는 것으로 느끼며 또한 불멸한다.
- 위대한 자기, 그리스도 자기(the Christ Self), 하느님 자기(the God Self), 붓다 자기(the Buddha Self)
- "포도나무에 붙어 있는 가지"(요한 15:5)

가짜 자기

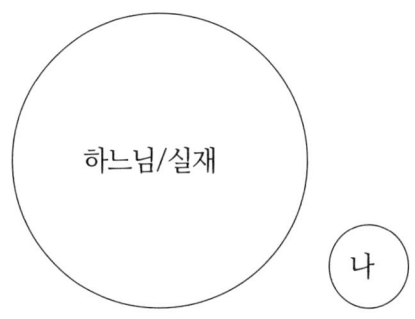

- 우리의 상대적인 정체성
- 우리 인생의 출발을 위한 연장통
- 우리가 스스로 만든 정체성
- 변하고 죽는 자기
- 본래적으로 궁핍하며 깨지기 쉬운 자기
- 다른 사람들의 눈에 맞추어 사는 삶
- 나쁘거나 "거짓된" 것이 아니라 지나가는 것
- 자기 폐쇄적이며 자기중심적
- 불만족스럽고 항상 다시 고쳐 만드는 자기
- 변화되기 이전의 "소아"(small self)
- "포도나무에 붙어 있지 않은 가지"(요한 15:4-5)
- 땅에 떨어진 밀알 "하나"(요한 12:24)
- 우리의 따로 떨어진, 분리된 자기
- 사라져야만 하는 환상

부록 2

은유들의 모자이크

　이것은 복음서에 나오는 은유들을 한 곳에 모아놓아 한 눈에 볼 수 있도록 하며, 또한 그 은유들이 함께 만들어내는 상상의 세계를 한 눈에 볼 수 있게 하려는 것이다. 우리에게 크게 다가오는 이미지들은 아마도 그 이미지들에 대해 더욱 깊은 묵상을 요청하는 것일 듯하다. 그 이미지들은 우리의 영혼이 그 신비에 다가가도록 해줄 것이다. 우리는 부활 이야기들이 "기적을 입증하는"것에 관한 것이라기보다는(나는 물론 예수님의 육체 부활을 의심하지 않는다), 빠르게 확산되어 사람들을 변화시키는 **환희가 전해지는 것**이라는 점을 알게 될 것이다. 이것이 메시지이다. 일반적으로 다음과 같은 점들을 주목할 필요가 있다.

1. 부활하신 그리스도는 보통 진짜 자기를 표상한다. 즉 만물과 친밀한 깨어나고 변화된 영혼을 표상한다.
2. 다른 인물들과 이미지들은 우리로 하여금 진짜 자기와 접촉하게 만들고, 또한 그 신비를 찾게 만드는 여러 다양한 인간적인 태도를 표상한다.

- **마르코 16:1-20** — 떠오르는 태양. 무덤 입구의 돌이 굴려짐. 현존 이전의 부재. "너희보다 앞서서 갈릴래아로 가신다." 겁에 질린 반응. 마르코 복음의 첫 번째 종결은 분실되었는가, 아니면 의도적으로 찢어버렸는가? 가장 먼저 회복 중인 "죄인" 여인에게 나타나심. 믿기를 거부한 것이 일반적인 반응이었다. 제자들이 꾸지람을 듣는다. 이 메시지를 단지 인간들에게만이 아니라 "모든 피조물"에게 전하라는 말씀.

- **마태오 27:57-28:20** — "죽음 맞은편에" 마리아라는 이름을 가진 두 여인이 앉아서 철야를 하고 있다. 지배체제는 부활의 가능성을 차단하려 한다. 안식일이 지나고 첫 날. 큰 지진. 놀람. 환희, 흥분. 예수님은 미래 속으로 달려가신다. 여인들은 부활의 소식을 듣는다. 그러나 남자들은 "주저한다." 종교 자체는 부활의 메시지를 부인하고 병사들을 매수하려 한다. 예수님은 두 차례에 걸쳐 먼저 주도적으로 제자들에게 나타나신다. "모든 민족을 제자로 삼으라!"는 말씀은 폐쇄된 공동체가 아니라는 뜻이다. 누구에게나 시간에 관계없이 현존하신다.

- **루가 24** — 부재는 현존이다. 공포심. 생명이 죽음을 이겼다는 선언. 여인들은 믿지만, 남자들은 "순전히 난센스"라고 생각한다. 엠마오로 가는 길: 우리가 다른 사람들 앞에서 존재하는 방식이 바로 우리가 하느님 앞에서 존재하는 방식이다. 빵을 떼고 생선을 먹는 중에 계속되는 성육신 메시지. 예수님은 초대받기를 기다리시고 초대를 받아들이신다. 유령처럼 현존하는 것과 실제 입으로 먹는 것 사이의 대조. 마지막 움직임과 메시지로서의 승천 (사도행전 1:9-12도 참조). "권능"과 "땅 끝까지" 능력을 주시는 성령. "어찌하여 하늘을 쳐다보면서 서 있느냐?" 다시 땅으로 돌아

와라!

- **요한 20-21장** — 주간의 첫 날. 새로운 빛의 창조. 막달라 마리아를 중심으로 함. 요한과 베드로가 무덤까지 달려간다: 사랑이 역할보다 먼저 도착한다. 새로운 언약궤. 천사들이 그 부재와 완전한 현존 모두의 공간을 관장한다. "나에게 집착하지 말라." 유형과 동시에 무형. 닫힌 문을 통과하셨다는 것은 다른 종류의 몸을 입으셨다는 뜻이다. 환희, 평화, 숨(호흡), 용서, 성령 등이 모두 하나의 사건으로 융합된다. 육체의 상처를 만지는 것이 믿음의 길이다. 새로운 숯불. 세 번의 부인을 뒤집고 만회한다. "나의 하느님이며 너희 하느님이시기도 하다." 그물 대박. 생선 153마리는 알려진 모든 민족들을 상징하며 은총과 풍요의 세상을 상징한다. 사랑은 섬김과 자기포기를 뜻한다고 선임 사도 베드로에게 말씀하신다. 베드로의 생애 후반기는 "자신이 가고 싶지 않은 곳"으로 가야만 하는 것을 받아들여야 했다.

변모 이미지

나는 예수님의 "변모"(transfiguration)에 관한 세 복음서들의 이야기들이 실제로는 부활 장면의 위치를 중간에 자리매김한 것으로서, 의도적으로 복음서 이야기의 중간에 배치하여 중요한 요점을 강조하려 했던 것이라고 믿는다. 예수님의 생애 중반에 "산 정상의 순간들"을 배치함으로써 그의 최종적인 획기적 순간에 집착하고 또한 포기하도록 도와준다(마태오 17:1-9; 마르코 9:2-10; 루가 9:28-36). 우리는 먼저 **이 세상에서** 우리의 진짜 자기와 만날 필요가 있다. 복음서마다 이 이야기를 전할 때, 변모의 경험은 제자들이 집착하고 싶어 하는 것이지만, 그들은 산을 내려가 일상적인 삶 속으로 들어가야만 한다. 그들은 예수님의 변모에 관해 누구에게도 말하지 말라는 지시를 받는다. 그 경험은 그곳에 가보지 않은 사람들에게는 결코 말할 수 없는 것으로 보인다.

- **마르코** 9:2-8; **마태오** 17:1-8; **루가** 9:28-36 — 산 정상에서의 경험을 위해 제자들이라는 내부 집단은 준비가 되어 있었지만 그곳까지 인도되어야 했다. 눈부시게 빛나는 온통 흰빛. 예수님은 율법과 예언서들을 통합하는 "제3의 진리"로서, 각성의 "만달라." 제자들은 큰 놀람 가운데 "깊이 잠들었다가 깨어나 그의 영광스러운 모습을 보았다"(루가 9:32). 그러나 "무지의 구름" (cloud of unknowing). 산 정상의 청명함과 동시에 그림자. 사랑받는 지위에 있는 분("내가 택한 아들")의 하느님 체험. 그 신비한 체험에 대한 경이감과 그 체험에 집착하고 싶은 욕망. 끼리끼리 즐길 수 있는 "초막"을 세우고 싶은 유혹. "두려워하지 말라." 마침내 예수님은 혼자("예수밖에는 아무도 보이지 않았다"). 그것은 말로 표현할 수 없는 것이기에 제자들은 "아무 말도 못하고, 아무에게도 말하지 않았다." 산을 내려와 다시 일상생활로 돌아오다. "당신은 어떻게 그 두 세상을 하나의 세상으로 연결시키는가?" "우리는 어떻게 예수, 모세, 엘리야와 더불어 그 온전함의 궤도에 진입하는가?" 하는 질문은 독자들에게 남겨진 갈망일 것이다.

부록 3

무덤을 바라보면서: 기도하는 태도

> 그 때에 무덤 맞은편에는 막달라 여자 마리아와 다른 마리아가 앉아 있었다.
>
> — 마태오 27:61

우리가 막달라 마리아처럼 그리스도의 무덤 바깥에 앉아 있다고 상상해보라. 성 금요일과 부활절 사이의 토요일, 그곳은 궁극적으로 빛의 공간, 안식일 중의 안식일, 궁극적인 안식과 기다림의 시간이다.

많은 결실을 맺을 수 있는 가능성과 입구들이 여기에 있다. 다음의 목록을 읽어보고, 오늘 나에게 가장 크게 도전하거나 초대하는 것을 실천해보라. 이것들은 우리가 무엇에 주의를 기울이고 있으며, 우리의 내적인 침묵이 무엇인지를 깨닫게 하는 데 도움을 줄 것이다. 우리가 막달라 마리아처럼 무덤 밖에서 철야를 하는 동안 20분 동안 "좌정"하기 위한 은유들이 될 것이다.

- 사랑하는 마음으로 앉아 있기.
- 무덤 앞에서 흔히 "허무"나 "죽음"이 장악한 공간일망정, 그

비극적인 간격을 순전한 현존으로 채우기.
- 마리아가 혼자 철야하지 않은 것을 주목하라. 우리의 기도는 이 본문에서처럼 흔히 다른 "마리아들"의 지원을 필요로 한다.
- 아무리 불러도 대답이 없지만 기다리기.
- 아무런 증거가 없어도 희망을 품기.
- 사랑은 그리움을 통해 스스로를 지탱한다.
- 내면의 공간은 오직 오래 참고 지켜보는 것으로 창조된다.
- "애도의 과정"은 위로나 결심 없이 끈질기게 참는 것이다.
- 기도는 행동하는 것이라기보다 지켜보며 기다리는 것이다.
- 기도는 모르는 것이며 알려 하지 않는 것이다.
- 침묵으로 드리는 기도(아무 말도 하지 않았다).
- 무덤 속의 그리스도는 여전히 그리스도이시다(부재는 현존의 한 방법이다).
- 사망한 그리스도는 여전히 그리스도이시다. 이것은 우리에게 무엇을 뜻하는가? 우리는 얼마나 자주 "끝장난" 상황 속에서 의도적으로 기도하는가?
- 부활을 억지로 믿는 것이 아니라 때가 되면 나에게 일어나도록 기다리기.
- 그들은 "무덤을 막은 큰 돌"을 옮기려고 애쓰지 않았다.
- 죽은 그리스도는 우리의 부정적인 것, 분노, 공포, 욕정, 절망, 이런 죽음들에 대한 우리의 집착이다.

우리는 죽은 그리스도가 부활할 때까지, 우리의 가짜 자기의 반작용으로부터 풀려날 수 있을 때까지 깨어 있어야 한다. 이것은 2분이 걸릴 수도 있고 두 시간이 걸릴 수도 있다.

부록 4

머리에서 가슴속으로: "성심"

　많은 사람들은 기도가 우리의 생각을 가슴속으로 끌어내리는 것이라고 설명했다. 이것은 단지 감상이 아니다. 우리가 필로칼리아(Philokalia, "아름다움에 대한 사랑")와 같은 고전들과 사막의 교부들과 교모들의 가르침에서 보는 것처럼, 기도를 그렇게 이해하는 것은 동방교회 수도원 운동에서 거의 선입관 같은 것이었다. 그것은 나에게 항상 온화한 경건처럼 보였지만, 마침내 누군가 나에게 그 기도방법을 가르쳐줌으로써 나는 엄청나게 유익한 것을 배울 수 있었다. 아마도 내게 가장 훌륭한 선생은 『침묵: 온전함의 신비』(Silence: The Mystery of Wholeness)라는 작은 걸작을 쓴 로버트 사르델로일 것이다.[1]

　나는 가톨릭 신자로서 우리의 성인들과 미술에서 계속 심장의 이미지로 되돌아가는 것 때문에 종종 어리둥절해졌다. 예수님의 "성심"과 "마리아의 무흠 성심" 이미지들은 전 세계 가톨릭 신자

---

1) Robert Sardello, *Silence: The Mystery of Wholeness* (Benson, N.C.: Goldenstone Press, 2006). 나는 이 책 전체를 강력히 추천하지만, 특히 8장 "가슴의 침묵"을 보라.

들이 잘 알고 있는 이미지인데, 이런 이미지들은 항상 예수님과 성모님의 심장을 가리키며 그 심장은 빨갛게 타오르고 있다. 나는 사람들이 실제로 이런 이미지들에 대해 무슨 생각을 하는지 의아해 한다. 그 심장들은 단지 다정다감한 것인가? 그 심장들은 예배의 대상인가 아니면 변화의 대상인가? **그 이미지들이 계속 다시 떠오르는 것은 오직 그 이미지들이 무의식으로부터 무엇인가 중요하고 선한 것을 말할 때뿐**이며, 영혼에 대한 새로운 인식을 위해 반드시 필요한 무엇인가를 말할 때뿐이다. 그것이 무엇이겠는가?

예를 들어, 다음번에 당신의 마음속에 어떤 원한, 부정적인 생각이나 초조함이 일어나, 당신이 그것을 없애버리고 싶거나 집착하려 할 때, **그 생각이나 사람을 실제로 당신의 심장 공간 속으로 옮겨다 놓기 바란다**. 왜냐하면 그런 생각들은 거의 전적으로 당신의 머릿속에서 똬리를 틀기 때문이다. 그리고 그 생각을 침묵으로 둘러싸라.(가슴속에서는 이것이 훨씬 쉽다). 그것을 심장 속에서 뜨거운 피로 둘러싸면, 그것이 마치 숯불처럼 따뜻하게 느껴진다. 심장 속에서는 심판하거나 적대적인 상태로 남아 있는 것이 거의 불가능하다. 당신은 그것에 반대하거나 적대감을 키우는 것이 아니라, 심장이라는 생명과 사랑의 장기(臟器) 속에 있게 된다. 사랑은 심장이라는 공간 속에서 살아가며 꽃을 피운다. 사랑은 나로 하여금 나를 해친 사람들에 대해 해코지를 하지 않도록 만들었다. 또한 나로 하여금 매일 강박적이며 반복적이거나 강제적인 두뇌 게임을 하지 않도록 만들었다. 심장은 행복하게 지내는 삶과 부정적이며 비참한 삶 사이의 차이를 만든다.

이것이 우리가 누군가를 위해서 기도한다고 말할 때 실제로 우리가 하고 있는 것일 수 있을까? **그렇다. 우리는 그것들을 우리의**

심장의 공간 속에 붙들고 있을 수 있다. 거의 육체적인 의미에서 그렇게 하면, 당신은 얼마나 침착하게 또한 빠르게 심장이 작동하는지를 알게 될 것이다. 이제 예수님의 성심과 성모님의 무흠 성심이 당신에게 옮겨진 것이다. 그 심장들은 당신으로 하여금 그분들과 결합하도록 가리키고 있다. 그러면 "성심"은 당신 자신의 심장이 된다.

부록 5

아담의 호흡: 진흙으로부터 기도하기

하느님께서 진흙으로 빚어 입김을 불어넣으시니, 사람(아다마)이 되었다. — 창세기 2:7

우리가 어떻게 기도해야 할지 모를 때 성령께서는 말로 다 할 수 없는 방법으로 우리의 간구를 표현하십니다… 이런 간구는 하느님의 마음에 따르는 것입니다. — 로마서 8:26-27

온전한 기도는 숨과 진흙 모두로부터, 위와 밖으로부터, 또한 똑같이 아래와 안으로부터 나와야 한다. 기도는 **영감과 구체화된 에너지 모두**를 지녀야만 한다. 우리는 이제까지 영감만 강조했지, 구체화된 에너지를 강조하지는 않았다.

정신적 기도

기도에 대한 우리의 첫 번째 생각은 보통 위에서 아래를 향해 내려오는 것, 즉 위로부터 내려오는 은총과 초월적인 하느님께서 우리들 속에 "숨을 불어넣으시어" 우리의 삶에 생기를 넣어주시는 것으로 생각한다. 이것은 좋은 출발이다.

말로써 은총을 간구하고, 당신이 믿는 더욱 높은 힘을 불러내고, "비둘기가 내려오는 것"을 기다리는 일은 하느님을 주로 "저 바깥에 계신 분"으로 남겨둘 뿐이지, "여기 속에도" 계신 분으로는 생각하지 않는 것이다. 이런 영적 불균형은 하느님께서 육신을 입으신 성육신(요한 1:14)과 내주하시는 성령의 은사(로마서 5:5)를 통해서 그 균형이 잡혀졌다.

따라서 만일에 성육신이 진실하며 우리가 그리스도의 몸이라면, 기도가 아래에서 위로 올라가는 것, 우리가 "진흙으로부터 기도하여" 에너지와 세포의 차원에서도 기도할 때 온전히 체험된다. **아담(과 하와)은 자신을 위한 하느님의 숨을 받아 숨을 쉬는 것임에 틀림없다.** 그래야 비로소 숨과 진흙으로 이루어진 인간에게 "모든 시스템들이 작동한다!"

몸 기도

우리는 "소망과 부활의 몸"(필립비 3:9-11; I 고린토 15:44) 속으로 피하여 아래로부터 또한 안으로부터, 세포와 에너지의 차원에서도 기도해야 한다. 그렇지 않으면 기도하는 우리의 자세는 지속되지도 않고 깊이 들어가지도 않는다.

- 당신은 기도를 힘 있게 느끼는 만큼 많이 생각하지는 않는다.
- 당신은 주의를 아래로부터 위로, 안으로부터 밖으로 집중한다.
- 당신은 무한하신 하느님을 당신의 유한한 세계 속에 끌어들이려고 애쓰는 대신에 그리스도의 에너지가 넘치는 몸속으로 들어가 쉰다.

- 당신의 몸 자체가 받아들이며 안다. 당신의 몸 자체가 실제로 하느님께서 성령으로 거하시는 "성전"이다(I 고린토 3:16-17).
- 걷기 묵상, 요가, 호흡 훈련이 모두 여기서 도움이 된다.

몸 기도는 실제로 생각의 기도만 드리는 것보다 훨씬 빠르게 작동하며 훨씬 자연스럽다.

몸 기도는 우리가 몸짓으로 하는 제스처, 영감을 주는 음악, 모든 성사들과 관련해서 해왔던 것이기 때문에, 새로운 아이디어는 아니다. 몸 기도는 많은 사람들이 묵주, 챈트, 순례, 태극권, 예수 기도를 반복하여, 그 기도 자체가 우리 안에서 또한 우리를 통해서 스스로 기도할 때까지 반복하는 것을 통해 추구하는 것이다.

"진흙으로부터 기도드리는 것"은 또한 당신으로 하여금 기도를 공유하는 차원으로 나아가게 한다. 당신은 기도를 드리는 것이 "당신"이 아니라, 당신이 일치된 장 속으로 빠져 들어가는 것이며, 그리스도의 몸이 이제 당신을 통해서(로마서 8:26-27) 또한 당신과 더불어 기도하고 계신다는 것을 알게 될 것이다. 그 기도는 단지 나의 기도가 아니라 "우리들의" 기도가 된다. 이제 당신은 그리스도에게(to) 기도를 바친다기보다는 그리스도를 통해서(through) 기도를 바치며, 또한 당신이 그리스도의 몸이기도 하다는 것을 경험적으로 알게 된다.

위로부터의 그리스도론과 아래로부터의 그리스도론이라는 잘못된 딜레마를 해결하는 것은 이제 내적인 그리스도 의식이 되어, 그 둘 모두의 가장 좋은 것을 결합하고 보수주의자들과 자유주의자들 사이의 일반적인 갈등을 해결하는 것이 되었다.

부록 6

지금 부활을 실천하는 열두 가지 길

1. 부정적인 생각, 비난하거나, 적대감이나 두려운 생각들을 갖고 사람이나 사태에 대해 다가서지 말라. (당신은 그런 생각들을 "갖지" 않을 수 없다).
2. 누군가에게, 혹은 어떤 상황에 해를 끼쳤으면, 사과하라.
3. 당신의 실수로 인해 마음이 상한 사람이나 상황에 대해 적극적인 행동을 함으로써 실수를 만회하도록 하라.
4. 당신의 마음과 사회의 기대가 만든 당신의 가짜 자기를 믿거나 그것에 심취하지 말라.
5. 당신의 진짜 자기—하느님과의 철저한 일치—를 하루 종일 가능하면 자주 선택하라.
6. 항상 다른 사람들을 변화시키려고 애쓰기 전에 당신 자신을 변화시키려고 애쓰라.
7. 섬김을 받으려 하기보다는 가능한 한 많이 섬기는 일을 택하라.
8. 언제든 당신의 사적인 이익보다는 공적인 이익을 먼저 구하라.
9. 고통 중에 있는 사람들, 어떤 방식으로든 배제되거나 장애를 가진 이들에게 먼저 우선권을 주도록 하라.

10. 단순한 자선행위보다는 공정한 체제와 정책을 추구하라.
11. 당신의 전달 방식이 분명히 당신의 메시지와 똑같은 것이 되도록 하라.
12. 종국에는 모든 것이 사랑에 달려 있다는 것을 결코 의심하지 말라.1)

---

1) 역자주: 저자는 *Things Hidden: Scripture as Spirituality* (2008)의 마지막에 신 신학자 시므온(949-1022)의 찬양시(*Hymns of Divine Love*) 15편을 인용하는 것으로 끝맺는다.

> 우리는 그리스도의 몸속에서 깨어나지요.
> 그리스도께서 우리의 몸을 깨우시기에
> 내가 보니 내 비천한 손이 그리스도이시네요.
> 그분이 내 발 속에 들어오시고 무한히 내가 되시네요.
> 내가 손을 움직이니 놀랍게도
> 내 손이 그리스도가 되시네요.
> 모든 것이 그분이 되시네요.
> 내가 발을 움직이니 즉시로
> 그분이 순식간에 나타나시네요.
> 나의 말이 그대들에게 신성모독처럼 들리시는가?
> 그렇다면 그대의 가슴을 그분께 여시게.
> 그리고 그대 자신이 받아들이시게.
> 그대 깊은 곳에 열고 들어오시는 분을.
> 우리가 진정으로 그분을 사랑하면
> 우리는 그리스도의 몸 안에서 깨어나지요.
> 그분의 몸 안에서는 우리의 몸 전체가
> 모든 숨겨진 부분들마다
> 환희 가운데 그분으로 변하지요.
> 그리고 그분은 우리를 완전히 진짜로 만드시지요.
> 우리를 아프게 하는 모든 것들,
> 우리에게 어둡고 참담하고 부끄럽고
> 망가지고 흉하고 고칠 수 없게 파손된 것처럼 보였던 것들이
> 그분 안에서 변화되지요.
> 그분 안에서는 온전하고 사랑스럽다고 인정받고
> 그분의 빛 안에서 반짝이지요.
> 우리의 몸의 모든 보잘것없는 지체들까지
> 사랑받고 있음을 깨닫게 되지요.

참고도서

Allison, James. *The Joy of Being Wrong: Original Sin Through Easter Eyes*. Chestnut Ridge, N.Y.: Crossroad Publishing, 1959.

Allison, James. *Raising Abel: The Recovery of the Eschatological Imagination*. Chestnut Ridge, N.Y.: Crossroad Publishing, 1996.

Barnhart, Bruno. *Second Simplicity: The Inner Shape of Christianity*. Mahwah, N.J.: Paulist Press, 1999.

Becker, Ernest. *The Denial of Death*. New York: Free Press, 1973.

Bell, Rob. *Love Wins*. Harper Collins, 2011.

Benner, David G. *Spirituality and the Awakening Self*. Ada, Mich.: Baker Publishing, 2012.

Berman, Phillip L. *The Journey Home*. New York: Simon & Schuster, 1996.

Berthold, George C. *Maximus Confessor: Selected Writings*. Mahwah, N.J.: Paulist Press, 1985.

Bourgeault, Cynthia. *Mystical Hope*. Lanham, Md.: Rowman and Littlefield, 2001.

Bourgeault, Cynthia. *The Meaning of Mary Magdalene*. Boston: Shambhala, 2010.

Chardin, Teihard de. *The Divine Milieu*. New York: HarperCollins, 1960.

Christensen, Michael J., and Wittung, Jeffery A. *Partakers of the Divine Nature*. Cranbury, N.J.: Associated University Presses.

Clement, Oliver. *The Roots of Christian Mysticism*. London: New City, 1993.

Crosby, Michael H. *Repair My House: Becoming a "Kingdom" Catholic*. Maryknoll, N.Y.: Orbis Boos, 2012.

Crossan, John Dominic, and Wright, N. T. *The Resurrection of Jesus*. Minneapolis, Minn.: Augsburg Fortress Press, 2006.

Delio, Ilia. *Christ in Evolution*. Maryknoll, N.Y.: Orbis Books, 2008.

Delio, Ilia. *The Emergent Christ*. Maryknoll, N.Y.: Orbis Books, 2011.

Delio, Ilia. *A Franciscan View of Creation: Learning to Live in a Sacramental World*. St. Bonaventure, N.Y.: Franciscan Institute, St. Bonaventure University, 2003.

Dourley, John P. *The Psyche as Sacrament*. Toronto: Inner City Books, 1981.

Dreyfus, Hubert, and Dorrance Kelly, Sean. *All Things Shining*. New York: Free Press, 2011.

Edinger, Edward F. *The Christian Archetype*. Toronto: Inner City Books, 1987.

Farley, Wendy. *Gathering Those Driven Away*. Louisville, Ky.: Westminster John Knox Press, 1958.

Ferguson, Everett, Malherbe, Abraham J., and Meyendorff, John. *Gregory of Nyssa: The Life of Moses*. Mahwah, N.J.: Paulist Press, 1978.

Fiddes, Paul S. *Participating in God*. Louisville, Ky.: Westminster John Knox Press, 2000.

Finley, James. *Merton's Palace of Nowhere.* Notre Dame, Ind.: Ave Maria Press, 1978.

Fox, Matthew. *The Coming of the Cosmic Christ.* New York: HarperCollins, 1988.

Girard René. *The Scapegoat.* Baltimore, Md.: Johns Hopkins University Press, 1986.

Girard René. *The Girard Reader.* Chestnut Ridge, N.Y.: Crossroad Publishing, 1996.

Gulley, Philip, and Mulholland, James. *If Grace Is True.* New York: HarperCollins, 2003.

Haidt, Jonathan. *The Happiness Hypothesis.* New York: Basic Books, 2006.

Hammerton-Kelly, Robert G. *Sacred Violence.* Minneapolis, Minn.: Augsburg Fortress Press, 1992.

Harvey, Andrew. *Teachings of the Christian Mystics.* Boston: Shambhala, 1998.

Heim, S. Mark. *Saved from Sacrifice: A Theology of the Cross.* Grand Rapids, Mich.: Wm. B. Eerdmans Publishing, 2006.

Kegan, Robert. *The Evolving Self.* Cambridge, Mass.: Harvard University Press, 1982.

Marion, Jim. *Putting on the Mind of Christ.* Charlottesville, Va.: Hampton Roads Publishing, 2000.

McFague, Sallie. *The Body of God.* Minneapolis, Minn.: Augsburg Fortress Press, 1993.

Meyendorff, John. *St. Gregory Palamas and Orthodox Spirituality.* Yonkers, N.Y.: St. Vladimir's Seminary Press, 1974.

Meyendorff, John, and Palamas, Gregory. *The Triads.* Mahwah,

N.J.: Paulist Press, 1983.

Nancy, Jean-Luc. *Noli Me Tangere: On the Raising of the Body.* Bronx, N.Y.: Fordham University Press, 2008.

Nothwehr, Dawn M. *The Franciscan View of the Human Person: Some Central Elements.* St. Bonaventure, N.Y.: Franciscan Institute, St. Bonaventure University, 2003.

Ord, David Robert. *Your Forgotten Self.* Vancouver, B.C.: Namaste Printing, 2007.

Panikkar, Raimon. *Christophany: The Fullness of Man.* Maryknoll, N.Y.: Orbis Books, 2004.

Panikkar, Raimon. *The Experience of God: Icons of the Mystery.* Minneapolis, Minn.: Augsburg Fortress Press, 2006.

Perrin, Norman. *The Resurrection, According to Matthew, Mark and Luke.* Minneapolis, Minn.: Augsburg Fortress Press, 1977.

Polkinghorne, John. *Science and the Trinity.* New Haven, Conn.: Yale University Press, 2004.

Robinson, John A. T. *In the End God.* New York: HarperCollins, 1968.

Sanford, John A. *Mystical Christianity.* Chestnut Ridge, N.Y.: Crossroad Publishing, 1993.

Sardello, Robert. *Silence: The Mystery of Wholeness.* Benson, N.C.: Goldenstone Press, 2006.

Savary, Louis M. *Teihard de Chardin: The Divine Milieu, Explained.* Mahwah, N.J.: Paulist Press, 2007.

Singh, Kathleen Dowling. *The Grace in Dying.* New York: Harper-Collins, 1998.

Smith, Huston. *Why Religion Matters.* New York: HarperCollins,

2001.

Urs von Balthasar, Hans. The Scandal of the Incarnation by St. Irenaeus. San Francisco: Ignatius Press, 1990.

Vagaggini, Cipriano. *The Flesh: Instrument of Salvation.* Staten Island, N.Y.: Alba House, 1969.

Weaver, J. Denny. *The Nonviolent Atonement.* Grand Rapids, Mich.: Wm. B. Eerdmans, 2001.

옮긴이의 말

어둡고 힘겨울수록 떨쳐 일어나 마음속 촛불을 밝혀야 한다. 상처들이 너무 많아 악몽에 시달릴수록 인간 본연의 모습을 찾고 닦아야 한다. "살인자들과 어릿광대들의 세상"(엘리 위젤)에서 영혼이 피폐해질수록 생명의 신비와 인간의 존엄성을 신뢰해야 한다. 아이들의 목숨과 꿈을 지켜주지 못한 부모들의 억울함이 하늘에 사무칠수록, 청년들의 절망이 깊어갈수록, 인간의 생명권과 공동선을 지키기 위한 민주주의마저 무너져 내리고 파시즘의 망령이 덮쳐올수록, 더욱 밝고 담대하게 자기 정체성을 지켜야 하기 때문이다. 인류 문명이라는 거대한 탁류가 바닥 모를 소용돌이 속으로 휩쓸려 들어갈수록 인간의 아름다움과 사랑만이 우리를 견딜 수 있게 하는 희망이라는 믿음을 놓지 말아야 하기 때문이다.

기후붕괴로 인한 수단, 시리아, 예멘 등의 내전사태를 보면서 10년 후에는 본격화될 전 지구적 식량폭동을 예상하며 참담했던 나에게 로어 신부의 글(『생태 영성』)은 다시 믿음을 일깨워주었다. 그는 하느님의 성육신이 빅뱅에서 시작된 은총임을 역설했다. 『벌거벗은 지금』(*Naked Now*, 2009)과 『프란체스코의 다른 사랑』(*Eager to Love*, 2014)은 내 눈에서 또 다른 비늘을 벗겨냈다. 그리스도교가 예수보다 플라톤의 영향을 더 많이 받아 성육신(incarnation)을 탈육신(excarnation)으로 둔갑시켰다고 믿는 그는 역사의 모든 비극의 근본 원인이 에고중심의 이분법적 사고방식이라고 지적한다. 그는 믿음과 교리 중심의 종교에서부터 신비주의 전통에 기초해서 삶의 모순과 역설을 포용하는 비이분법적(non-dual) 사랑과 관상 중심의 종교로 변화할 것을 촉구했다.

그리고 세월호 참사 이후, 이 책을 읽었다. 하느님은 우리의 상실, 비탄, 절망, 원한, 실수, 패배처럼, 빼앗기고 짓밟히고 견디기 힘든 삶의 무게들을 통해 우리의 피눈물을 다지고 또 다져서 우리의 진짜 자기라는 독특한 다이아몬드로 만드시며, 짙은 어둠 속에서 그 보석을 캐내는 것이 바로 우리를 부활로 인도하는 길이라는 해석이 충격이었다. 아이들을 잃은 부모들의 죄책감은 자기를 파괴할 정도로 깊고 처절한 것이지만, 이런 상실과 아픔을 통해 하느님께서는 우리의 가짜 자기라는 돌무더기를 헤치고 진짜 자기를 찾도록 인도하시며, 무덤을 찾아간 막달라 마리아처럼 "끝장난" 상황 속에서 그리움을 부둥켜안고 하늘의 뜻을 찾는 이가 마침내는 그리스도의 부활에 참여한다는 것을 믿어야 한다.

시스템이 무너지고 생지옥으로 바뀌는 근본 원인도 우리 자신의 "소아" 중심적 삶의 방식이 구조화된 탓이며, 생지옥 속에서 존엄성을 지키는 길은 진짜 자기를 발견하도록 인도하시는 분을 내 안에 모시는 길이다. 탐진치 삼독(三毒)의 뿌리를 뽑아내는 길도 자신의 그림자를 인정하고, 내 안에 계신 분의 사랑 앞에 벌거벗은 채 섬으로써 가짜 자기를 벗어나는 길이다. 구조악의 문제가 근본적으로 에고의 집착과 영적인 미망에서 비롯되기에, 문제의 증상이 아니라 그 뿌리(에고)에 직접 도끼로 내리치는(마태오 3:10) 이 책은 내가 그동안 번역한 많은 책들 가운데 개인적으로 가장 큰 도전을 받은 책이었다. 더 이상 웃을 수 없게 된 이들을 생각하며 "실패자들(losers)을 위한 로어 신부의 복음"을 번역했다.

이 책은 생존 자체가 인생의 목적이 된 시대에 우리가 잊고 사는 가장 중요한 것은 무엇인지, 각자도생하는 현실에서 우리는 어떻게 구원받을 수 있는지를 깨우쳐준다. 나의 참된 정체성을 찾고 내 인생의 본래적 의미를 깨닫기 위해서, 내 안에서 먼저 죽어야만 하는 것은 흔히 "신본주의자들"이 말하듯 인성이나 주체성이나 육체가 아니라, 가짜 자기이다. "폭력이 구원한다"는 신화가 인류 역사를 지배하게 된 이유는 문제의 원인을 밖에서 찾았기 때문이다. 타인을 향해 폭력을 사용하는 이유는 우리가 절대적 가치들을 갖고 있기 때문이며, 이런 절대적 가치들은 집단의 내부에서 밖을 바라보는 에고 중심의 이분법적 사고방식, 즉 남들과 비교하고 판단하고 경쟁하는 양자택일의 사고방식 때문이다. 따라서 예수는 체제의 밑바닥에서, 가장자리에서, 바깥에서 전체와 연결시켜 부분을 바라보는 하느님의 시선, 즉 "둘이 아니지만 하나도 아닌" 불이적(不二的) 사고방식을 통해 우리가 갖고 있는 절대적 가치들을 상대화시킴으로써 문제를 해결했다. 차별과 배제가 아니라 함께 아파하는 마음과 용서, 포용을 통해 에고 중심주의에서 벗어나도록 안내함으로써 생지옥 속에 "하느님 나라"를 이루셨다. 우리를 구원하는 것은 폭력이 아니라 고난이며 사랑이다.

성서의 예언자들은 악마가 장악한 것처럼 보이는 세상 속에서 하늘에서 내려올 메시아나 정치군사적 영웅만이 아니라, "남은 자들" 속에서 참사람의 탄생을 손꼽아 기다리며 "마음에 할례를 받는" 새로운 언약을 통해 인간이 새롭게 창조되는 날을 기다렸다. 인간의 존엄성을 잃지 않고 서로 섬기면서 당당하게 고난을 견딜 희망의 근거는 예수가 "안티 메시아"(anti-Messiah)였다는 점이다 (Rosemary Reuther, 2014: 203). 세례자 요한을 비롯해서 유대인들이 기다려왔던 메시아는 다윗 왕과 같은 영웅적인 전사, 강권적이며 폭력적이며 일방적으로 세상의 문제를 해결해줄 것으로 기대했던 인물이었다. 이들은 사람들의 복수심을 일시적으로 충족시킬 수는 있어도, 세상의 문제들은 전혀 근본적으로 해결해줄 수 없었다. 한마디로 예수는 메시아주의("폭력이 구원한다")가 얼마나 위험하며 비주체적이며 무책임한 것인지를 분명히 알고 있었다.

우리가 하느님의 은총으로 변화된 자유인이 되어 하느님 나라에 참여하기를 기대하시는 하느님을 믿고(로버트 펑크), 친밀하며 비폭력적인 하느님을 전적으로 신뢰함으로써 나눔과 섬김을 통한 평등공동체를 세우고 확대하는 방법뿐이라는 것을 예수는 잘 알고 있었다. 결국 예수는 세례자 요한이 품었던 미래에 대한 소망과 묵시를 현재의 사랑과 섬김, 분배정의 구현을 통해 이루어나가는 길을 찾았다(토마스 쉬한, 도미닉 크로산). 예수가 자신의 초자연적 능력에 대한 제자들의 투사를 매우 경계한 대신에 모든 이들에게 참사람의 길을 걸어가도록 용기와 힘을 실어준 것은 이런 이유 때문이었다(월터 윙크). 따라서 예수가 꿈꾼 후천개벽은 하느님의 은총에 의한 개인의 철저한 변화를 통해 공동체의 평화에 이르는 미륵상생의 길이라고 믿는다.

전통중심의 가톨릭 전통과 성서중심의 개신교 전통 모두를 극복하는 프란치스칸-웨슬리안적이며 신비주의적 관점에서, 인간, 하느님, 예수, 성령, 복음, 부활에 대해 적극적으로 재해석하여 하느님의 은총과 참사람의 길을 보여주는 이 책을 통해서 온갖 상처들로 인해 지치고, 자신과 세상에서 아무런 희망을 찾지 못해 피폐해진 영혼들이 하느님의 신비 앞에서 자신의 정체성과 삶의 의미를 새롭게 발견하고 영적 담대함에 이르기를 간절히 바란다.